DES-
TRIN-
CHANDO

Obras da autora publicadas pela Editora Record

Destrinchando
Julie e Julia

Julie Powell

DES-
TRIN-
CHANDO

Tradução de
Alice França

EDITORA RECORD
RIO DE JANEIRO • SÃO PAULO
2010

CIP-Brasil. Catalogação na fonte
Sindicato Nacional dos Editores de Livros, RJ.

P895d
Powell, Julie, 1973-
  Destrinchando / Julie Powell; tradução de Alice França.
- Rio de Janeiro: Record, 2010.

  Tradução de: Cleaving
  ISBN 978-85-01-08800-0

  1. Powell, Julie, 1973-. 2. Powell, Julie, 1973- –
Casamento. 3. Cozinheiras – Estados Unidos – Biografia.
I. Título.

10-1487
CDD: 926.415
CDU: 929:641.5

Título original em inglês:
Cleaving

Copyright © Julie Powell, 2009

Editoração eletrônica: Abreu's System

Texto revisado segundo o novo Acordo Ortográfico da Língua Portuguesa.

Todos os direitos reservados. Proibida a reprodução, no todo ou em parte, através de quaisquer meios.

Direitos exclusivos de publicação em língua portuguesa somente para o Brasil adquiridos pela
EDITORA RECORD LTDA.
Rua Argentina 171 – Rio de Janeiro, RJ – 20921-380 – Tel.: 2585-2000
que se reserva a propriedade literária desta tradução

Impresso no Brasil

ISBN 978-85-01-08800-0

Seja um leitor preferencial Record.
Cadastre-se e receba informações sobre nossos lançamentos e nossas promoções.
Atendimento e venda direta ao leitor:
mdireto@record.com.br ou (21) 2585-2002.

Para Josh e Jessica,
que têm coração de verdadeiros açougueiros:
durões, generosos e enormes

Sumário

Nota da autora — 9

Prólogo — 11

PARTE I
Aprendizagem

1. Amor e um açougue — 25
2. Ossos do ofício — 39
3. Rompimento — 65
4. Enchendo linguiça — 83
5. Coração partido — 95
6. Abate — 115
7. Osso duro de roer — 133
8. As festas de fim de ano — 145
9. Até o osso — 203
10. Maturação — 223
11. Pendurando a faca — 235

PARTE II
Viajante

12.	Carnicería	251
13.	Ainda não está no ponto	281
14.	Na Tanzânia	315

PARTE III
Profissional?

15.	O retorno da açougueira	365
	Epílogo	383
	Agradecimentos	393
	Índice das receitas	395

Nota da autora

É privilégio do memorialista contar a sua versão de uma história multifacetada; e qualquer faceta pode necessariamente ficar incompleta, fragmentada, ou retratada com um brilho que o material original não possuiu. *Destrinchando* é um livro fiel ao meu coração, mas ocasionalmente indistinto nas descrições. Outros participantes nos eventos relatados nestas páginas com certeza lembram-se dos acontecimentos de forma diferente; a eles, e ao leitor, peço um pouco de paciência e compreensão.

Julie Powell

Prólogo

13 de fevereiro de 2008

Isto realmente não é o que parece ser.

O trabalho é quase sempre uma tarefa delicada e sem sangue. Durante o período de mais de um ano no qual venho fazendo isto, tive jornadas inteiras cuja grande evidência do meu trabalho era uma pequena marca de sangue coalhado nos meus sapatos ou um brilho de gordura translúcida nas mãos e no rosto ao final do dia (o que é excelente para a pele, segundo me disseram). Portanto, isto é incomum, este gotejamento viscoso, meus braços ensopados até os cotovelos, meu avental sujo de um vermelho que logo se transforma em um tom marrom.

Eu, mais uma vez, abro a caixa de papelão revestida de plástico e retiro dali um órgão de aproximadamente 7 quilos, um peso morto denso e escorregadio, uma esponja embebida em sangue. Jogo-o na tábua de carne, o que produz o som de um peixe caindo no convés de um barco; o risco de deixá-lo ir parar no chão é bastante considerável. A caixa é funda e, quando alcanço sua base, meu rosto toca o revestimento sujo de sangue. Agora posso sentir essa coisa secando pegajosamente na minha bochecha. Não perco tempo em limpar. Em que superfície limpa eu faria isso, afinal? Além do mais, isso me faz sentir um tanto devassa.

Retiro a faca da bainha metálica presa a uma corrente em volta da minha cintura. Para a maior parte dos trabalhos, uso a faca de desossar, bem menor, mais delicada, 15 centímetros de comprimento, ligeiramente curva, com um cabo de madeira escura que tem a suavidade do cetim, devido à gordura e à lanolina impregnadas. Aquela pequena faca abre uma junta de coxa ou rompe grupos de músculos nas suas partes, mais que qualquer outra. Mas com esta lâmina pesada e longa eu consigo, pressionando firmemente a carne com a mão direita, fatiar o fígado com um único e lento corte. Fatias finas e uniformes. Com a faca de desossar eu teria que serrar para atravessar aquele volume de carne, criando bordas rasgadas e irregulares. E ninguém quer isso. Você quer que a lâmina deslize facilmente. Suavemente. Ponto final.

Há mais de um ano, quando eu disse ao meu marido Eric, pela primeira vez, que queria fazer isto, ele não entendeu. *Açougueira?*, ele perguntou, com uma expressão de perplexidade, talvez até certo mal-estar, contorcendo-lhe o rosto.

Sua suspeita me magoou. Houve um tempo, alguns anos antes, que não havia nenhum traço desse sentimento no seu coração. Eu sabia que merecia aquilo. Mas era tão estranho ter que tentar explicar; estranho ter que explicar qualquer coisa a Eric. Na época, eu já o conhecia havia 16 anos, quase literalmente metade da minha vida. Eu o conheci quando ele era um adolescente bonito, tímido, de olhos azuis, que usava bermuda baggy, suéter largo e chinelos Birkenstock gastos, com um livro cheio de orelhas nos cantos, saindo do bolso traseiro. E praticamente desde o início, eu o escolhi. Decidi que ele era o homem de quem precisava. Levou quase um ano letivo inteiro para fisgá-lo do enxame de garotas bonitas que estavam sempre em volta dele — tão distraído, tão doce e gentil —, mas consegui. Ah, eu era invencível quando tinha dezoito anos. Quando o assunto era esse, eu conseguia praticamente tudo que queria. Querer. Tomar. Ter. Era o meu lema, simples. E eu estava certa — de conquistá-lo, quer dizer. Desde o começo éramos como peças de um quebra-cabeça que se integram. Desde o começo alimentamos a ideia de que as nossas vidas deveriam ser irrevogavelmente entrelaçadas em uma só.

Agora eu corto oito belas fatias de fígado vermelho-escuro. A carne exala um cheiro forte metálico no ar, e ainda mais sangue sobre a tábua. Mudando de faca, retiro delicadamente os dutos pálidos apertados que se criam nas fatias. O fígado perfeitamente preparado deve ficar crocante na superfície e macio por dentro. Nada duro ou difícil de mastigar deve destruir aquela quintessência sensual. Seis destas fatias vão para a prateleira de vidro e aço brilhante na frente da loja; as duas últimas eu separei, para embrulhar e levar para casa depois do trabalho, para o jantar do Dia dos Namorados, amanhã. Antigamente, eu pensava que essa data consistia em caixas de bombom e cartões purpurinados, mas nestes últimos anos de revelação, entre o trabalho de açougueiro e angústias, decidi que a vida se tornou complicada demais para essas coisas doces e sem sentido; cheguei até a perceber que estou bem em relação a isso.

Fígado do Dia dos Namorados para dois

½ xícara de farinha de trigo
2 fatias, com pouco mais de 1 cm de espessura, de fígado bovino de alta qualidade, aparado de qualquer veia resistente ou fibra
Sal e pimenta a gosto
2 colheres de sopa de manteiga
1 colher de sopa de azeite extravirgem

Espalhe a farinha em uma vasilha grande. Tempere as fatias de fígado com sal e pimenta, depois passe na farinha, retirando o excesso.

Leve uma frigideira ao fogo alto e acrescente a manteiga e o azeite. Quando a espuma da manteiga acabar de afundar, acrescente as fatias de fígado. Doure somente até formar uma crosta marrom quebradiça, aproximadamente dois minutos. Vire as fatias e faça o mesmo do outro lado. (Não se incomode com o cozimento incompleto. O cozimento acima do ponto é, de longe, o pior resultado.)

O fígado bovino preparado desta forma — eu vivo dizendo às pessoas, a despeito da constante reação descrente e debochada — é uma das coisas mais... intensas que alguém pode experimentar. Não sei exatamente por quê. É muito lascivo, mas complicado também. De alguma forma é um pouco lastimável, já que não há como negar que uma parte foi arrancada para o seu prazer.

Eric e eu nos casamos jovens, mas isto não significa que a nossa união tenha sido precipitada. Já nos conhecíamos havia sete anos quando pus aquele vestido de princesa branco de organza e andei ao longo do corredor de pedra, braços dados com meu pai, ao som da ritmada "My Baby Just Cares for Me".

Podíamos olhar nos olhos um do outro e ver o que se passava, como peixes brilhando em lagos transparentes na montanha. A essência do nosso relacionamento não era composta de sexualidade ou de ambição, embora compartilhássemos ambos. O que havia era profunda compreensão. A voz insistente que me acompanhou por toda a vida, a qual algumas pessoas poderiam chamar de vício, inquietação ou capricho, mas que para mim é quase uma incorporação, alguma coisa fora de mim, travessa, longe de ser benigna, mas ao mesmo tempo inspiradora e não inteiramente despreocupada com o meu interesse — Eric acreditava nela. Podia até mesmo temê-la, às vezes, mas acreditava. Em 2002, quando fiz 29 anos e morávamos no Brooklyn, eu estava presa a mais um de uma longa lista de empregos malremunerados, sem futuro, apaixonada pelo meu marido — agarrada a ele, na verdade, como o único consolo em um mundo que não gostava muito de mim —, mas infeliz e começando a sentir que simplesmente não tinha de fato muito talento para a felicidade; então Eric entendeu que quando a voz me chamou, eu tinha que segui-la.

— E se eu preparasse todas as receitas do livro *Dominando a arte da cozinha francesa*? Digamos, em um ano?

— E daí?

— Isso daria quantas? Quinhentas receitas? Mais do que isso. Isso é loucura, certo? Certo?

— Claro que é. Você poderia fazer um blog sobre isso. Acho que deveria.

Ele nem parecia confuso. Eric sempre foi capaz de perceber exatamente quem eu era e o que eu era capaz de fazer.

Então, embarquei nessa louca viagem culinária e fiz tudo de forma apimentada, com estilo e coragem. E fui recompensada. De repente, fiquei famosa: um livro, uma carreira! Usando a mesma matéria do meu desespero e frustração, eu dera uma guinada na minha vida, me transformara de secretária deprimida em Autora. Eu me tornara, pensei, exatamente o que eu queria ser: confiante, valente e bem-remunerada. Fui parabenizada por minha transformação, e, como me transformara em uma mulher segura, aceitei as congratulações. Mas, no fundo, eu sabia que devia tudo ao Eric. Ele tinha me visto melhor do que eu era e me mostrado o caminho para chegar lá. Se na época alguém dissesse que ele não entenderia quando a voz falasse novamente, que eu seria capaz de fazer qualquer coisa que poderia corroer a fé do mais leal dos homens, eu nunca teria acreditado.

Mas até obedecer à voz que eu ouvia, e que me trouxe a este açougue a duas horas da minha casa, eu tinha aprendido, da pior forma, que estava enganada. Acontece que as coisas, até as perfeitas, as peças que parecem se ajustar ou colaborarem mutuamente, podem se deformar, quebrar e se modificar.

Depois de cortar o fígado, lavo as mãos rapidamente na pia de serviço, nos fundos da loja. Na minha mão esquerda, a que eu uso para cortar, há um curioso bracelete de couro não curtido em volta do pulso, que se junta em uma faixa fina única na palma da mão, com uma abertura na ponta, circundando a base do meu dedo indicador. Alguns pelos brancos e grossos cobrem o bracelete, embora a maior parte do couro esteja gasta. As pessoas o confundem com algum tipo de braçadeira ou proteção terapêutica, um tratamento para túnel do carpo ou pulso torcido, mas na verdade é uma lembrança do que experimentei durante esses últimos anos de casamento, carnes e obsessão. Eu tento limpar um pouco do sangue que há nele, mas o sangue que sai penetra no couro. Então, pego um prato branco de porcelana com desenhos de pequenas flores de centáurea, algo que você encontraria em uma cozinha antiga e graciosa, no qual coloco uma toalha absorvente e um quadrado de papel parafinado verde e arrumo as fatias em um elegante motivo floral.

A tentativa de me encontrar foi um processo confuso e doloroso, tão logo aquele ano tempestuoso acabou, mais ou menos onde eu tinha estado antes. Isso não era uma total verdade, naturalmente. Eu não poderia, sem parecer grosseira e ingrata, negar minha sorte, o dinheiro, as ofertas de trabalho e o contrato do livro; os fãs e amigos e, naturalmente, o marido dedicado. Eric e eu parecíamos mais calmos juntos, depois de aguentarmos o que eu tinha feito a gente passar no ano anterior. Eu tinha todos os motivos para estar satisfeita, orgulhosa, realizada. Então, por que as coisas pareciam... não sei, como decepção, de alguma maneira? Se eu me beliscasse, temia acordar, desaparecer deste mundo de sonho, em um sopro de fumaça.

Eu estava sonhadora, insatisfeita e tinha muito tempo livre; exatamente a hora errada para o telefonema que recebi naquele verão de 2004, um ano depois que o meu projeto de culinária terminou, quando eu estava dando os últimos retoques no meu primeiro livro. Um telefonema de uma pessoa da qual eu não tinha notícias havia muitos anos, um murmúrio, não totalmente reconhecido, do outro lado da linha, estimulando lembranças pouco confortáveis de algumas noitadas de muito tempo antes, as quais eu tinha quase conseguido esquecer. *Oi, sou eu*, disse ele. *Ouvi dizer que você está se dando bem. Eu me mudei para Nova York. Vamos almoçar qualquer dia desses.*

Eu reconheço que isso pode parecer um tanto incriminatório, uma mulher em um açougue, no norte de Nova York, coberta de sangue e completamente calma, apesar de tudo, manejando facas naturalmente, manipulando vísceras com dedos sujos de sangue coagulado. Calma, eu não sou a amante pega em flagrante em um crime passional, ou uma psicopata no meio de um ritual de esquartejamento. Nenhum ser humano foi ferido para o relato desta cena; entretanto, eu entendo por que isso tudo levaria algumas pessoas a, bem, especular. Especular, talvez principalmente, a respeito da expressão no meu rosto, que trai mais do que somente a indiferença profissional que estou tentando projetar. Se você olhar bem de perto, se for além do avental (outrora) branco, do sangue e das enormes facas penduradas no meu quadril, até meus olhos, devo confessar que você pode ver algo um tanto amedrontador; um brilho secreto; certa emoção. Como diria a minha amiga Gwen: *Faz uma garota se perguntar onde ela escondeu os corpos.*

É uma coisa difícil de explicar e se torna ainda mais difícil por causa de um fenômeno que notei muitas vezes, desde que comecei a trabalhar aqui: acontece que é muito difícil para as pessoas compreenderem uma mulher segurando uma faca de açougueiro. Mas, realmente, o brilho nos meus olhos não tem a ver com violência, vingança ou crueldade. A alegria que se apodera de mim não consiste — bem, não exclusivamente — no poder que tenho agora de cortar, picar e extirpar. É algo mais, algo calmo e organizado.

Da mesma forma que a Sininho tirava Wendy do caminho, de vez em quando, o meu sussurro interior enviou-me diretamente para todas as formas de desgraça e mágoas. Mas confio nele, porque também o segui para minha aprendizagem, meu porto, meu açougue. Passo os meus dias agora cortando carne, com controle, delicadeza e serenidade. Nestes últimos conturbados anos, eu busquei convicção e aqui encontro as respostas.

Eu limpo as mãos em uma toalha que retirei da prateleira e levo o prato de porcelana com a roseta de vísceras brilhantes, para a frente da loja. Ao fazer isso, sinto um zumbido insistente, parecido com uma abelha, na minha bunda, do lado esquerdo — o BlackBerry no bolso da calça. O telefone só funciona na frente da loja; as câmaras frigoríficas dos fundos bloqueiam o sinal. Embora, se eu for honesta comigo mesma, ainda sinta uma pequena onda de adrenalina no peito, sempre que sinto este zumbido, eu o ignoro e entrego o prato a Hailey, que está recebendo o pagamento de um casal.

— Para a vitrine — falo baixinho para ela.

Ela faz que sim com um aceno de cabeça. Uma fila está se formando, o começo do movimento da tarde.

— Você pode colocá-la para mim? Deve haver espaço na prateleira superior.

— Huum, onde?

— Ao lado dos rabos de boi?

Eu deslizo a porta de vidro da vitrine, curvando-me para reorganizar a sequência lotada de carne, a fim de acomodar esta nova adição. Já está quase explodindo de tão cheia, com carne maturada e costeletas gordurosas de porco Berkshire, vasilhas empilhadas de cordeiro moído e fileiras de linguiça caseira condimentada. Achei isso bonito no primeiro dia que entrei nesta loja, há quase um ano e meio. Agora, como colaboradora aqui, acho mais bonito ainda.

Quando fecho a porta e me arrumo, me vejo cara a cara com uma daquelas mulheres. Elas entram na loja de vez em quando, com as suas sobrancelhas levantadas e narinas dilatadas de nojo, como se estivessem entrando em uma latrina de campo de refugiados. Vegetarianas ou simplesmente sensíveis, forçadas por alguma circunstância a entrar em um templo da carne com cheiro de limpeza, mas nem por isso apologético, elas demonstram desaprovação arrogante, como se este lugar, que aprendi a amar, fosse uma abominação quase insuportável. Isso é tudo o que posso fazer para ser civilizada, sinceramente.

— Oi. O que vai querer?

— Dois peitos de frango sem osso e sem pele, por favor.

Essas mulheres sempre querem peitos de frango sem osso e sem pele.

— Só temos com osso. Desculpe.

A mulher suspira ruidosamente diante dessa afronta. Eu tento, não inteiramente com sucesso, reprimir um revirar de olhos. É claro que eu posso me oferecer para desossá-los. Agora sei perfeitamente bem como retirar o esterno e a cartilagem daquele pedaço insípido de carne branca, mas fico ofendida com a simples ideia de peitos de frango sem ossos, sem pele e com as mulheres, chatas e magricelas, que os consomem. É por isso que não trabalho no balcão; minhas habilidades em lidar com pessoas deixam a desejar.

— Bem, acho que é o bastante — murmura a cliente.

Eu me viro para o outro lado para pegar um par de luvas de látex.

— Des... desculpe.

Levanto os olhos e vejo a expressão repentinamente de choque da mulher. Ela esfrega o dedo de forma intermitente no rosto.

— Você tem um...

Lembro-me da marca vermelha no meu rosto e percebo, com certa alegria selvagem, como devo parecer para ela: suja de sangue e descabelada sob o meu chapéu de couro de aba larga. Minha vontade é mostrar os dentes para ela, qual um vampiro. Em vez disso, tiro as luvas que acabei de colocar e digo animada:

— Vou deixar Jesse ajudá-la.

Aceno com a cabeça para um rapaz alto, de óculos, atrás de mim, que acabou de colocar sua boina de jornaleiro e está lavando as mãos para voltar ao balcão, depois do seu intervalo de almoço. Então levanto as mãos, virando-as para a frente e para trás, para que ela possa dar uma boa olhada na sujeira marrom sob minhas unhas, as manchas e os pedaços não identificáveis de grude colados na minha pele, a faixa de couro manchada de sangue em volta do meu pulso.

— Estou um pouco despreparada no momento — justifico, mostrando os dentes, só para provocar um tremor, e me afasto.

Quando jogo as luvas em uma caixa de lixo, o BlackBerry no bolso traseiro toca novamente. Eu o pego, sem me incomodar com a sujeira com a qual eu acabei de tentar espantar a cliente. (Meu PDA, assim como meu chapéu, meu tênis e meu iPod — no momento colocado em um *docking station* e equilibrado em cima das bolsas Cryovac, tocando Modest Mouse —, fica coberto de sujeira de carne, como era de se esperar. Até em volta da aliança há uma massa de pedaçinhos de carne e gordura.)

Um e-mail. Eric, naturalmente. Como está indo?, ele escreve. A carne que levo para casa do Fleisher, o açougue onde me preparei e trabalhei, ajuda, mas depois de mais de um ano, meu marido ainda não entende o que estou tentando fazer aqui, o que estou encontrando que é tão importante. Ele se sente solitário. Eu também. Entretanto, decido não responder; não agora.

Em vez disso, descanso um pouco. São 16 horas, e há um bule de café fresco, o nosso terceiro do dia. Desde que comecei a trabalhar no Fleisher, fiquei viciada em café, não apenas porque a cafeína me deixa ativa durante as longas horas em pé, mas também porque o calor aquece os dedos frios após deslizar nas fendas congeladas entre músculos. Além disso, os momentos relaxantes, com a caneca nas mãos, parecem acalmar meus pulsos, tão frequentemente inchados de segurar a faca, forçando juntas e torcendo o braço para abri-las.

Sirvo-me de uma caneca e aperto-a entre as mãos, inclinando-me contra a mesa, em frente do forno na cozinha. Algo no fogão exala um cheiro maravilhoso, acentuado pelo alho: a sopa do dia. Dou uma olhada na panela e pego uma concha para experimentar. Condimentos e carne de porco: Pozole, da culinária mexicana. A sopa quente me aquece profundamente, mais que o café, no lugar que deve permanecer, necessariamente, frio o tempo todo. Descansando contra o balcão, enquanto descongelo as mãos, observo, vencida pelo cansaço, a porção de fígado, que ainda está na mesa, a alguns metros de distância, lisa como uma pedra de rio, embora de uma cor mais viva.

Os que conhecem a terrível história britânica do século XIX devem saber que uma teoria popular entre os criminologistas teóricos de Jack o estripador afirma que o assassino era um açougueiro. Desenvolvi um pequeno adendo a essa hipótese. Tenho certeza agora que, caso eu quisesse extirpar cirurgicamente o fígado de uma prostituta, eu saberia como fazê-lo. Confesso até que quase posso imaginar a sensação. Não me entenda mal, não defendo a ideia de cortar gargantas de prostitutas e expor suas entranhas, como uma escolha de estilo de vida aceitável, mas, de um modo peculiar, eu vejo a chacina de Jack separada do assassinato, do frenesi, da raiva. E vejo isso como talvez contendo o pequeno núcleo de sanidade mental ainda existente nele. Talvez tenha sido o seu modo desesperado de tentar juntar as partes de volta, ou pelo menos entender como elas se uniam anteriormente. Eu olho para aquele órgão cortado sobre a mesa, o seu funcionamento tão misterioso, mas suas dimensões tão gratificantes, densas e simétricas e brilhantes de tão lisas, e sinto uma espécie de paz, uma certa compreensão.

Minhas mãos estão roxas de frio, minhas costas latejam, meu pulso esquerdo dói e, no frigorífico dos fundos, há uma pilha enorme de costelas de porco esperando para serem cortadas antes de o açougue fechar, dentro de três horas. Sorrio. Estou distante de casa, exatamente onde quero estar.

PARTE I

Aprendizagem

...E como ele sussurrou,
"Ah, junte-se a mim, já que somos unidos pela simetria
E, por mais que nossas vidas sejam diferentes,
juntos formamos um membro."
                    The Decemberists — "Red Right Ankle"

Quando você vai entender isto, B.? A vida de uma
caçadora é muito simples. Querer. Tomar. Ter.
                      Faith — *Buffy, a caça-vampiros*

Amor e um açougue

Um ano e meio antes, julho de 2006.

Acho que realmente fiquei na cidade por tempo demais; adquiri, entre outros traços do nova-iorquino nativo, um desprezo generalizado por todo o estado de Nova Jersey. Estava irracionalmente hesitante em vir aqui. Mas, neste dia, a NJ Route 202 está me conduzindo por uma paisagem inesperadamente encantadora de belas colinas e celeiros dilapidados. Não consigo sinal com o BlackBerry, o que me deixa um pouco em pânico, fazendo meus dentes rangerem; este deve ser outro daqueles hábitos nova-iorquinos que eu adquiri. Continuo iluminando a tela e buscando por barras de sinal, em vão.

A brisa quente e cheirando a madressilva e grama recém-cortada entra pelas janelas abertas do carro, em vez dos vapores e da fumaça química ácida do diesel que aderiu às minhas narinas no trajeto pela rodovia expressa. A brisa me acalma. Respiro profundamente.

Os últimos meses têm sido muito frustrantes.

Acho que a verdade é que os açougueiros me intimidam profundamente. Sempre tive uma atração por eles, da mesma forma que algumas mulheres se sentem em relação a bombeiros. Irlandeses fortes cobertos de fuligem podem até ser interessantes, se você gosta desse tipo de coisa, mas eu prefiro arrombadores de fechadura do mundo real aos seus aríetes. Qualquer pessoa com bastante resolução e músculo pode pôr uma porta abaixo; essa espécie de força eu compreendo completamente. Eu mesma a possuo, psicológica, se não fisicamente — basta me chamarem de Julie "Rolo Compressor" Powell. Mas um homem que pode levantar um porco inteiro por cima do ombro e, além disso, retalhar com habilidade a criatura em todas as suas partes deliciosas, em uma questão de minutos? Este é o homem cujos talentos eu realmente posso aproveitar.

Tenho atração pelo conhecimento íntimo de um açougueiro. De modo romântico, suponho que é inato, que suas mãos hábeis e perfeitas nasceram sabendo como cortar aquelas costeletas finíssimas. Sinto atração pela marca elegante, antiga, de machismo. Os açougueiros são conhecidos por suas piadas vulgares e por seu sexismo, mas quando o homem atrás do balcão me chama de "meu amor" ou "senhorita", fico lisonjeada, e não ofendida. Acima de tudo, me sinto atraída por sua autoridade. Açougueiros possuem uma confiança absoluta, seja cortando costeletas de cordeiro com uma serra de fita ou explicando ao cliente como preparar uma coroa assada. Ele tem mais conhecimento sobre carne do que eu jamais tive sobre qualquer coisa. Ombros largos e musculosos e aparência forte são características muito boas, naturalmente, mas para mim a confiança de um açougueiro é a definição da masculinidade. Isso me atinge de forma tão exótica e inebriante, como nada que experimentei na vida. (Bem, pelo menos, desde que eu era criança. Penso na adolescente que fui quando conheci Eric e o conquistei e é como me lembrar de uma pessoa completamente diferente.)

Talvez, por isso, pareço incapaz de abrir a boca perto de um açougueiro.

Se eu estiver temendo uma conversa, tendo a praticá-la repetidas vezes mentalmente com antecedência, embora talvez não seja a técnica mais eficaz de preparação. "Quero aprender como..." "Eu gostaria que você me ensinasse a..." "Realmente sou tão interessada no que você faz..." Aaargh!

Isso está bem diferente do que falei com o primeiro açougueiro a quem tentei pedir esse favor. Há umas semanas, falei com os rapazes da Ottomanelli's, meu primeiro açougue quando me mudei para Nova York, e ainda o meu favorito. Possui uma fachada limpinha e arrumada na Bleecker Street, com presuntos e patos pendurados nas vitrines cuidadosamente polidas sob um toldo curto com listras vermelhas e brancas, tão arrumadas quanto a carne e os ossos cortados e amarrados, do lado de dentro. Eu era uma freguesa habitual e os homens atrás do balcão, irmãos, eu acho, com aproximadamente 60 ou 70 anos, usando jalecos brancos e limpos, apesar do trabalho com sangue, sempre insistem em cumprimentar-me quando vou lá. E não é exatamente o tipo de boas-vindas "padrão", há carinho nas palavras.

Mas quando consegui perguntar, gaguejando, se eles teriam uma vaga para uma aprendiz com experiência zero, eles objetaram. Não ficaram especialmente chocados, suponho. Em vez disso, sugeriram uma das escolas de culinária que havia na cidade. Eu cheguei a considerar a sugestão, mas acontece que os programas dos cursos de culinária não oferecem aulas exclusivas de corte de carne, e eu não estava disposta a pagar 20 mil dólares por um curso de um ano em gestão de restaurante e fabricação de doce, minha visão pessoal do inferno. Passei a perguntar nos outros açougues da cidade, ou pelo menos a tentar perguntar. Metade das vezes não conseguia sequer falar uma palavra a respeito. Quando conseguia, os homens atrás do balcão me olhavam como se eu fosse maluca e sacudiam as cabeças.

Aperto os lábios enquanto as palavras de súplica percorrem a minha mente. E logo, inevitavelmente talvez, ele surge nos meus pensamentos, aquele para quem a palavra súplica parece ter sido inventada, o homem que telefonou, há dois anos, me convidando para almoçar, o homem a quem eu acabei passando a maior parte dos dois últimos anos suplicando por atenção, segurança, sexo e amor. A exceção que comprova a regra do meu casamento, o único homem que, quando era pouco mais que um garoto, pequeno e moreno, não tão atraente, achou que poderia me fazer abrir, meio atordoada, a porta do dormitório, tarde da noite, com uma única batida na porta. Aquele que, nove anos depois, descobriu que ainda podia fazer basicamente a mesma coisa. Na minha lista de telefone ele é representado por um D. bem grande.

Não. Não o deixarei entrar, pelo menos agora. Sacudo a cabeça com força, como se pudesse desalojar fisicamente os pensamentos errantes. Encontre um açougueiro. Faça com que ele lhe ensine sua técnica. Faça isso agora. Não sei por que eu quero tanto isso, o que tenho a ganhar em aprender a cortar carne. É verdade, eu tenho uma atração por açougueiros, mas nunca me ocorreu antes tentar ser um deles. O que está acontecendo comigo?

Talvez precise apenas de distração. D. e eu dormimos juntos há quase dois anos. Conheço muito bem o cenário do vício, e reconheço que D. se tornou um hábito, não menos real e físico do que o meu hábito por bebida, que se tornou mais forte, em consequência da culpa em ser uma adúltera. E algo anda ligeiramente errado ultimamente. Só de pensar a respeito me dá vontade de beber.

Eric, naturalmente, sabe que estou transando com outra pessoa. Sabia todo o tempo do meu caso com D. Sabe até que, na dolorosa realidade, estou apaixonada por este outro homem. Não preciso falar isso para ele, já que basicamente compartilhamos a mesma mente, apesar de tudo. Antigamente, ficava orgulhosa e estimulada por esta conexão quase paranormal. O fato de que meu marido me conhecia tão bem, e eu a ele, era como uma prova de um amor superior a qualquer outro, de todos os modos. Então D. aconteceu. Nós brigamos quando Eric descobriu, naturalmente, ou melhor, eu chorei e Eric gritou e saiu de casa por algumas horas. Mas depois disso, houve só esvaziamento e silêncio, e desde esse dia, nós mal falamos a respeito. Às vezes, até a maior parte do tempo, tudo parece perfeito dessa maneira. Mas então, este talento que compartilhamos emerge e demonstra-se a arma mais potente, mais cruel dos nossos arsenais. Podemos penetrar no coração um do outro e extrair, com habilidade, as sucatas de desejo vulgar secreto, infelicidade e vergonha. Com um olhar ou uma palavra, podemos esfregar isso na cara do outro como esfregaríamos o focinho de um cão no cocô que ele deixou no tapete da sala.

Estaremos sentados em frente da televisão, talvez, na nossa segunda garrafa de vinho, assistindo a algum DVD alugado no Netflix. Sempre ponho o meu telefone no silencioso, quando estamos juntos, para que Eric não ouça o toque ou perceba o zumbido, entre as almofadas do sofá. Em todo caso, estou tensa, lançando os olhos à tela do BlackBerry, sempre que Eric se levanta para ir ao banheiro ou para mexer a sopa. Quando ele voltar e sentar no sofá, pressionarei meus pés contra a sua coxa, em um gesto de carinho para me fazer parecer confortável e feliz. Mas, por fim, inconscientemente, o nervosismo aumenta, e estou batendo os pés na sua perna. "Qual é o problema?" Eric perguntará, agarrando os meus pés para fazê-los parar, sem tirar os olhos da tela da televisão. "Ele não está lhe dando muita atenção esta noite?" Ficarei paralisada, sem respirar, e não direi nada, esperando para ver se haverá algo mais, mas não haverá. Não precisa. Ficaremos assistindo à televisão, como se nada em absoluto tivesse sido dito; e quando D. realmente me enviar uma mensagem, se ele o fizer, terei medo de responder.

Posso fazer a mesma coisa com ele. Uma noite dessas, meu marido vai sair. "Vou beber com o pessoal do trabalho", ele dirá. "Volto lá pelas 21 horas." O relógio marca 21, 22 horas... e ele não volta. A primeira vez que isso aconteceu, um mês ou dois depois que ele descobriu que eu estava saindo com D., fiquei espantada e preocupada. Ele voltou para casa às 2h30 e me acordou para confessar, cheio de remorso, que tinha saído com outra mulher e que não faria aquilo novamente, embora eu dissesse — sentindo o prazer de ser santa pelo menos uma vez — que ele tinha o direito de sair com quem quisesse. Agora estou acostumada; não espero que ele volte, pelo menos não até o amanhecer. Posso reconhecer imediatamente, pelo tom de voz quando ele telefona ou as palavras em seu e-mail, que ele vai sair com a mulher com quem tem saído de vez em quando, por quase tanto tempo quanto eu tenho transado com D. Eu nem sequer estou zangada; estou satisfeita. O texto que envio, um pouco depois das 23 horas, é sempre para lá de gentil: Querido, você poderia me avisar se virá para casa esta noite? Entendo perfeitamente se não puder vir. Só estou perguntando, para não ficar preocupada.

Pode levar vinte minutos para ele responder, ou uma hora, ou três. Mas ele sempre escreverá a mesma coisa. *Chegarei* logo. Sei que estou estragando tudo.

De jeito nenhum, escreverei com toda a doçura e leveza, você não está estragando nada. Divirta-se. Volte para casa a hora que quiser. Quando ouvir a chave girar na fechadura, inicialmente fingirei que estou dormindo, enquanto ele se despe e se aconchega, cheio de culpa, junto a mim na cama, mas vou apertar sua mão, num gesto tranquilizador. De manhã, fingirei não notar o seu desejo de que eu grite ou chore, mostre minha mágoa e consequentemente o meu amor. Prepararei um ovo poché para o café da manhã, sorrindo. Nada será dito. É dessa forma que eu o castigo.

Quando ele sair para o trabalho, informarei tudo o que acontece a Gwen, a amiga com quem eu compartilho tudo isso: "Realmente não me importo. Ele gosta muito dela, sabia? Ele merece um alívio."

"Julie, sinceramente? Eu adoro você, mas não entendo por que Eric não vai embora. Realmente não entendo."

Gwen diz todas as coisas que uma boa amiga deveria dizer e, de vez em quando, se oferece para dar uma surra no meu marido ou no meu amante, dependendo de quem está me deixando mais louca, o que é um gesto muito bacana. Mas no final das contas, ela não pode compreender exatamente a situação na qual me encontro.

"Eu sei. Quando começamos a ser tão sórdidos um com o outro? Quer dizer, não é o tempo todo. Mas..."

"Você realmente vê alguma chance de esta situação melhorar?"

Não sei a resposta para essa pergunta. O que sei é que, apesar de tudo, Eric não me abandona. E quanto a mim, por pior que seja, não posso sequer imaginar a dor que sentiria ao deixá-lo. (Como muitas vezes acontece na minha vida, eu acho que um personagem do seriado de TV *Buffy, a caça-vampiros*, define muito bem: "É como se eu tivesse perdido um braço. Ou pior. O tronco.") Apenas preciso de um lugar para me esconder de vez em quando, desta constante e silenciosa fonte de mágoa e raiva nociva e também, ultimamente, da ambivalência calorosa e distante de D., que faz eu me sentir como se estivesse com uma roupa muito apertada. De modo desconcertante, quando penso em um "santuário", o que vem à mente é o vislumbre de aço e azulejo, o vermelho úmido de um cordeiro assado, o aroma inebriante da carne maturada, e o domínio de uma faca na minha mão.

Mas o que estou tentando fazer é uma coisa complicada, e não somente porque pareço ter pavor de homens de jaleco branco. Também não existem mais muitos açougueiros, pelo menos autênticos, neste país. Parece impossível, não é? Quer dizer, há muito mais americanos do que havia, digamos, há cem anos, e muitos de nós come carne. Mas os açougues foram basicamente substituídos por fábricas de carne processada, fábricas gigantescas que consomem animais e excretam bifes embalados a vácuo. Uma analogia grosseira, eu reconheço. Mas a invisibilidade do procedimento é tão completa quanto a de um processo corporal. Sabemos que essas fábricas possuem muitas máquinas pesadas, possantes, porque seus funcionários constantemente se ferem e morrem durante o trabalho. (O processo de embalagem de carne *Meatpacking* é um dos trabalhos mais perigosos nos Estados Unidos, e provavelmente é por isso que ele emprega mais do que a sua parcela de imigrantes ilegais.) Sabemos que provavelmente existam lá homens com tremendas habilidades com a faca, aparentemente ajustados ao processo industrializado, às rodas dentadas na imensa máquina, vestidos em aventais próprios e repetindo o mesmo corte na mesma parte do corpo várias vezes, até terem câimbra nas mãos e as costas latejarem.

Estou especulando sobre tudo isso, porque o Big Beef não costuma estender o tapete vermelho e distribuir passes para visitas a suas instalações. Nesta época de nanotecnologia e responsabilidade social, você tem mais chance de fazer uma viagem pelo trato digestivo do bovino jovem industrialmente cultivado do que testemunhar exatamente o processo com aquele mesmo animal, antes de ser abatido até chegar ao seu prato. E não é isso o que eu quero, de jeito nenhum. Quero aprender com um artesão, não com um funcionário de linha de produção.

Então, depois de esgotar todas as possibilidades na cidade, dei alguns telefonemas e obtive alguns nomes de pessoas experientes, mais distantes, que ainda sabem como empreender o método antigo, conservador, de transformar o animal em carne. Estou seguindo uma dessas pistas agora, nos arredores do sul de Nova Jersey.

Estou fazendo as curvas um pouco rápido, recusando-me a usar os freios para que, nas curvas mais fechadas, eu possa sentir o peso do carro beirando a faixa gramada de acostamento. Mas à medida que me aproximo de Bucktown, diminuo a velocidade. Pelo menos, eu acho que estou perto de Bucktown. Estive na costa leste há 15 anos, quando me formei no segundo grau no Texas e me mudei para Massachusetts para ingressar na faculdade; tempo o bastante para ter me acostumado às noções fluidas de distritos municipais por aqui. Mas ainda me vejo ocasionalmente nostálgica das distâncias convenientes da minha cidade natal, em vez destas aldeias e localidades infinitamente agrupadas e confusas. Prefiro as paisagens vazias, estabelecendo a separação entre os limites nítidos da cidade e me deixando sempre certa de que posso descobrir onde estou, pelo menos em um mapa. Sinto falta daquela noção de separação.

Geralmente gosto de dirigir, especialmente sozinha. Nunca perdi aquela emoção adolescente, as fantasias de voar que acompanham a sensação de guiar 25 quilômetros acima do limite de velocidade, ultrapassando facilmente todos os outros motoristas, sabendo que qualquer saída que eu precise pegar se encontra quilômetros à frente. Mas esta parte de dirigir eu não gosto — prestar atenção, procurar endereço, o esforço de tentar enxergar os números nas caixas de correio, tentar compreender os detalhes do local para onde estou indo. Acho que ninguém gosta dessa parte. Fico tentada a enviar uma mensagem ao Eric, sempre fico assim quando estou perdida. Ele está por aí em algum lugar, ansioso por ajudar, mas meu telefone continua sem sinal.

Finalmente, encontro o lugar. É mais modesto do que eu imaginara, mais rústico. Estive na cidade tempo o suficiente para esperar, mesmo neste ambiente rural, um tipo de açougue de cidade. Eu tinha imaginado uma frente de loja de tijolos vermelhos no pequeno centro da cidade, vidros brilhantes, azulejos brancos e aço inoxidável no balcão de carne, visível do lado de fora. Por isso, eu passei direto pelo velho prédio revestido com tábuas irregulares, alguns metros antes, com o cartaz gasto, pendurado no telhado inclinado do pórtico dianteiro — um sobrenome italiano na fachada pouco atraente. Estaciono, fazendo um ruído de pneus, no pequeno terreno não pavimentado. Durante a maior parte da viagem desde Queens, eu me senti tomada por aquela encantadora sensação de objetivo que advém quando se empreende uma busca, sem ainda ter começado a lidar com os elementos básicos; entretanto, durante a última meia hora, fui dominada pela frustração e irritação pelos endereços não encontrados. E agora, ao estacionar o carro e tirar a chave da ignição, tudo isto desaparece e sou surpreendida por aquele velho desamparo do coração. Agora, tenho que entrar e pedir um favor. Um emprego. E o fato de ter dirigido durante duas horas sob o comando da voz delirante dentro da minha cabeça não torna isso nem um pouco mais fácil.

O ar cheira a flores. Com um pouco de vontade extra, eu abro a porta do carro e saio. Do lado de dentro da porta de tela, a loja é escura e exala uma brisa de algo não exatamente limpo, embora não seja desagradável, a mesma classe de aromas aos quais os celeiros de cavalo pertencem. Há algo insípido, porém secretamente excitante, sobre o lugar; é como entrar furtivamente em um alojamento de caça abandonado. Um congelador de porta de vidro contra uma parede à esquerda abriga uma pilha desordenada de caixas e pacotes etiquetados à mão. As largas tábuas do assoalho de madeira são gastas, escuras, manchadas e com respingos de serragem. O balcão de carne parece ser improvisado; os frigoríficos parecem velhos, possivelmente de segunda mão, e em vez das altas pilhas de carne fresca em bandejas arrumadas, adornadas com ramos de salsa que eu estou acostumada a ver no Ottomanelli, há carne espalhada aleatoriamente, algumas parecendo um pouco cinzentas e velhas. O fim de uma semana de muito movimento. Há uma mulher loura, de uns 30 anos, atrás do balcão que me recebe com um sorriso, e um homem mais velho, inclinado, atrás dela, enrolando uma corda em volta dos dedos grossos e rijos. Um dos irmãos do cartaz, naturalmente. Você sempre consegue identificar um açougueiro. Ele levanta os olhos para mim e acena com a cabeça, de forma amistosa porém cansada.

— Posso ajudar?

Então, mais uma vez, faço o meu discurso persuasivo sobre o desejo de aprender a arte de cortar peças perfeitamente, de estar disposta a fazer qualquer coisa para ficar atrás daquele balcão todos os dias e observá-lo desempenhar sua técnica, e que dirigi desde Nova York para pedir-lhe esse favor. O homem sorri, triste. Porém, mais uma vez, recebo uma sacudida de cabeça.

— Não temos trabalho suficiente. Ninguém mais quer açougueiros. Quando nos aposentarmos, teremos que fechar este lugar — diz ele de forma bastante amável, e eu não vou discutir com ele. Talvez ele ache que sou fútil, e talvez eu o seja. Talvez esta paixão irracional estoure como uma bolha de sabão, desapareça. Talvez mude de opinião amanhã, decidirei que estou realmente apaixonada por... não sei, corrida de cachorros, talvez.

Mas se há uma coisa que aprendi a meu respeito, é que as minhas paixões não tendem a esgotar-se. Bem que eu gostaria que fosse assim.

Quando entro no carro, percebo que todos os açougueiros com quem tenho falado me lembram a minha avó. Ela viveu até os 90 anos, nunca realmente houve algo de errado com ela, fisicamente, e estava sempre alegre, firme e jovem. Levei muito tempo para perceber que a mesma mulher que costumava fazer o melhor frango frito do mundo, com quem eu dividia uma cama quando eu era criança e acordava de manhã rindo sem dentes e falando "amu incá!" (que é "vamos brincar!" na linguagem de uma criança pequena), viveu cada dia de sua vida escondendo uma tristeza, uma profunda frustração com os limites nos quais ela se colocara, quando era ainda apenas uma bela jovem de perspectivas limitadas em Brazoria, no Texas, e que tinha se instalado em uma espécie de traça da imaginação. Então, como deve ser ver a sua profissão — não somente o seu emprego, ou o seu negócio, mas a profissão, o que você sempre fez para viver — desmoronar e ir pelos ares? Não sei, mas sei que a minha avó lutou contra uma sensação de inutilidade a sua vida inteira, que isso obstruiu o seu senso de humor (não que ela nunca fosse engraçada, mas o era de um modo mais sombrio, amargo) e a levou ao consumo excessivo de xerez Taylor. Eu sei disso porque a vejo em minha mãe, e sinto-a em mim, cada vez mais. Isso me leva a beber também — embora não xerez, ainda — e a outras coisas, a coisas que são ruins para mim, impulsos perigosos aos quais eu me entrego. O meu medo de açougueiros não é nada comparado ao meu medo desta maldição que parece correr nas veias das mulheres na minha família. Talvez seja isso o que a voz que ouço está me dizendo; está tentando desesperadamente me ajudar a vencer um futuro inevitável. Uma coisa que aprendi sobre a minha voz é que ela prefere satisfazer as ânsias perigosas à perspectiva de obstruir aquelas ânsias, em amarga resignação. Faço um retorno no terreno de cascalho e vou para casa.

Alguns quilômetros antes de chegar à autoestrada interestadual, passo por uma colina e meu BlackBerry parece emitir sinal de vida. Eu o pego ansiosamente, embora angustiada. Fico surpresa por estar quase desapontada ao notar que o telefone está funcionando novamente.

Duas mensagens, dois homens.

A primeira: Como anda a carne?

A segunda: Huuum.

Será que todo mundo se comunica desse jeito, com esses códigos? Decifro ambos perfeitamente. Um me controla com mil cordas de ansiedade, obrigação, amor, preocupação e culpa; o outro, com um simples puxão esperto, a sílaba gutural secreta que me domina.

Para ambos, a minha resposta é a mesma: *Estou* a caminho.

Ossos do ofício

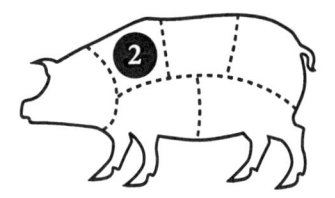

Então, um mês depois, eu o encontro.

Outra pista levou a mais uma longa viagem, até o norte em Kingston, Nova York, aninhado em Catskills. Eu saio de manhã cedo no meu Outback. (Sim, tornei-me o tipo de mulher de 33 anos que dirige um Outback novo, prata. De alguma maneira, coisas decadentes e emboloradas tornaram-se uma daquelas categorias, junto com apartamentos mofados, sujos e horríveis que eu abandonei sem notar.) Estou nervosa e não muito esperançosa quando estaciono, pago o estacionamento, passo pela porta de vidro da loja na Wall Street. Mas percebo no instante em que eu boto os pés no local: é aqui.

Fleisher é mais que um açougue, na verdade. É quase um mercado, com sabões perfumados feitos do sebo de boi expostos nas prateleiras, verduras locais, em cestos arrumados no chão, camisetas à venda presas nas paredes: 100% A PASTO, CRIAÇÃO LOCAL. É um lugar igualmente romântico e necessário. Poderia ser um açougueiro da vizinhança, ou poderia ser um movimento político disfarçado de açougueiro da vizinhança; de qualquer forma, não é exatamente o açougue das minhas fantasias. É algo mais, um lugar que eu não tinha imaginado.

Eu me apresento ao rapaz atrás do balcão, um homem alto com um bigode típico dos anos 1970, pequenos olhos azuis marotos, atrás de óculos com armação de arame, e uma longa trança ruiva descendo pelas costas por baixo de um boné preto Kangol. Ele é incrivelmente jovem, não muito mais velho do que eu. Talvez isso seja o que finalmente me dá o estímulo do qual precisava.

— Meu nome é Julie, e... — No último momento, ignoro todas as frases cuidadosamente ensaiadas. — Sinceramente? Eu quero aprender como converter uma vaca em um bife.

Sobrancelhas levantadas. E ouço:

— Tudo bem.

O nome do açougueiro é Joshua. Ele me convida a ir até os fundos para vê-lo cortar um porco. E me oferece a melhor costeleta de porco que já provei.

— Muito bem, chica, você vai desossar estes meninos maus.

Quando passa a caminho da frente da loja, Josh lança duas partes enormes de porco na mesa de corte, aumentando a quantidade já existente. Pernas traseiras ainda com os cascos — porcos têm cascos, é assim que se chama? — e a pele, amarrada por veias escuras e marcada com poros e o pelo duro. Elas têm a forma de pernas de porco gigantescas, que é exatamente o que são.

— Observe o Tom — diz ele, olhando para trás e andando.
— Ele vai lhe mostrar o que fazer.

É o meu primeiro dia como o aprendiz de açougueiro. Acordei às 6 horas. Posso garantir que isso não é cedo demais para os padrões de um trabalhador médio, mas às vezes é uma luta, o simples fato de sair da cama de manhã. Juro que, às vezes, penso que se não tivesse um cachorro para levar para passear e gatos para alimentar, eu simplesmente não me levantaria. Eric tem tido o mesmo problema. Ele mal se mexeu quando saí de sob as cobertas e entrei no chuveiro. Às 7 horas, eu já estava a caminho, e agora, às 9h05, estou em um avental branco, que peguei de um balde plástico velho de lavanderia, tirando uma faca da tira magnética da parede.

Josh passa novamente. Ele continua andando de cima para baixo, do balcão ao escritório, ao frigorífico, à cozinha, às escadas dos fundos: arrumando a prateleira, pegando faturas, retirando peças de carne para serem cortadas, verificando as linguiças, saindo para fumar um cigarro. Um cara grandão, com um vozeirão que combina com seu porte físico e uma palavra alegre e irreverente para todo mundo, ele é como um animal em um jardim zoológico bem projetado, espaçoso, relativamente confortável, mas ainda propenso ao comportamento agitado. Rapidamente, tento imaginar esse cara de terno e gravata, em um labirinto de cubículos; a imagem é de chorar de rir.

— Pegou seu chapéu? — pergunta ele, sem fazer uma pausa no seu circuito, segurando a borda do seu próprio boné.

— Ah, sim!

Então corro até a mesa, nos fundos do açougue, atrás do primeiro frigorífico, onde deixei meu material. Estou bastante orgulhosa de ter me lembrado, no meu primeiro dia, de trazer um bom chapéu, um chapéu rústico da Nova Zelândia de couro marrom, que se ajusta em minha cabeça como se feito sob medida. Alegre, eu o coloco levemente caído de lado. Eu havia perdido e encontrado este precioso objeto o bastante para me lembrar da frase "Deus protege os tolos e os bêbados". Tive muitos sonhos nos quais este chapéu figurou de forma destacada. Assim, a ideia de usá-lo o dia todo, todos os dias, de manter o meu cabelo arrumado enquanto aprendo a cortar os animais — a aparência de desafio sexy e selvagem que este chapéu me ajudará a revelar — é intimamente excitante. Eu o enfio na cabeça e quase me lanço sobre a mesa, onde Tom, um homem alto com uma leve corcunda, bigode preto e sorriso de bobo, já está puxando uma segunda perna em direção à borda da mesa. Tom é um açougueiro experiente, trabalhou com isso a vida toda, como seu pai lhe ensinou. Quando Josh decidiu abrir um açougue, há alguns anos, sabia pouco mais sobre carnes do que as informações obtidas com algumas visitas ao açougueiro kosher de seu avô, no Brooklyn, quando criança. Portanto, ele contratou Tom não somente para ajudar a cortar carne, mas para ensinar a ele e à equipe de empregados como fazê-lo. Da qual, suponho, faço parte agora.

— Comece tirando o pé, aqui.

Segurando o casco com a mão esquerda e a faca na direita, ele desliza a lâmina em volta e diretamente pela primeira junta, tirando o pé com um movimento uniforme e giratório. Ele lança a carne sobre a mesa.

— Vá em frente, você consegue. É moleza.

Eu puxo uma perna na minha direção, aperto em volta para me assegurar de que sei onde está a junta, e faço um corte circular, na carne resistente, mas cometo um erro, porque atinjo só o osso.

— Merda!

Tom sorri para mim.

— Sacuda-o. Tem que sacudi-lo.

E quando movo o pé para a frente e para trás, entendo o que ele quer dizer. Quando corto o pé, adquiro uma noção mais exata de onde fica o eixo da junta e, após cavar um pouco em volta, atinjo a cartilagem e empurro a ponta da lâmina entre os ossos. Serro um pouco mais e consigo retirar o pé. Não é bonito, mas está feito.

— Pronto.

— Agora tiramos o jarrete. Você pode fazer isso com a serra de fita, se souber usá-la.

— Ah, é isso que eu ambiciono.

— Que nada! É assim que os *verdadeiros* açougueiros trabalham.

Ele simplesmente desliza a lâmina na pele, através do que seria a base da nádega, para marcar o corte, depois troca o modo de segurar a faca de desossar, para que possa segurá-la com o dedo mindinho na base do cabo e com a lâmina na sua direção. Com o cotovelo inclinado em um ângulo reto, ele puxa a faca pela carne, a lâmina raspando a mesa — uma superfície de 1,20 por 1,80 metro, de madeira, bordo talvez, marcada pelos cortes, pernas de metal sobre rodinhas — até, novamente de modo infalível, atingir a junta. A técnica de trabalhar com a ponta da lâmina o ajuda nesse trabalho, e ele termina afastando facilmente a carne para o outro lado. Pernil de porco jogado para o lado.

— Eles chamam isso de cabo de pistola.

Eu aceno com a cabeça, concordando, embora realmente não entenda como aquilo possa pertencer à categoria de armas de fogo; é mais parecido com a pegada de um serial killer frenético em um filme de horror. Então, ele faz um gesto rápido, puxando a faca em direção à sua virilha.

— Isto também é chamado de fazedor de viúva — diz ele, com uma gargalhada. — Precisa ter cuidado. Se forçar para trás, ela vem fácil e voa diretamente em você.

— Acho que seria uma boa ideia me mostrar a serra de fita.

— Ei, medrosa. Vamos lá, é a sua vez. Você pode aprender o atalho depois que dominar o verdadeiro caminho. A serra de fita te mata, de qualquer maneira.

— Ah, tudo bem...

Então, me dedico à tarefa, acostumando-me à nova maneira de segurar a faca. Na verdade, eu prefiro assim; parece mais firme, o que acabo percebendo que é devido ao perigo. Sou capaz de pôr muito mais energia com a lâmina dessa forma, puxando-a na minha direção com o bíceps. Posso ver o que Tom quer dizer; se eu puxasse com entusiasmo demais, as coisas poderiam ficar feias. Coloco meu corpo um pouco de lado, apenas por segurança, e então corto. Novamente bati no osso, novamente tenho de cavar, desajeitada, em volta da carne até encontrar a junta, passar a ponta da faca no pequeno espaço curvo entre os ossos, um bilboquê, os ossos tão unidos por faixas brancas de tendão quanto marido e mulher apaixonados. (Tento afastar a metáfora sentimental o mais rápido possível.) Minha faca faz barulhos desagradáveis enquanto trabalho, batendo em cartilagem e osso. Mesmo assim, vou até o fim. A borda está irregular, a pele esfolada, mas o pé saiu.

— Prontinho — digo com um suspiro. — E agora?

Tom está cortando o terceiro traseiro, à minha frente praticamente em cada passo que eu concluo. Acho que ele está se exibindo um pouco.

— Tire a pele, mas tem que deixar a gordura — explica ele, mostrando como fazer, desatando a pele resistente, ligeiramente translúcida em uma borda, e segurando a ponta com o polegar e o dedo indicador para mantê-la esticada, afastando a lâmina do corpo com um movimento extenso, logo abaixo, para que ela se descole facilmente, revelando uma grossa camada de gordura, branca e pegajosa como uma pasta de Marshmallow Fluff. Ele puxa a pele daquele presunto inteiro, reconhecível agora como tal, em um pedaço grande, quase completamente limpo de qualquer resíduo gordo branco. A mulher de *O silêncio dos inocentes* teria ficado impressionada. Eu certamente estou.

Obviamente, não consigo, nem de longe, realizar a tarefa com tal sutileza. Rapidamente descubro que há algo gratificante neste trabalho: tem a ver com o modo como, quando se usa a pressão correta junto ao ângulo da lâmina, a faca desliza pelo lado inferior da pele, fazendo um barulho de raspagem suave como patins no gelo. Há um truque para isso, e, quando o realiza corretamente, você reconhece imediatamente. Sussurro baixinho, com prazer quase inapropriado, "Iiiiiiiiiisso é o que eu queria."

Mas nem sempre o faço direito. Às vezes, afundo na camada de gordura ou furo a pele, e acabo tirando tudo em várias partes irregulares. Nenhum mérito para mim.

Depois, tiro o coxão mole, uma tampa de carne na qual acho que ficava o traseiro do porco. Tom me mostra como encontrar a linha de junção.

— As linhas de junção são a parte principal. Se seguir uma linha de junção, você pode retalhar qualquer coisa.

De fato. Entre dois músculos vizinhos, sejam em um porco, novilho ou, presume-se, em mim, há uma camada fina de membrana conjuntiva: clara, filiforme, fácil de cortar. Parece um pouco com o que aconteceria se você colasse duas partes de cartolina cor-de-rosa, e as separasse novamente, antes de a cola secar. Não sei como este material seria chamado por um biólogo ou um médico, mas no ramo de carne é chamado "linha de junção". As linhas de junção são (rimou, hehehe) mágicas para mim; são o que dá ao ofício de açougueiro seu melhor encanto. Se souber o que está fazendo, você pode descascar dois músculos limpos, lisos e inteiros, com a ponta de uma faca de pouco mais de 10 centímetros, ou apenas com os dedos. Trabalho cautelosamente, mas quando puxo a tampa de carne com a mão direita, todos aqueles fios claros mostram o caminho da linha de junção. Mesmo agindo com cuidado, eles se dissolvem diante de mim.

— Não pode ser tão delicada. É porco! Não há como destruí-lo! — diz Tom com outra gargalhada. Ele tem uma voz nasalada, sempre divertida, suas palavras acentuadas com um discreto sotaque. Ele parece um personagem do *Muppets*.

— Corte, corte!

Mas eu estou um tanto hipnotizada pela forma como ele corta lenta e facilmente. Como se os músculos soubessem, desde o início, que terminariam dessa forma, esse inevitável desmembramento. No entanto, é de fato um tanto comovente, embora eu saiba mais do que posso tentar explicar em voz alta. É triste, mas também um alívio, saber que duas coisas tão unidas podem separar-se com tão pouca violência, deixando superfícies lisas, em vez de tiras sangrentas.

E o coxão mole é retirado. Ele será cortado, mais tarde, em costeletas para ser frito à milanesa ou enrolado em *involtini* recheado. Mas, por enquanto, será ensacado e guardado no balcão frigorífico até que a vitrine precise ser arrumada novamente.

— E é isso. O resto vai ser moído. Só linguiça.

Uma caixa plástica branca, sobre a mesa de corte, está repleta de carne de porco, grosseiramente cortada em grandes tiras. Juan veio colocar a carne em sacolas plásticas Cryovac. Ele é um cara baixinho, de peito largo, e talvez seja um pouco mais jovem do que eu. Sinto-me imediatamente atraída pelo seu sorriso, embora não tenhamos trocado muito mais que um "olá", depois que Josh o apresentou esta manhã como "o único cara com cérebro no açougue. Isso está me incluindo".

— Gostei do seu chapéu — diz ele.

— Obrigada! — respondo ruborizada. — É um chapéu muito legal.

A essa altura, Tom já cortou quase toda a pilha de carne e deixa mais um coxão para que eu possa praticar, enquanto ele corta as paletas. Ele fala rapidamente.

— Arranque o osso da rabadela, aquele redondo lá.

A cavidade do osso que sobressai da gordura do coxão, com um buraco no meio, claramente é alguma parte do osso da pelve. Parece algo que, se retirado da carne e deixado no chão do deserto durante um mês ou dois, Geórgia O'Keeffe pintaria, como o céu brilhante do Novo México, raiando por sua curva branca e lisa.

Então faço como Tom me mostrou, com a ajuda de um gancho de carne. Com a extremidade maior da alça em frente a mim, retiro o torrão de carne do meio do buraco, depois continuo, atrás do osso, para raspar a carne da borda superior. Logo consigo alcançar a ponta do gancho de carne por cima daquela borda e, novamente, no buraco do meio. O gancho de aço tem um formato de C, mais ou menos do tamanho do meu polegar e dedo indicador curvados, com uma ponta bem afiada em uma extremidade e um cabo plástico, cor de laranja, na outra. Eu o seguro como se fosse um guidom de bicicleta, com a base do gancho saindo do meio do meu indicador e dos outros dedos. Dessa forma, posso adquirir uma pegada firme no osso e um meio de usar a gravidade a meu favor.

(Existe algo engraçado em relação aos ganchos de carne. O termo gancho de carne faz parte do meu imaginário, tanto quanto me lembro, acompanhado da visão de um brutamontes de peito largo vestido com um jaleco, apalpando uma graciosa adolescente. Eu nunca prestei atenção à origem da palavra; acho que eu estava imaginando mãos carnudas e muito grandes. Na realidade, ao usar este gancho de carne, um instrumento afiado, pequeno e fino que se ajusta tão facilmente à palma da mão, há uma mudança discreta, quase imperceptível, de perspectiva. Ganchos de carne não se parecem com os "ganchos de carne" que eu imaginava, não mesmo. Eles são muito mais eficazes e horripilantes. Eu me pergunto se a primeira estudante dos anos 1950 a proferir a frase "Afaste os seus ganchos de mim!" era filha de um açougueiro.)

Quando puxo o cabo cor de laranja, o osso fica mais solto. Eu ajudo a retirá-lo, raspando, serrando pelos tendões, unindo-o à borda arredondada do osso da coxa. Quanto mais o osso se solta, mais o restante sai também facilmente, até que no final eu quase não preciso usar a faca, somente puxando para baixo, na minha direção, com o gancho.

— Guardamos os ossos?

— Guarde os ossos! Sempre guarde os ossos! — grita Tom. (Além de trabalhar e ensinar aqui no Fleisher, Tom ensina o ofício de açougueiro no Culinary Institute of America, próximo ao Hyde Park, por isso desenvolveu aquela voz, comicamente ruidosa.)

— Cala a porra da boca! — grita Josh dos fundos. (Não sei bem onde Josh desenvolveu essa voz ruidosa, mas ele com certeza a possui.)

— Josh, dá para você parar de gritar? — pede Jessica, a esposa baixinha de Josh, abrigada no escritório, cuidando de faturas. — A porra da loja está aberta!

Eu gosto deste lugar.

Depois que o osso da rabadela é retirado, realmente é bem simples. Há dois ossos ligados que permanecem no pedaço de carne, ambos com algo que remete aos Flinstones, o que Pedrita teria enfiado no cabelo (só que maior, naturalmente). Eu corto a carne na borda superior, onde a ponta branca, brilhante e evidente de um desses ossos sobressai, e fatio ao longo do topo, chegando à próxima junta, até aparecer o pedaço inteiro. Depois, enfio os dedos da mão direita na fenda recém-aberta na carne e vasculho o interior, enquanto, com a mão esquerda, a que eu uso para cortar, eu raspo de ambos os lados do osso e mais abaixo. A carne está fria por ter ficado no frigorífico; de vez em quando, tiro as mãos, sacudo-as e sopro as palmas, curvadas em forma de concha.

— Cuidado — diz Tom. — Se a mão ficar dormente, você pode perder um dedo sem sentir. E dá um trabalho danado mexer com linguiça de dedo. — (Tom se acha engraçado.)

Aos poucos, os ossos ficam aparentes. Eu os retiro e tudo que resta é um monte confuso de carne de porco, de aproximadamente 7 quilos, que eu corto grosseiramente em pedaços grandes com a faca cimitarra, revirando os olhos de aversão por dentro quando Tom me entrega a enorme faca, uma da sua própria coleção pessoal, e me diz como é chamada. Entre as cimitarras, as bainhas de faca e as luvas de malha de ferro, às vezes parece que o corte de carnes foi criado por um grupo de nerds do RPG Dungeons & Dragons envenenados por testosterona. Mais carne para a linguiça.

— Pronto.

— Muito bem. O próximo é para você.

Portanto ataco o segundo. É gratificante como é mais rápido do que o primeiro; realmente estou cada vez mais craque. Tom terminou e está saindo, para dar sua aula da tarde. Então, agora, estou sozinha na mesa, a maior parte do tempo, exceto quando Aaron passa por mim, vindo do balcão da frente, onde ele está trabalhando hoje, para ir até a cozinha, onde ele está controlando a carne que assa no forno e o caldo de carne que cozinha.

— Como está indo, Jules? — grita ele, com o ânimo extravagante. — Posso chamá-la de Jules?

— Eu atendo a praticamente qualquer coisa que me chamarem.

Ele levanta as sobrancelhas.

— Hum, qualquer coisa, é? Terei que pensar a respeito.

Aaron é aluno da escola de culinária CIA, que não tem nada a ver com a Agência Central de Inteligência, tem mais ou menos a minha idade, cabelo escuro tosquiado, impressionantes olhos azuis e um entusiasmo quase palpável. Eu mal o conheço, mas conheci alguns alunos da CIA no meu tempo, e ele tem energia. Impetuoso como um menino, impressionado consigo mesmo. Algo do tipo um aluno de Harvard, sem muito dinheiro. Eu gosto dele, embora seja um pouco intimidador. Tento não deixá-lo perceber que ele me passa essa sensação. Retribuo o movimento de sobrancelha.

— Faça isso.

Nem sei exatamente sobre o que estamos falando, é apenas uma insinuação casual, conversa sem assunto.

Estou quase acabando minha tarefa quando Josh aparece, vindo dos fundos, com uma meia carcaça completa, 40 quilos de porco, por cima do ombro. Sem dizer uma palavra, ele rola a coisa para a superfície da mesa. Depois, tira a faca da bainha metálica, presa na cintura com um cadeado de bicicleta rosa.

— Ei, Peitão Gostoso! — grita ele para Aaron, que está na cozinha mexendo ossos de frango no forno. — Vou dar um pontapé na sua bunda agora mesmo.

Jesse, o rapaz alto, magro, narigudo e tranquilo que trabalha na loja, leitor da *Harper's* e *Wired*, e que é importunado impiedosamente por beber chá verde, inclina-se contra a prateleira para assistir. Ele sabe o que está por vir. Josh aponta para o relógio na parede com a faca, como Babe Ruth* apontando o seu bastão para a arquibancada no Wrigley Field, e começa a trabalhar.

Retira o rim e a gordura de rim com um único puxão. Alcança a parte de dentro rapidamente e corta o filé aninhado

---

* Um dos maiores jogadores de beisebol de todos os tempos. (*N. da T.*)

sob a espinha dorsal, jogando-o sobre a mesa. Com dedos grossos, porém ágeis, ele conta cinco costelas, a partir do ombro. Usa a ponta da faca intricadamente entre as duas vértebras; então, quando estão separadas, retira o ombro do lombo, com um puxão, diretamente até a mesa. Apanha a serra, parecida com uma serra de metal ampliada, e, com três golpes, corta através das costelas, a alguns centímetros da coluna triangular de carne ao longo da curva externa da gaiola torácica, do outro lado da espinha dorsal. Depois de atravessar o osso, ele pousa a serra, apanha a faca e a desliza ao longo do corte que acabou de fazer, até a mesa, curvando mais perto da espinha, enquanto passa pelas costelas, em direção à junta do quadril, separando a barriga do lombo. Depois, puxa a carcaça para a beirada da mesa, de maneira que a perna traseira fique pendurada, e inclina-se com um antebraço sobre o lombo, empurrando, com força, a pata com o outro braço, colocando bastante pressão. Um barulho forte! E a junta está aberta. Mais um corte até a madeira e o coxão sai do lombo, balançando-se em direção ao chão, e agarrado, a tempo, pelas mãos enormes de Josh.

Ele bate o pernil na mesa, olhando o relógio.

— Ei, veado! — grita ele. — Um minuto e 25 segundos!

(— Temos fregueses, droga! — lembra Jessica, sem realmente esperar ser ouvida.)

Aaron coloca a cabeça fora da cozinha.

— Foda-se.

Depois, faz um gesto com a palma da mão para cima e o dedo do meio estendido.

— Bem no seu cu.

Aaron balança a cabeça, quando um alarme de cronômetro dispara no forno.

— Tudo bem, cara. Estou indo — diz ele, apontando a parte gordurosa de um termômetro de carne na direção de Josh. —

Estou indo. Não brinque com o Chocolate Thunder* (Aaron e Josh, codiretores do Comitê de Apelidos, parecem discordar do apelido de Aaron.)

Jessica passa a caminho dos fundos com seu colete almofadado cor de laranja e jeans, o cabelo crespo preso no alto da cabeça e revira os olhos, murmurando "Deus do céu", num misto de irritação e carinho.

Eu realmente gosto deste lugar.

Volto ao que resta do coxão do porco... e a ponta da faca passa bem na parte carnuda do meu polegar. Não dói tanto quanto me assusta; afasto a mão da carne e falo baixinho: "Merda!"

Josh se vira para mim com um olhar terno.

— Perdeu um dedo, coração?

— Não é nada sério. — O sangue, entretanto, jorra pela abertura translúcida e lisa da parte lateral. — Não foi nada.

Jessica grita dos fundos:

— Ah, já sei, agora a aprendiz sem salário e sem seguro corta um dedo no seu primeiro dia.

— Não é nada.

— Deixe eu ver. — Ele agarra minha mão com força e a examina. — Cara, isso não é nada!

— Foi o que eu disse.

— Venha cá. — Ele me leva aos fundos da cozinha, onde há uma caixa de sapato cheia de provisões de primeiros socorros em uma prateleira acima da pia metálica. — Lave bem — diz, enquanto vasculha a caixa. Quando termino de lavar e secar a mão, o sangue ainda jorrando mais do que eu esperava, ele pinga sobre o ferimento uma gota de um frasco verde-escuro, onde está escrito: óleo de orégano.

---

* Apelido dado ao jogador de basquete Darrel Dawkins por suas enterradas que quebravam as tabelas. (*N. da T.*)

— Que merda de remédio hippie é esse?

A capacidade de Josh de deixar as pessoas à vontade acaba fazendo com que uma boa garota como eu esteja falando palavrão com o chefe no primeiro dia de trabalho.

— Muito melhor que o Neosporin — diz ele, colocando um curativo adesivo em volta do corte. — Ponha uma luva. Não quero você sangrando por cima da minha carne.

Passo o resto do dia ajudando como posso, aprendendo os detalhes de como desossar dianteiros de porco, até cortando a minha primeira meia carcaça de porco. (Isso, naturalmente, leva mais de um minuto e 25 segundos.) Faço questão de me queixar em voz alta sobre a luva que agora tenho que usar:

— Agora entendo por que os homens odeiam camisinhas.

— Digo isso não somente porque é verdade, estou surpresa em como aquela fina camada de látex entre a minha pele e a carne me deixa mais atrapalhada e insegura, mas também, claro, porque quero que os rapazes saibam que sou um deles, e tão obscena quanto. Meu corte continua sangrando por um longo tempo, embebendo dois curativos e enchendo os dedos de duas luvas, antes de finalmente parar. De um modo obscuro, me sinto orgulhosa disso.

Mais tarde, quando estamos fazendo a limpeza do final do dia, eu aprendo como operar a grande máquina rangedora Cryovac, que embala a vácuo a carne desossada que vai para o frigorífico, até que possa ser cortada e colocada na vitrine ou levada de volta para Juan. Como responsável pela fabricação de linguiça da loja, ele tem seu pequeno reino nos fundos para esse trabalho. Limpo a mesa de corte com uma raspadeira metálica e esfrego-a com uma toalha embebida em uma solução de cloro, antes de espalhar na superfície uma boa camada de sal grosso, esfregando-o nas fendas da mesa. Por volta das

19h30, meu avental está no cesto de roupa suja, meu chapéu de couro, pendurado em um gancho no banheiro, e estou indo embora, com uma bolsa cheia de carne, pela qual Josh não me deixou pagar.

("Ah, vai. Vocês não podem me dar isso." "Foda-se. Você trabalhou durante dez horas e meia sem receber." "Mas vocês estão me fazendo um favor. Estão me ensinando. Eu estou aprendendo." "Se você não guardar esse cartão de crédito, eu vou enfiá-lo na sua bunda.")

Quando estou me encaminhando para a porta, Aaron grita para perguntar se quero tomar uma cerveja, antes de sair.

— Nããão, tenho que ir embora.

Aaron está abrindo uma garrafa de cerveja preta da região.

— Está indo para a cidade? Caramba.

Dou de ombros.

— Tudo bem. Não é tão longe assim.

— Então, vemos você novamente, Jules?

— Ah, sim. Pode apostar.

Quando entro no carro, estou fisicamente esgotada, as mãos doloridas, minhas costas latejando, a pele brilhando com gordura de porco, e meu cabelo desarrumado e com o formato do chapéu. Então encho o tanque, compro duas latas de Pepsi Diet e me vejo preocupada por estar sozinha. Mas a minha mente está muito ocupada e acaba que a viagem de duas horas até Queens, com o tráfego rápido e tranquilo a esta hora, é justamente a oportunidade de que preciso para me acalmar um pouco. Desço a autoestrada, mantendo o velocímetro abaixo de 120 por hora. Meu iPod está tocando músicas de 1997, enquanto eu, desajeitadamente, digito no BlackBerry. (Vai ser muito embaraçoso se eu acabar morrendo por sair da estrada enquanto envio uma mensagem de texto, embora eu suponha que não seria a primeira pessoa a quem isso aconteceria.) Envio a Eric a hora prevista para a minha chegada. Ele passou o dia mandando e-mails e mensagens, mas eu estava muito ocupada para responder. Além disso, descobri que o sinal é péssimo na loja. Aproveito para falar sobre o meu primeiro dia, que foi fantástico. Ele responde imediatamente; imagino-o no sofá, assistindo ao NewsHour com Jim Lehrer, o telefone à mão, esperando por mim. "Isso é ótimo, amor. Dirija com cuidado."

Falo, também, com D., o outro, em uma conversa com um palavreado ligeiramente diferente, conscientemente espirituoso, sedutor, alternadamente indecente. Tempos atrás, ele teria respondido a tudo isso da mesma forma, enviando todas as marcas da nossa rotina cibernética de estímulos sexuais preliminares. Mas ele se tornou cauteloso com as respostas ultimamente; esta noite, está totalmente silencioso.

Ao chegar ao apartamento, às 21h30, ainda estou tonta — a Pepsi Diet foi desnecessária e possivelmente uma má ideia; agora, além do excesso de cafeína, estou desesperada para fazer xixi. Subo os dois lances de escada, dois degraus de cada vez, enfio a chave na fechadura e abro a porta num rompante.

— Mamãe chegou! — grita Eric. Robert, o cachorro, uma mistura de pastor alemão com rottweiler, de 50 quilos, vem me receber na porta com seu estilo habitual: tranquilo, rabo abanando em um ritmo metronômico, que talvez só Eric e eu saibamos reconhecer como um sinal de entusiasmo. Ele está fuçando a minha bolsa, quando Eric vem me cumprimentar, com um abraço.

— Meu Deus, você está cheirando a carne.

— Está tão forte assim?

Ele se mantém a distância, com o nariz franzido, mais por desconforto do que nojo.

— Huuumm. Está sim.

Robert lambe meus sapatos.

— Bem, desculpe. Mas trouxe costeletas de porco!

Eric prepara algumas costeletas, enquanto vou ao banheiro. Depois, sento em um dos bancos na cozinha e abro uma garrafa de vinho tinto português. Eric sempre fica responsável por costeletas de porco. Normalmente, o que ele faz é um molho cremoso de páprica (Eric é um homem irritantemente esbelto, com uma obsessão por creme, que ele impinge sem consideração à esposa, que, aos poucos, vai engordando). A receita pede muita páprica, muita gordura (ele nunca retira o excesso como faz a maioria das pessoas e, para ser justa, o prato não se parece com o porco que normalmente compramos), vermute e meia xícara ou mais de creme. Para a maior parte das costeletas de porco, esse é um modo excelente de ser preparada, mas neste caso estaria apenas enfeitando algo que já é bonito.

— Estou dizendo, você não vai acreditar nesta carne. Não precisa fazer nada.

Portanto, esta noite, Eric faz costeletas de porco de um novo modo, mais simples.

Costeletas de Porco do Fleisher Feitas pelo Eric

½ colher de sopa de óleo vegetal
2 costeletas de porco Berkshire
Sal e pimenta a gosto

Preaqueça o forno a 190° C. Leve uma frigideira refratária grande ao fogo alto. Aqueça o óleo até quase fazer fumaça. (Você não adora quando as receitas dizem coisas do tipo "quase fazer fumaça"? Me faz lembrar a história de Beckett sobre uma leitura de palco, em que uma porta deveria estar "imperceptivelmente entreaberta". Foda-se, Beckett. O óleo pode estar soltando um pouco de fumaça. Ou não. Apenas certifique-se de que esteja quente.)

Coloque as costeletas na frigideira e frite até elas adquirirem uma cor marrom dourada, apenas alguns minutos de cada lado.

Dê o "acabamento" no forno quente, entre cinco e dez minutos. Você sabe que elas estão prontas conferindo a temperatura interna com um termômetro de carne. A temperatura deve estar, ao contrário do que o FDA faria crer, aproximadamente entre 55° e 60° C; a temperatura continuará aumentando enquanto a carne descansa. Ou, se você conhece a carne, apertando com um dedo para descobrir o momento em que, sob a crosta, ela está começando a ficar firme, mas ainda tem flexibilidade. Ou pode fazer o que Eric faz: trapacear, ou seja, dar um corte e observar o suco, que deve escorrer em tom claro, levemente rosado, e observar a carne, que também deve conservar um leve avermelhado.

Deixe descansar durante cinco minutos. Sal e pimenta a gosto. Serve duas pessoas.

Enquanto Eric cozinha, eu falo sobre Josh, Tom, Jessica, Aaron, Juan e Jesse, e sobre couro de porco, e observo meu primeiro ferimento! (Sacudo o polegar enfaixado em frente ao seu rosto.) E isso é porco Berkshire, é uma raça pura, e isso e aquilo outro...

— Estou um pouco fanática, não estou?

— Um pouco — diz ele, com um sorriso e os olhos arregalados, aquele ar de falso pavor que ele sempre faz quando o seu pavor não é inteiramente falso. Ainda não consegui explicar a Eric por que eu quero fazer isso. Cacete, realmente não consigo explicar nem a mim mesma.

Embora tenhamos começado a beber um pouco tarde, como de hábito, terminamos duas garrafas. As costeletas de porco estão, como prometi a Eric, uma revelação: suculentas e saborosas, como um animal totalmente diferente do que o que se compra no mercado, o que naturalmente é.

— Meu Deus — sussurra ele. — Isso não é a melhor coisa do mundo?

Sorrio para esconder uma súbita lembrança.

— Quase.

Eu costumo comer acompanhada de outras pessoas, naturalmente. Cozinho para outras pessoas e vou, com elas, a restaurantes que eu aprecio. É um dos modos de estar junto e me comunicar com as pessoas de quem eu gosto, provavelmente o modo primário, além dos livros, talvez. (Meu pai e eu, por exemplo, adoramos um ao outro sem complicações, mas quase nunca abordamos esse fato diretamente. Em vez disso, o que fazemos é ler juntos. Uma das minhas lembranças favoritas mais remotas é a de ler em voz alta para ele, de manhã, as tiras cômicas do Doonesbury, que eu não entendia muito bem, para fazê-lo rir. E da última vez que falei com ele pelo telefone, a primeira coisa que ele disse foi: *Você leu o último lançamento de Richard Price? Achei muito bom.* É a forma como dizemos um ao outro que nos amamos.) E não há ninguém com quem eu compartilhe tanto quanto Eric. Comemos costeletas de porco saborosas, lemos romances reveladores e, quando nossos olhos se encontram, nossa compreensão mútua desses prazeres é absolutamente completa; somos uma pessoa que por acaso habita dois corpos. Não tenho esse método de conexão com ninguém mais.

Então, por que estou aqui digitando desesperadamente em meu BlackBerry — quieto ao ponto de me enfurecer —, indo ao banheiro para enviar mensagens a D. longe de Eric, para dizer-lhe que estou louca para vê-lo e que o amo? Por que passo tanto tempo me sentindo assim tão sozinha?

Para Eric, sou amada. A Julie que sou com ele é inconstante, forte demais e fraca demais, alguém protegida e temida, controlada e dependente. A Julie que D. conhece é um pouco diferente. Uma cúmplice; uma companheira de brincadeiras, travessa, sexy e intensamente amoral. Alguém a quem, ao deslizar para dentro dela e sentir aquele aperto como reação, você murmuraria "Isso não é a melhor coisa do mundo?". A pessoa que eu sou com D. é diferente, estimulante, alguém de quem estou me aproximando constantemente, excitada e assustada. Mas qual delas é real: a garota amada e fascinada pela fama ou a mulher ardente e dissimulada? Ultimamente não sei, não sei desde o primeiro dia em que D. me jogou na sua cama.

Por sorte, o vinho faz o trabalho que eu esperava dele; somado a uma ducha quente, a excessiva excitação e as contradições confusas são subjugadas ao meu cansaço, e consigo dormir. Acho que a noite termina bem; dormimos juntos, de conchinha, não é uma daquelas noites em que durmo cedo, enquanto Eric fica livre para fazer o que quiser.

Mas algo acontece enquanto estou dormindo, com uma nitidez incomum. Algo que eu deveria, a esta altura, esperar, mas que ignoro: um dos típicos ataques de vigilância do meu marido às 4 da manhã, sua suspeita inspirada pelo sonho, sua pesquisa silenciosa no meu BlackBerry...

Este caso com D. não teria sido possível para mim há, digamos, três anos. Não porque eu era uma pessoa melhor, mais estável. E nem porque trabalhava setenta horas por semana em um cubículo, embora aquilo certamente fosse um agente inibidor. Não, uma simples inovação tecnológica é inteiramente responsável por tudo isso: a mensagem de texto SMS.

Você já deve ter notado que sou o tipo de pessoa que conduz uma percentagem desproporcional da sua comunicação interpessoal com os polegares. Isso é uma mudança relativamente nova. Historicamente, os telefones eram uma fobia, exacerbada enormemente pelas minhas várias limitações em empregos como secretária por anos a fio, dos quais no último passei a considerar esses aparelhos como criaturas selvagens, imprevisíveis e potencialmente perigosas. Eu nem sequer possuía um celular até 2003. Uma das lembranças mais marcantes que tenho do dia 11 de setembro é a de estar andando pelas ruas na área central da cidade, sem entender por que as pessoas vagavam olhando perplexas para as telas dos seus telefones, que não funcionavam. No entanto, assim que comprei um, fiquei encantada com essa maravilhosa novidade chamada "mensagem de texto".

Muitas pessoas argumentarão que e-mail e SMS, assim como mensagens instantâneas e todo o resto, destruíram a nossa capacidade como raça de ter uma comunicação agradável. Não concordo. Aliás, eu até diria que entramos em uma incrível nova era epistolar, que é outra das razões pela qual quase nunca uso o meu telefone como um telefone. Por que gaguejar em um fone, quando posso compor cuidadosamente uma mensagem inteligente e caprichada? Com palavras escritas, posso persuadir, provocar e seduzir. As minhas palavras são o que me fazem desejável. Portanto, não é realmente de se admirar que eu quase nunca use o telefone para falar com as pessoas.

Desde praticamente o início, D. e eu nos comunicamos pelo ciberespaço, por e-mails ou, mais tarde, por mensagens de texto que, consequentemente, eram transmitidas de forma rápida e tempestuosa entre nós sempre que estávamos distantes um do outro. As mesmas tecnologias que Eric e eu usamos para discutir listas de compras e compartilhar momentos casuais de encanto que testemunhamos, quando estamos longe um do outro — *Acabei de ver* Parker Posey observando crianças em um parquinho!... Ah, você poderia comprar toalhas de papel? — transmitiam murmúrios obscenos e desejos chorosos e suspiros pós-sexo entre D. e eu, tudo lido e explorado na telinha do meu BlackBerry, durante qualquer momento que pudesse dedicar a mim. (Eric deve ter pensado que minha bexiga tinha encolhido à metade do tamanho, já que comecei a visitar o banheiro tantas vezes.) Assinávamos nossas mensagens com pseudônimos tolos (Ingritte Pompoar, Laine Mastro); inventávamos cenas complicadas de aflição cômica e necessidade romântica; negociávamos encontros arriscados. Excitávamos um ao outro com palavras, competíamos com elas, brincávamos com elas. Mensagens e mais mensagens piscando na minha caixa de entrada, como naves espaciais surgindo mais rápido que a velocidade da luz. O toque do meu telefone provocando uma reação com a qual Pavlov teria feito muito estudo: coração disparado, rubor. Tudo por causa de palavras, as palavras do D. e as minhas. Elas transformavam o que poderia ter sido algo simplesmente sem graça em exoticamente ilícito. Deram toque poético ao que, por todos os direitos, deveria ter sido material para uma novela. Palavras para serem olhadas atentamente, analisadas tarde da noite, quando eu não conseguia dormir, desejando pular da minha própria cama e correr para a dele.

Mas naturalmente este é exatamente o problema com palavras, não é? Lá estão elas, guardadas, passíveis de serem achadas. Evidência. Quem sabe se o meu caso com D. teria sobrevivido tanto quanto, ou até começado, sem todos aqueles comunicados secretos, mas supondo que tivesse começado e durado ainda assim, certamente não teria sido descoberto tão rapidamente. Eric teria ficado desconfiado, mas seria incapaz de confrontar-me, quem sabe quanto tempo, permitindo-me justificar as marcas no meu corpo e o brilho nos meus olhos, se não fosse aquele lençol subterrâneo de palavras. Da maneira que foi, ele não levou quase nada para descobrir a verdade. O nível de água era tão alto que ele mal teve de cavar para encontrar o que queria. Ele sabia a minha senha de e-mail porque era igual à dele (o nome do nosso gato mais velho). Ele tinha acesso ao meu BlackBerry — do qual eu raramente apagava mensagens antigas, porque gostava de relê-las. Fui tão escancaradamente desatenta que minha atitude começou a beirar a crueldade, e quando a suspeita dele se tornou insuportável e o meu comportamento simplesmente além da responsabilidade inocente, o "ciber-rastro" da culpa foi fácil demais de ser seguido. Meu telefone escarlate contava seus segredos; a minha conta de e-mail abria-se facilmente sob seus dedos.

A essa altura, já me acostumei, e aceito, a bisbilhotice do meu marido. Aprendi a cobrir meus rastros. Mas, dessa vez, adormeço antes de interceptar a mensagem, que finalmente chegou, tarde da noite. *Também te amo*, linda. *Boa noite. Bj qnt, D.*

O *qnt* é a nossa senha para tornar mais malicioso o tradicional *bj*, mas não codificado o bastante. Na realidade, nenhum código pode ser suficiente. D. poderia escrever em código binário, mas o prefixo de Portland, que ele ainda usa quase dois anos depois de ter se mudado para Nova York (e que se destaca em cada ligação feita do seu telefone) bastaria.

Na manhã seguinte, não sei se há algo errado (quer dizer algo imediato; porque tudo está errado, naturalmente, tudo está errado há dois anos, seja de forma calma ou explosiva), até dar aos três gatos suas porções matinais de ração. Eric entra no chuveiro; ainda não tínhamos dado bom-dia um ao outro. Pego o telefone da bancada, verificando de forma compulsiva, como sempre faço, embora não haja nenhuma mensagem não lida. Abro a tela e vejo que, na verdade, há uma mensagem não lida — não lida, pelo menos, por mim. Agora, aquela sensação familiar de estar com o coração na boca.

O chuveiro é desligado, entro no banheiro, a porta está perceptivelmente entreaberta, e pego uma toalha de um dos ganchos atrás da porta para entregar a Eric, quando ele desliza a porta de vidro e pisa no chão molhado.

(A banheira tem um vazamento incorrigível, além de estar constantemente entupida. O nosso novo apartamento é bonito, com pé-direito alto, paredes de tijolos, uma claraboia na cozinha, mas algo parece estar acontecendo, relacionado à água, algo que a minha mente supersticiosa acha preocupante. Umidade penetrando onde não deveria, persistindo onde deveria fluir. Tenho de continuar repetindo a mim mesma: é tubulação defeituosa, é um telhado malvedado. Sim, passei muitos dias e noites soluçando confusa, cheia de culpa e frustração, mas lágrimas, não importa o quanto sejam reprimidas, não destroem o trabalho de pintura.)

No momento em que percebo que ele não me olha nos olhos, eu sei como isso vai acabar. E sei que deveria simplesmente sair e deixá-lo vir até mim com sua reclamação. Sei que deveria estar zangada, que não deveria facilitar as coisas para ele. Sei que deveria estar aborrecida, mas não consigo me sentir assim. Em vez disso, como de hábito, eu me entrego à raiva *dele*:

— Está tudo bem?

Ele suspira, seu cabelo louro-escuro pingando, e olha para os pés. Eu sempre adorei os pés de Eric, desde a primeira vez que os notei, na escola: bem torneados, apesar das sandálias de hippie. Então, ele dá um grunhido, me agarra e me sacode.

— Nosso casamento está caindo aos pedaços e não estamos fazendo nada a respeito!

Não há nada que eu possa dizer, a não ser uma coisa: ele tem razão.

Rompimento

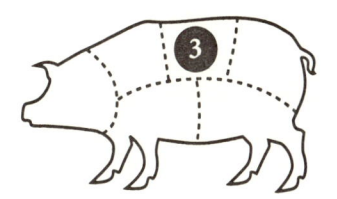

"Você sabe que acabou quando ele prefere lhe mostrar o Team America em vez do próprio pênis."

D. está imaginando a história que eu contarei no futuro sobre o dia em que rompemos. Ele está me abraçando no momento. Sorrindo. Eu caio na gargalhada quando ele diz isso. *Boa frase. Vou roubá-la.*

Não se parece com um rompimento, pelo menos não no início.

Eu já falei a respeito das linhas de junção, aquelas redes de fibras que tanto unem músculos como definem o limite entre eles. A dificuldade é que as linhas de junção podem ser grossas ou finas. A linha de junção de um filé, por exemplo, é de fato muito fina, e, por isso, difícil de seguir. Facilmente se perde o caminho, o que tende a deixar qualquer um nervoso, quando se tem a noção de que o filé-mignon é o corte de carne mais caro no boi jovem, 85 dólares o quilo, no Fleisher. Se perder a linha de junção em uma direção, você desperdiça o filé-mignon, e há apenas algo em torno de 3 quilos por animal. Se você a perder em outra direção, especialmente na parte principal do músculo, o que se chama de "chateaubriand", você corta o contrafilé, outro corte caro e que chefs exigentes não comprarão, se estiverem deformados. Açougueiros principiantes, obviamente, não são encarregados de cortar filés-mignons com frequência.

Até agora, me deram a chance de fazer isso apenas uma vez, sob a supervisão atenta de Tom. É uma longa coluna de músculo, aninhada contra a espinha dorsal no corte primário do filé, afilando-se a um ponto perto da extremidade frontal do corte, enterrada no pedaço do lombo, na outra extremidade, na anca. Usando a ponta da faca e as unhas, curvando-me para observar o meu progresso, removi com um estalo, esforçando-me para evitar rasgar a carne, deixando tiras preciosas para trás. Finalmente, ela rolou da espinha, mas com relutância. Estava aderida ao osso. No topo espesso, especialmente, logo abaixo do cóccix, a carne ficou pendurada, presa. Tive de ser mais corajosa do que realmente sou, deixar de frescura, deslizar ao longo da superfície prateada do filé, e soltá-lo. Acabei deixando um pouco para trás. Isso sempre acontece, eu acho, quando se está lidando com duas coisas tão resolutamente unidas. Quando acabei, dava para sentir o cheiro forte do meu suor de tanto nervoso e a minha mão doía de segurar a faca, como dói a mão depois de se sobreviver a um acidente de carro — uma quase colisão ou uma derrapagem de tirar o fôlego em uma fina camada de gelo — e você percebe que se agarrou ao volante como a um salva-vidas.

* * *

D. é um grande criador de mitos. Aprendi isso sobre ele há uns anos, durante aquelas poucas noites no dormitório da faculdade, e o redescobri quando ele voltou a Nova York, nove anos depois, e facilmente me atraiu de volta à sua cama. Ele adora (bem, adorava, como parece agora que vou ter de me acostumar a este maldito verbo no passado) puxar os lençóis e deitar na cama, emaranhado e suado, tecendo contos e teorias sobre a lógica romântica da nossa jornada a esta inevitável tarde. Foi o destino, ele costumava dizer. Lembro-me muito bem da conversa que tivemos há mais de um ano, quando ele expôs sua teoria:

— Obviamente predestinado, desde o início.

Eu estava olhando afetuosamente para a mancha roxa que seus dentes tinham deixado no meu braço.

— Como assim?

— Bem, entre muitos outros fatores, o que diria da primeira vez que eu vi você? Quando você veio à porta da casa dos meus pais com Eric, enquanto ele estava visitando universidades.

Eric era um ano atrasado na escola em relação a mim, e fez sua viagem de último ano quando eu era caloura na faculdade, usando isso como desculpa para me fazer uma primeira visita. D. morava na cidade onde eu estudava, mas foi para outra universidade próxima dali. (Essa coisa toda é tão intricada, incestuosa e infinita, que eu fico sem fôlego e desencorajada só de tentar contar todos os detalhes. É como tentar explicar todo o enredo de seis temporadas de *Buffy* em um único episódio.)

— Meus bondosos pais costumam ceder o quarto de hóspedes a possíveis estudantes em visita e generosamente oferecer o filho para fazer qualquer trabalho sujo que for preciso quanto aos visitantes. Portanto, sou eu quem deve ficar esperando por esse tal de Eric. Espero o dia todo, até que ele finalmente aparece, com uma garota sexy.

Nessa hora, ele morde o meu ombro até eu gritar, e pressiona seu corpo nu contra as minhas costas nuas.

— Huuuum, o que é isso que você tem aí?

— Não interrompa, estou falando — ordena ele, passando os dedos no meu cabelo e me puxando para trás. — E esse cara diz: "Ah não, obrigado, na verdade, vou dormir com a minha namorada." Aham, então é assim que vai ser...

— Não me lembro disso.

— Você esqueceu? — pergunta ele, em cima de mim agora, com um braço sob meu joelho, puxando-o para seu ombro. — Huuuum...

O que eu lembro é que não notei o jovem magro, moreno e que um dia seria D., até quase quatro anos depois, quando ele me foi apresentado em uma festa. Eric, a quem eu tinha sido completamente fiel todo aquele tempo, estava fora, no seu ano de calouro; então eu escrevia para ele cartas muito extensas e divagantes e mandava presentes carinhosos. Não pensava no rapaz da faculdade da outra rua.

Até uma noite, não muito antes da formatura, quando fui convidada para outra festa no alojamento dos estudantes de outra faculdade. Havia muita bebida, como era de se esperar, e logo, de forma inesperada, desastrosa e deliciosa, um beijo, uma porta fechada, Al Green no seu moderno toca-discos retrô, e, inevitavelmente, sexo. D. e eu sempre discordávamos em relação a quem seduziu quem; ele diz que fui eu, eu digo que foi ele. Mas acho que a verdadeira pergunta não é "quem", e sim "por quê". Se na época me perguntassem, eu diria que foram apenas hormônios, que eu nem estava atraída pelo cara, que era muito magro, com pálpebras espessas, lábios de Mick Jagger e um queixo pequeno. Eu não falaria sobre a vibração forte nas minhas veias quando ouvia alguém bater à porta, sabendo que era ele, pois não poderia ser nenhuma outra pessoa àquela hora. Não relataria os sons que ele arrancou de mim, apesar da minha vergonha e das finas paredes do dormitório.

Não falava com ele durante o dia, embora conversássemos bastante à noite. A culpa que eu sentia era muito grande. Eu nem dei um adeus apropriado, quando me formei. Mas tenho uma foto do dia em que me mudei do alojamento. Foi meu pai quem a tirou, e até hoje não tenho ideia do porquê. É uma foto esquisita, manchada e focada em nada de especial, somente uma imagem, passível de esquecimento, de mim carregando um monte de coisas, aparentemente sem notar o rapaz, distraído, a alguns metros, no canto da fotografia. Na verdade, meu coração disparava na sua presença. Esse pânico me deixava aterrorizada.

Você teria pensado que era o fim.

Filé-mignon é complicado. Fraldinha, por outro lado, é moleza. Uma aba de carne totalmente unida à sua junção, que é grossa e branca, parecendo menos estar envolvida em um cimento seco do que em um envelope áspero, de papel antigo. O pacote inteiro é exposto horizontalmente ao longo de uma peça sólida de gordura branca e osso de costela. Arrancar a fraldinha é a tarefa que você destina aos cortadores que não sabem o que estão fazendo. É um músculo óbvio, nem caro nem delicado, e você não precisa de nenhuma habilidade especial com a faca para retirá-lo. Praticamente não precisa de uma faca. Tudo o que se tem a fazer é conseguir segurar em uma borda da aba, empurrar a gordura com a outra mão e arrancar a coisa *eeeeerc!*, utilizando a faca só no fim, talvez, para soltar uma ou duas fibras teimosas. Exatamente, fraldinha é moleza. Já devia saber. Esta última semana, tirei dúzias delas de dúzias de flancos de boi. Há um ritmo para isso, como puxar muitos Band-Aids de muitos joelhos.

Esta não é a primeira vez que D. e eu rompemos.

A primeira vez — isto é, sem contar a vez que eu invadi a Veraneio dos meus pais, sem ao menos um adeus, no dia da minha formatura — foi logo depois que Eric deu uma espiada no meu e-mail e encontrou a primeira evidência de D., apenas alguns meses após o início do nosso caso.

Aconteceu em um bar — na verdade, um bar local que Eric e eu frequentávamos, aliás, em Long Island City, no Queens. D. pegou um trem para vir me encontrar, assim que eu mandei uma mensagem para ele. ("Ele sabe", escrevi, com todo o meu talento para melodrama.) Lembro que levei Robert, o cachorro, comigo, mais como um álibi, caso Eric voltasse para casa e descobrisse que eu tinha saído, do que como uma preocupação com o bem-estar do meu animal. Lembro que chorei muito, que nos beijamos muito e que o atendente do bar, que naturalmente me conhece e conhece Eric e sabe que D. não é Eric, desaprovou.

Fui eu que resolvi dar por acabado:

— Preciso tentar consertar o meu casamento — eu disse, e D. não discordou. Ele secou minhas lágrimas, o que eu achei muito meigo. — Não posso magoar Eric dessa forma — acrescentei.

D. concordou com um aceno de cabeça e me abraçou carinhosamente. Ele não estava chorando, mas parecia possível que isso acontecesse.

— Precisamos parar de nos ver.

Permanecemos na entrada do metrô por um longo tempo. (Robert, o cachorro, devia estar achando toda essa lenga-lenga uma besteira, mas tolerou tudo resignadamente.) D. e eu nos abraçávamos, nos beijávamos, nos acariciávamos, e basicamente agíamos como bobos. E eu pensava em como tudo isso tinha começado. Uma transa à tarde, e logo outra, apenas uma amistosa troca de fluidos. Eu pensava que ele desistiria mais facilmente, e me perguntava por que era tão difícil. Então um dia eu disse que o amava, pela primeira vez, o que fez sua expressão oscilar por um momento, como se eu o estivesse vendo através de uma névoa de escapamento de diesel.

— Bem, talvez a gente possa se encontrar amanhã — eu disse. — Já que tínhamos planejado. — D. concordou. — Mas é a última vez — acrescentei.

A quem eu pensava que estava enganando?

Há, de fato, quatro fraldinhas em cada boi, duas em cada flanco, logo abaixo do peito, que é cortado desde o esterno, e mesmo enquanto escrevo esta frase, posso sentir milhares de olhares confusos e desinteressados. As duas partes em cada lado são chamadas abas, interna e externa. Uma delas é mais grossa, mais larga e mais longa do que a outra, e é mais saborosa, mas nunca consigo lembrar qual é qual (estou confusa, também). Josh me explicou algumas vezes, e não quero perguntar novamente, embora não esteja certa ainda. Mas realmente sei que a fraldinha, assim como o lombelo, são músculos do diafragma; separam a cavidade do peito do abdome e fazem acontecer toda aquela coisa de ar-para-dentro-ar-para-fora aos pulmões do animal.

De qualquer maneira, o importante é: há muitas oportunidades, mesmo em apenas um animal (e nunca há apenas um animal; Josh sempre traz pelo menos três bois jovens inteiros do matadouro), para praticar o movimento de agarra-e-puxa da remoção da fraldinha. Uma boa música no iPod, Eminem é ótimo, algo com um toque macho. Inicie uma conversa de forma relaxada, enquanto trabalha, sem olhar para o que está fazendo, contando piadas sobre Michael Jackson. ("Do que Michael Jackson gosta que tem 28 anos? Que haja vinte de oito!") Junte uma pilha inteira de fraldinhas. Você terá de cortá-las depois, torná-las palatáveis, e essa *não* é a parte mais divertida. Evite essa parte o máximo possível.

D. e eu rompemos pela segunda vez aproximadamente um ano depois que não aconteceu o primeiro rompimento. Agora, o método inteiro da situação confusa tinha se modificado. Depois que Eric descobriu meu affaire, discutimos, aos prantos e furiosamente, por vários meses, qual seria o passo seguinte para nós. Muitos casais teriam apenas feito as pazes, mas, em vez disso, ocasionalmente gritávamos, bebíamos, assistíamos a muita televisão e íamos dormir juntos, exceto quando ele não aparecia em casa, desde que começou a sair com outra mulher, às vezes passando toda a noite fora sem explicação, arrastando-se de volta na manhã seguinte, cheio de um remorso que na verdade era algo mais: recriminação. Também por volta dessa época, uma infecção nos brônquios colocou um xarope de codeína em minhas mãos, e descobri que, de fato, gostava muito do seu efeito. Era a única coisa, além do breve alívio de uma tarde com D., que me fazia sentir como se talvez um dia tudo acabasse bem — até Eric me fazer esvaziar o frasco na pia.

Finalmente, tínhamos decidido uma tentativa de separação. Aluguei um pequeno apartamento na 86th com a York Avenue e durante quatro meses levei uma vida singela, calma e gratificante — talvez ligeiramente solitária — naquela esquina antiquada de Manhattan. Gostava de ter um espaço só meu, embora muito pequeno. Gostava dos momentos, mais raros do que eu gostaria, em que D. aparecia e passava a noite inteira comigo, exatamente como se fôssemos um casal comum, e gostava dos jantares com Eric, a sensação de simplesmente usufruir da sua companhia, de ter sentido sua falta. Mas então, no quarto mês do meu aluguel de seis meses, minha senhoria me mandou sair, não porque os vizinhos se queixassem de ruídos inconvenientes às 3 da manhã — embora eles fizessem isso —, mas porque ela havia mudado de planos e precisava do apartamento de volta. Não tinha para onde ir. Nem em um milhão de anos eu teria sugerido morar com D., porque ele teria me ridicularizado, e, além disso, a garrafa de cerveja que ele me oferecera, na segunda vez que fui ao seu apartamento, ainda estava no peitoril da janela, um ano depois. Poderia ter encontrado outro apartamento, eu suponho, mas essa parecia uma escolha radical, uma separação mais completa do que a primeira mudança. No fim, não fui capaz de ir adiante. Voltei a morar com Eric, por causa dos caprichos dos imóveis de Nova York.

O segundo rompimento foi quase igual ao primeiro, mas com menos expectativa de êxito. Executei-o sob o comando explícito de Eric. Ele tinha rompido com a amante àquela altura e, naturalmente, pensava que eu deveria fazer o mesmo. Eu sabia que era a única coisa justa a fazer, mas a ideia de desistir de D. me fez sentir extremamente rebelde e reclamona, como uma criança injustamente punida. Naquela manhã, D. e eu sentamos no chão, recostados no meu colchão japonês, que já estava amarrado e pronto para ser levado para o caminhão de mudança. Eu ainda estava com o rosto vermelho pela "Última Transa que Teríamos na Vida". Mais uma vez, gritei: "Não é justo!"

Ele acariciou meu cabelo.

— Não faz sentido, terminar com alguém com quem não quero terminar!

Ele pousou o queixo na minha cabeça, que estava encostada no seu peito, como se eu fosse uma criança de 6 anos e tivesse derrubado o sorvete, e me calou com carinho. Nem fez menção de chorar dessa vez. Acho que ele sabia que sua vida sexual não estava em perigo imediato de acabar.

Aguentei aproximadamente uma semana.

Desse modo, como mencionei, a parte difícil, ou melhor, a parte frustrante, em relação à fraldinha é o corte. O filamento grosso que torna o músculo fácil de retirar é também tão grosso que não é comestível, ou pelo menos não muito agradável de se comer. Deve ser retirado, mas ele não quer sair, e gruda com determinação. Uma parte você pode puxar em tiras, com os próprios dedos, o que é satisfatório; é como tirar esmalte, só que de uma unha com 10 centímetros de largura e 60 de comprimento. Porém, assim como esmalte, alguns pedaços insistem em permanecer. O descascamento também se torna perigoso, porque às vezes você puxa muita carne junto, e se isto acontecer em um espaço fino do músculo, a carne pode rasgar-se ao meio. É aí que entra a faca.

A fraldinha tem um núcleo profundamente estriado, de cima a baixo, por toda a amplitude estreita do músculo. É melhor marinar a fraldinha antes de cozinhá-la, e sempre fatiá-la contra o núcleo, porque o estriamento a torna dura. Entretanto, qualquer risco à mastigação vale a pena completamente, porque, por alguma razão, a diferença no sabor entre Big Beef e a de um "boi jovem feliz" alimentado com pasto, aparece, de forma mais extraordinária, neste corte. É um gosto forte, concentrado, quase como o do fígado, que não é para todo mundo, mas que eu acho maravilhoso. Foi dessa forma que Jessica me ensinou a preparar a primeira fraldinha do Fleisher que eu trouxe para casa. É absolutamente delicioso e tão fácil, que chega a ser quase constrangedor.

Salada de Fraldinha Superfácil da Jessica

¾ de xícara de vinagre balsâmico
¼ de xícara de azeite extravirgem
Vários ramos de alecrim
3 ou 4 dentes de alho amassados
1 fraldinha
Rúcula, espinafre, ou outra verdura da sua escolha
Pecorino, asiago, parmesão ou outro queijo duro, salgado à sua escolha
Sal marinho e pimenta moída na hora, a gosto

* * *

Em uma forma, junte o vinagre, o azeite, o alecrim — esmagando ligeiramente as folhas entre os dedos — e o alho para fazer uma marinada. Deixe a posta de carne na marinada em temperatura ambiente, durante aproximadamente 45 minutos, virando algumas vezes.

(Você pode querer cortar a fraldinha em pedaços, se não tiver uma frigideira ou panela grande o suficiente para acomodar a fraldinha marinada inteira. Fraldinhas são compridas e podem ser um pouco difíceis de acomodar.)

Quando estiver pronta para cozinhar, aqueça uma frigideira grande, em fogo alto, até que uma gota de água respingada na panela escorra rapidamente pela superfície. Retire o bife da marinada, sacuda um pouco, sem retirar todo o tempero que aderiu à carne, e ponha-o na frigideira. Ela irá fazer aquele barulho característico de fritura. Cozinhe até dourar dos dois lados, sacudindo-a uma vez — aproximadamente noventa segundos de cada lado. Retire e deixe descansar de cinco a dez minutos.

Para servir, arrume em cada prato uma porção de rúcula ou outra verdura. Corte o bife bem fino, em uma diagonal passando pelo núcleo, e ponha várias tiras por cima de cada camada de verdura. Espalhe o queijo por cima. Eu gosto de usar um ralador de queijo para fazer tiras grossas, mas fica a critério de cada um. Tempere com sal e especialmente pimenta, a gosto. Serve duas pessoas, com sobra.

A coisa mais fácil do mundo, desde que você tenha um açougueiro para fazer a parte da limpeza, o que não é tão fácil assim.

Para limpar uma fraldinha, você deve cortar ao longo do núcleo cuidadosamente, para não tirar carne demais. É um processo demorado, remover cuidadosamente todas as partes fibrosas, avaliando o quanto está suficientemente limpo.

Às vezes, devo confessar, se eu tiver de limpar fraldinhas por muito tempo, vou me ater à maneira mais fácil. Vou dizer a mim mesma, possivelmente uma justificativa egoísta, que não existe essa coisa de perfeitamente limpa. E quando o feitor de escravos, Aaron, não estiver olhando, vou pousar a posta de carne, com o lado mais bonito para cima, escondendo os últimos fragmentos de tiras brancas, difíceis de mastigar, e enfiá-la na vitrine, na frente da loja, onde não será examinada detalhadamente. Faço isso furtivamente, cheia de culpa. Às vezes eu simplesmente não consigo aguentar a infinita e irritante tarefa.

Este último rompimento não foi como os outros. Levou horas — aliás, do ponto de vista de D., provavelmente levaria meses —, mas no fim foi rápido e cruelmente definitivo.

Durante a viagem de duas horas de Kingston à cidade, um sábado à tarde no início de outubro, eu acho que algo tem de ser feito. D. e eu não dormimos juntos há vários meses. Ele alega que tem andado muito ocupado e, para ser honesta, o fato de eu estar casada e o tempo todo fora de casa, no açougue, também não torna as coisas fáceis. Desde que ele voltou da última viagem de negócios, há mais de um mês, temos nos encontrado em praças e bares, nos beijamos, damos risadinhas, trocamos palavras românticas e nos aconchegamos, como filhotes de urso, mas só transamos uma vez, e porque eu o convenci a ir a um caríssimo hotel, em frente ao trabalho dele. O que virá a seguir? Ele vai começar a pedir uma compensação monetária? Tudo tem limite. Envio uma mensagem para ele, dizendo simplesmente, sem meias palavras: *Vou visitá-lo amanhã. Qual é o número do seu apartamento?*

(Ele acabou de sair do antigo apartamento e fez a escolha peculiar de se mudar para um outro, bem no final da rua, permanecendo na área de Murray Hill, que eu acho terrivelmente sem graça. É engraçada a forma como as pessoas podem se apegar a certas coisas. De qualquer maneira, eu não vi ainda o novo apartamento, o que uso como desculpa para me convidar a visitá-lo.)

Estou bem comigo mesma, quando entro no elevador. Aqui estou eu, enfrentando os fatos, buscando o que eu quero. Sem essa de adúltera submissa e choramingona! Quando ele atende à porta, abro um largo sorriso e, educadamente, ignoro a nítida ambiguidade do sorriso que ele dá em troca. Pego a sua mão e ele me leva para o interior do seu pequeno, e um tanto triste, apartamento. Quando ele fecha a porta do quartinho ensolarado, ainda repleto de caixas da mudança, nós caímos na cama — é a mesma cama, mas nesse quarto muito menor, encostada em uma parede, ela parece reduzida a uma cama de casal, em vez do enorme espaço do tamanho *king* — e começamos a nos agarrar. Depois de dois anos, ainda fico sem fôlego quando o beijo; parece valer a pena, tanto a culpa angustiante por causa de Eric quanto os pequenos buracos desagradáveis de autodesprezo que a minha necessidade de D. abre em mim, repetidas vezes.

Mas algo está errado, mesmo teimosamente, sem saber como resolver o problema, devo finalmente admitir. Eu tento abrir sua camisa, seu cinto, mas ele delicadamente se esquiva das minhas carícias. Ele chega a me tocar, meio desanimado, mas nem tenta colocar a mão por dentro da minha blusa. (*Muito* estranho. D. é o tipo de cara que poderia ser chamado de "homem que adora seios.") Após um momento, o beijo diminui, e embora eu continue tentando fazer invasões, a conversa substitui as carícias. Conversa cada vez mais frustrante, não sobre as coisas deliciosamente obscenas que gostaríamos de fazer, mas sobre filmes; de animação. D. simplesmente não aceita o fato de que eu nunca tenha assistido a *Team America*. Ele abre o laptop.

Eu permaneço deitada, furiosa. Ele solta uma gargalhada, a mesma gargalhada que dá quando se sente muito esperto, o que eu, de forma cruel, acho que é mais frequente do que justo. Não acho que seja tão engraçado. Eu levo uns vinte minutos até virar para o lado, com um suspiro de raiva. Ele aperta a tecla para fazer uma pausa.

— O que foi?

— Nada.

— Bem, isso claramente não é verdade — diz ele, sorrindo. D. nunca fica aborrecido, nunca. Ocasionalmente, pode até ficar irritado, mas de forma tolerante. Ele está sempre sorrindo, não importa o quanto eu esteja zangada, e, para falar a verdade, eu fico frequentemente muito zangada, muito exigente. Eu quero certeza, resolução, preciso disso. Ele tem sido, desde o início, a pessoa errada para se pedir esse tipo de coisa. Éramos ambos mais felizes, talvez, até eu falar que o amava, quando era uma coisa secreta.

Eu me jogo de costas, incapaz de controlar um pequeno sorriso em resposta ao seu, apesar da minha raiva.

— O que está acontecendo aqui? Qual é o objetivo disso afinal?

— Qual é o objetivo de quê?

— *Isto*! Qual é o objetivo de um tórrido caso de amor sem sexo, cacete?!

E assim, ainda abraçados, nós conversamos.

— Olhe, estou completamente confuso, fico desesperado só de imaginar que posso perdê-la...

— Me *perder*? Você não vai me perder.

— Mas eu tenho medo de que, se dormirmos juntos agora, você possa me odiar por não atender às suas expectativas de não ser engraçado ou brilhante ou até bom na cama.

Dou uma risada, e me aninho a seu lado.

— Não seja bobo.

— Ou será bom demais e você pedirá o divórcio e me culpará por destruir seu casamento, quando perceber que eu não sou tão bom partido quanto ele. E logo, ambos nos tornaremos amargos, eu perderei os meus dentes e vou acabar sendo motivo de constrangimento para você, pelo resto das nossas vidas.

Dou um soco no seu braço.

— Agora você está inventando bobagem para justificar isso. E que obsessão é essa em relação aos seus dentes?

É nesse ponto que deveríamos fazer o "Sexo-Luta", que é quando eu digo algo tão zangada, rabugenta e em tom de advertência que não resta nada para ele fazer a não ser me sacudir e transar comigo até cansar. No ano passado isso aconteceu diversas vezes; agora eu fico na expectativa de que nossas lutas aconteçam. Mas não. Desta vez, ele se limita a falar. E eu levo muito tempo, angustiada, para perceber o que está acontecendo. Ele até repete sua fala imortal do *Team America*, e mesmo assim, mesmo assim, eu não entendo. Até que finalmente eu concluo: Ele não está dizendo que não pode transar comigo, agora, ou na próxima semana, ou até que eu esteja mais feliz, menos carente. Ele está dizendo que não pode transar comigo, nunca mais.

Eu pulo da cama em pânico, como se essa minha conclusão repentina se referisse a uma espécie de inseto asqueroso e rastejante, que eu possa remover. Com as costas contra a janela, o mais distante dele possível, eu olho fixamente para D. Ele está esparramado, de costas, ainda sorrindo. E faz um gesto que, nos dois últimos anos, se tornou familiar. Sem levantar a cabeça do travesseiro, ele abre os braços para mim, como um bebê faminto, as mãos batendo no peito, as sobrancelhas erguidas fingindo sofrimento, olhos escuros bem abertos, os lábios levemente abertos para emitir uma lamúria insistente. É um gesto irritante, afetuoso, preguiçoso de desejo, e no passado teve o efeito infalível de me levar de volta aos seus braços, consolada, rindo complacente. Mas agora, finalmente, eu vejo o que aquilo realmente significa. *Quero ficar abraçado com você um pouco mais.*

Mas isso jamais significará o que você quer que signifique.

Ah, *meu Deus.*

Quando começo a soluçar, ele não se aproxima, pelo menos não no início. Ele sabe que finalmente compreendi algo que tenho ignorado há muito tempo, algo que ele sabe. Eu caio em prantos, e não é como das outras vezes, não é um choro forte e de alguma forma, no fundo, prazeroso. Esta é a sensação mais fria, mais solitária que existe.

Agora vou me tornar parte de outra das mitologias pós-sexo favoritas de D. Não a epopeia romântica de como as estrelas se alinharam para nos unir, mas a longa lista das "Ex-Lunáticas de D.": a modelo loura, de pernas bonitas que não sabia a diferença entre Herbert e J. Edgar Hoover; a contida estudante espanhola de intercâmbio, que acabou ficando muito impressionada com as suas partes íntimas; a universitária chata com quem, por pouco, deixou de casar. E agora a louca, grudenta e casada.

— Não posso fazer isso. Não posso. Tenho que ir embora — digo, apanhando a bolsa, e então ele realmente tenta me abraçar, mas não consigo retribuir o gesto. Fico encolhida nos seus braços. Não estou zangada. Ah, como a raiva seria bem-vinda! Estou apenas... cansada. Eu desejei tanto a certeza, e agora que a tenho, não posso respirar com o peso dela.

Ele me leva até a rua, me ajuda a pegar um táxi. Seca as minhas lágrimas e chega a chorar. É a primeira vez que o vejo chorar, mas isso não faz nenhuma diferença. Ele me beija mais uma vez, enquanto o taxista espera, o que faz meu coração florescer e morrer.

Quando eu estava com uns 11 anos, meu irmão tinha uma iguana bebê de estimação, a quem ele chamava de Geraldo.

Uma noite, tínhamos saído para jantar ou algo assim e, quando voltamos para casa, ele foi para o quarto. Eu e meus pais ainda estávamos na cozinha, quando ele entrou chorando e gritando: *Geraldo está morto!*

Na verdade, o pobre coitado estava cinza e frio, mas ainda vivo. Minha mãe tomou-o nas mãos, soprou, tentando mantê-lo aquecido, ajudando-o a respirar. A criatura voltou a ficar verde, parecia melhorar, mas não conseguiu durar mais do que alguns segundos, sem o bafo quente da mamãe no seu corpo. Eu me lembro desse momento com mais nitidez do que praticamente qualquer outro momento da minha infância. A família inteira se reuniu, chorando, tentando juntar fôlego suficiente para manter o animal vivo. É assim que está o meu coração, como um maldito lagarto, em quem uma reanimação cardiopulmonar inteiramente sem efeito está sendo executada.

No início fico achando que fui eu a romper o relacionamento. Tomei uma decisão, dolorosa mas direta. E há um pequeno consolo em relação a isso. Levo um tempão me livrando dos malditos pedaços do que se quebrou, até descobrir que não sou a causadora da quebra, mas que se quebrou. E tento, insistentemente, me livrar desses restos que permanecem em mim, mas eles ficam como fiapos de carne grudados entre os dentes. Uma visita ao dentista pode dar um jeito. (O que me lembra D., sempre obcecado pelos dentes, o maneirismo de piscar de Woody Allen, que me irritava e divertia ao mesmo tempo.) Uma vitrine. (Zales. Me faz lembrar um beijo que trocamos na calçada, em frente à loja, apaixonado a ponto de inspirar o vendedor a sair e nos estimular a fazer compras por impulso.) O suéter antigamente elogiado ou a lingerie. (Vestindo o sutiã de manhã, observo seu olhar, enquanto ele está atrás de mim, em um banheiro de hotel, com as mãos nos meus quadris, me olhando no espelho: *Isso se ajusta a você em todos os lugares certos, não é?*) *Team America*, naturalmente. Portanto, o que pensei no início que seria claro e definitivo é infinitamente prolongado. A cidade é o seu corpo agora, todas aquelas esquinas, bares, restaurantes e quadras monótonas que inspiram tantos desejos específicos em mim. Ele era parte do meu músculo e osso, uma das juntas, à qual me agarro há dois anos — no total, uma década — e agora ele se foi. E eu envio mensagem, escrevo e telefono, sem obter resposta. E continuo tentando me livrar dos restos e ficar limpa.

Não existe essa coisa de perfeitamente limpo, realmente.

Enchendo linguiça

QUANDO MEU IRMÃO e eu estávamos no ensino médio — seria meu último ano e o primeiro dele —, alguém na família comprou um daqueles kits de Poesia Magnética, aquelas caixas de resina Lucite, com ímãs de geladeira com dizeres impressos, que você pode juntar, de diversas maneiras. Meu irmão, que nunca mostrou muita inclinação para escrita em nenhum contexto, acabou se transformando no "Rei da Poesia de Ímã de Geladeira". Durante os anos seguintes, toda vez que eu vinha para casa, da faculdade, eu ia imediatamente ler as novas obras-primas da geladeira. (Até hoje elas permanecem, na garagem, onde a nossa velha geladeira foi guardada, quando mamãe comprou um modelo mais bonito, de aço inoxidável.) As frases que ele costumava fabricar eram inteligentes, eficazes e absurdas (*Quem pôs a faca na*

cama, cara? é uma das minhas favoritas), mas talvez a melhor tenha sido esta:

> *Eu queria uma vida de*
> *Céu azul brilhando*
> *Diamantes e robustez*
> *Revelam sombras.*
> *Tenho um aparelho*
> *De fabricar linguiça.*

Juan está me ensinando a fazer linguiça italiana. Estamos no pequeno cômodo que há nos fundos da loja, pouco maior do que uma despensa, o domínio de Juan. O moedor de carne, uma engenhoca de aço inox de aproximadamente 1,5 metro de altura, domina o ambiente. A carne é colocada na abertura, no topo, cujo fundo se inclina em direção a uma extremidade. Dentro há um buraco, não muito diferente do de uma pia, que aloja o aparelho. Abaixo, em um lado da máquina, há uma abertura, por cima da qual Juan ajustou uma placa de metal, cheia de buracos, parecida com um chuveiro. Ele e eu estamos de pé, sobre câmaras frigoríficas, em cada lado do receptáculo, com carne até o pescoço. Carne e gelo. A carne está em pedaços, possivelmente 13 centímetros de comprimento por 7 de largura, retirada de enormes sacos Cryovac, onde estava escrito "cortes de porco", que pegamos do frigorífico. O gelo é de uma máquina que fica em um canto da cozinha. Não estou muito certa da função do gelo, mas sei que ele deve ser misturado, completamente.

Eu tenho uma circulação péssima. É um daqueles incômodos de saúde que me perturbam a vida inteira. Quando estava no colégio, costumava ir com um grupo de amigos a um lugar perto de Wimberley, Texas, chamado Blue Hole. Se eu bem me lembro, ficava em um terreno particular, mas o dono, que não conhecíamos, fizera um parque ligeiramente em mau estado, onde havia banheiros e balanços, acima do rio. A água não era exatamente *azul* — em geral, a água do Texas tende mais para a cor verde — mas era extremamente fria, algo a ver com as nascentes no leito do rio. Lembro-me de uma vez que o meu amigo Paul sugeriu um passeio no início do ano, um pouco mais cedo do que de costume. Estávamos em março, acho, o que no Texas é um mês extremamente tentador, com dias ensolarados, tardes frescas, plantas. É um dos melhores meses que o Texas tem a oferecer, realmente, e quantos lugares no planeta podem dizer que o mês de março é um ponto alto? Mas, na realidade, até no Texas, março é realmente um mês inapropriado para nadar na água gelada. De qualquer maneira, nós fomos; mergulhamos na água congelante, com coragem varonil, jogamos água uns nos outros, xingamos e nos exibimos como crianças que éramos, então eu saí... e estava roxa. Eu disse *roxa*. Não pálida, ou branca, como cera. *Roxa*. Parecida com, como disse Paul na época, "uma vilã roxa das histórias em quadrinhos".

A mistura de carne e gelo é dez vezes mais fria do que o Blue Hole. Tenho certeza de que isso pode ser comprovado cientificamente, mas na falta de instrumentos necessários e subsídio para a viagem, vou confiar na cor verde azulada que as minhas mãos estão adquirindo.

— Como é que você faz isto? — pergunto a Juan.

Ele dá de ombros.

— Eu sei, é fria, não é? Ponha as mãos debaixo de água quente.

Bem, isso é uma boa ideia.

Só que, *Deus do céu*, dói muito. Caramba. Parece que minhas mãos estão prestes a cair. Quando a dor inicial acaba, entretanto, minhas mãos pelo menos estão se mexendo novamente. Ponho um par de luvas e volto ao trabalho. Juan está moendo a carne. Esta é a parte fácil. Ele aperta um botão grande e a carne começa a descer, saindo pela chapa colocada logo abaixo, em uma caçamba de plástico branco, sobre um terceiro frigorífico. A carne sai em forma de cobrinhas cor-de-rosa que parecem a Supermassa macabra de *O barbeiro demoníaco da rua Fleet*. Volto ao meu lugar em cima do frigorífico e forço a carne para baixo com cuidado, porque eu tenho uma certa fobia em relação a qualquer coisa que triture, fantasias sobre dedos presos e puxados para dentro da máquina e muito sangue.

Portanto, fico um tanto receosa nos meus esforços em enfiar toda a carne, mas consigo, finalmente, colocá-la na garganta da máquina.

Quando toda a carne já escorregou, Juan aperta o botão novamente, para parar a máquina, depois carrega nos ombros a caçamba de carne — 35 quilos — e coloca tudo de volta na caixa metálica do moedor. Acrescento mais algumas pás de gelo e mexo, enquanto ele troca a chapa na boca do moedor por outra parecida com a primeira, mas com buracos com aproximadamente metade da largura em diâmetro, então aperta o enorme botão, novamente. E, mais uma vez, empurramos a carne para dentro, moendo-a mais fina, e repetimos o processo, usando uma chapa com mais buracos e ainda menores. Depois, a carne é colocada novamente na caixa do moedor. Desta vez, acrescento a mistura de temperos que Juan preparou antes de começarmos: um recipiente de 8 litros, cheio de erva-doce, sálvia, alho, sal, pó de cebola, manjericão, salsa e pimenta branca. Enterrando os braços novamente, revolvo a carne de porco, agora um pegajoso purê, até os temperos ficarem completamente misturados. Enquanto isso, Juan está substituindo a última chapa metálica por um funil de uns 20 centímetros de comprimento, mais largo na base do que na extremidade. Quando ele se senta sobre o frigorífico em frente, com o vasilhame entre as pernas, o funil aponta diretamente para a sua clavícula.

De um Tupperware plástico, ele retira, da água leitosa, um pedaço de tripa de porco, uma categoria de membranas de linguiça, que naturalmente são intestinos meticulosamente limpos. As "tripas" são, obviamente, a parte central dos intestinos. As membranas também são feitas para linguiças maiores, como aqueles grandes salames secos, da parte mais baixa dos intestinos de porco, de cordeiro ou de boi jovem. São chamados de "ânus", o que é um tanto excessivamente desprovido de eufemismo para meu gosto.

Juan encontra o final da membrana e sopra ligeiramente dentro dela, como se sopraria um saco do rolo de plástico no supermercado, na seção de legumes e verduras, para abri-lo. A membrana é longa, fina, pálida e translúcida. Assim que consegue mantê-la aberta com dois dedos, Juan a enfia no funil, até a base, com um rápido movimento para a frente e para trás; um movimento constrangedoramente reconhecível.

(Um dia desses, Jessica disse: "Os homens são sempre os melhores fabricantes de linguiça. Eles praticam todos os movimentos necessários desde os 12 anos." E eu, ainda tão vulnerável, minha pele fina como a de um filhote de anfíbio, tive outro daqueles lampejos, que se tornaram frequentes nos intervalos de uma tarde preguiçosa: *"Então, se você define o inferno da adolescência como o período entre o momento em que descobre exatamente o que quer fazer"* — *sua boca movendo-se lentamente, descendo meu flanco, em direção ao que ele quer fazer* — *"e o momento que tem a oportunidade de fazê-lo, eu estive no inferno por cinco longos anos. E dez anos, péssimos. Mas eu consegui me manter entretido, naturalmente..."*)

Tento afastar a lembrança, quando Juan termina de colocar a próxima membrana e aperta o botão do moedor. A carne começa a cair pelo funil, enchendo a membrana, o pedaço inteiro de linguiça saindo em um rolo grosso no vasilhame, auxiliado por outro movimento de Juan para a frente e para trás, ao contrário do primeiro, que faz com que a membrana saia do funil e, recheada de carne, vá para dentro da caixa. Juan é um recheador de linguiça experiente e, portanto, sabe, só de olhar o desdobramento das pregas da membrana que ele enfiou no funil, quando parar o moedor. Entretanto, inevitavelmente, depois que a última membrana se solta e cai, um último jorro de carne de porco cor-de-rosa sai do funil, que Juan pega com as mãos em forma de concha e coloca de volta no topo do moedor, antes de acoplar outra membrana para reiniciar o processo.

Tudo bem, é verdade que, desde que rompemos, D. e sexo têm visitado minha imaginação com muita frequência, então talvez eu esteja mais inclinada a atribuir um significado ao processo. Mas com certeza eu não sou a única a fazer isso, certo?

— Uau. Isso é...

Juan abre um sorriso e assente com a cabeça.

— É, eu sei.

Ainda bem que não sou a única.

— Você deveria fazer chouriço qualquer hora dessas.

— Chouriço? Você faz isso?

— Só de vez em quando. Minha mãe me ensinou a fazer, da última vez que eu a visitei. Qualquer dia eu mostro a você. Tem recheio de sangue, basicamente, a membrana parece, não sei, cheia de veias e...

Ele faz um gesto, mantendo o polegar e o dedo indicador em forma de circunferência, enquanto infla as bochechas.

— Tudo bem, tudo bem. Já basta!

Não tenho nenhum problema com a fabricação de linguiça, não me incomodo com focinhos, lábios e rabos. (Embora eu saiba que o Fleisher não põe nada na linguiça, a não ser carne limpa e de boa qualidade, além de gordura.) Mas, neste momento, acho que nunca mais vou conseguir comer linguiça, não importa o quanto esteja deliciosa, sem sentir, em alguma parte de mim, que eu preferiria, de um modo ou de outro, estar segurando o pênis de D. Eu sei, isso é tão terrivelmente grosseiro que eu, não exatamente uma pessoa afetada, me encolho para poder escrever. Mas, no fim das contas, isso é fabricação de linguiça.

Quando Juan converte 35 quilos de carne de porco em uma enorme caixa cheia de linguiça italiana, ele a coloca no frigorífico dos fundos, para descansar. Mais tarde, iremos torcer as membranas recheadas em linguiças de 10 centímetros. Mas, antes disso, descansamos um pouco para aquecer as mãos em canecas de café.

Inclinamo-nos contra as prateleiras da cozinha, sacudindo os dedos dormentes e ouvindo o CD de Juan: uma combinação de pop latino e música country de Nashville. Agora, está tocando "Little Sparrow", com Dolly Parton. Estamos em silêncio. Juan e eu tendemos a falar pouco, somente o necessário, na maioria das vezes. Podemos falar sobre música. Como uma texana, morando em Nova York, tenho poucas oportunidades de discutir música country com alguém fora da minha família. Ou posso pedir que ele dê uma cheirada no saco Cryovac estourado, para saber se a carne ali contida estragou.

(Juan tem o nariz mais apurado do açougue, o que é uma honra ingrata, já que isso significa que ele é a pessoa a quem todos chamam, segurando o peru descongelado pelas pernas, dizendo: "Dá uma cheirada nisto." Possivelmente associado a esta qualidade, ele é também o melhor provador do lugar. Todo dia, o Fleisher serve a sopa do dia, e Jessica e Juan são os responsáveis por prepará-la. Uma vez, Jessica estava fazendo um guisado de carne e, enquanto adicionava os ingredientes, percebeu que faltava algo. Eu e ela provamos e trocamos opiniões, sugerindo este ou aquele ingrediente para dar o efeito necessário. Então, chamamos Juan. Ele provou uma colherada e, com um dedo erguido, disse: "Arrá!" e colocou uma panela de água para ferver, onde mergulhou quatro guajillos desidratados e imediatamente os escorreu, bateu a pimenta amolecida em um pilão e adicionou a pasta obtida ao tonel de sopa. O resultado foi a perfeição defumada e condimentada.)

Mas ele também é o cara em cuja companhia é muito agradável ficar em silêncio, o que é justamente o que estamos fazendo agora, até repentinamente Juan dar uma risada.

— O que foi? — pergunto, sorrindo na expectativa de uma piada engraçada.

E ele começa a me contar uma história. Preciso de alguns segundos para conseguir entender o que ele está dizendo. Juan fala inglês fluentemente, mas com sotaque. Além disso, seu tom de voz é baixo, o que faz com que ocasionalmente eu não entenda algumas palavras. Ele fala a respeito de um longo percurso no frio e, no início, eu acho que ele está falando sobre a ida para o trabalho.

(O que eu estava pensando era: uma vez ouvi, por acaso, Josh perguntando a Juan se ele tinha um casaco. "Vou *comprar* um casaco para você. Fico *angustiado* imaginando você vindo para o trabalho, neste tempo, sem um casaco adequado." Este gesto vinha de um homem que, menos de dez minutos antes, havia trancado um dos seus empregados na câmara frigorífica, de brincadeira.)

Então, Juan fala algo sobre parar no meio da noite, para tirar umas horas de sono. E eu começo lentamente a entender o que é que ele está dizendo e fico constrangida como se ele estivesse compartilhando algo comigo mais íntimo do que a nossa relação suporta.

— Eu acordei e estava com tanto frio que pensei que fosse morrer. Não conseguia sentir as mãos. Estava deitado, congelado e levantei os olhos para o céu, e vi muitas estrelas. Foi lindo. Agora, sempre que sinto muito frio, penso nisso — acrescenta ele, rindo novamente.

— Onde foi isso? — pergunto, sem ter muita certeza de como reagir a essa intimidade, embora casualmente concedida.

— Arizona, eu acho.

— No deserto — digo em tom idiota — faz frio à noite.

— É verdade.

Tenho sentido um pouco de pena de mim mesma, desde a fabricação da linguiça. Pena pelo meu casamento destruído, meu amante perdido, por estar ficando mais velha e talvez nunca transar novamente. E vem Juan me contar sua história de atravessar a fronteira no meio da noite, uma experiência tão árdua, incerta e assustadora e pela qual os turistas ricos pagam, isso é verdade, para ter uma versão da experiência num estilo Disneylândia. E ele conta a história rindo. É o percurso que ele tem de fazer sempre que vai visitar a mãe.

E eu penso que realmente preciso ser menos arrogante.

Chouriço da Mãe do Juan

4 litros de sangue de porco sem sal, o mais fresco possível
4 xícaras de gordura de porco bem picada
Aproximadamente 4 colheres de sopa de sal kosher
Aproximadamente 3 colheres de sopa de pimenta-do-reino grosseiramente moída
Cebola picada
1 ½ xícara de pimenta jalapeño bem picada e sem sementes

2 xícaras de hortelã picada
Uma embalagem de "tripa" de porco (encomende ao seu açougueiro junto com o sangue e a gordura)
Cordão culinário, cortado em pedaços de 8 cm.
Equipamento especial: um funil manual para rechear a linguiça, basicamente uma xícara metálica com um bocal no fundo, que possa ser mantida na mão, ou que fique em uma espécie de suporte

Se o sangue não for recém-retirado do animal, deve ser congelado; nesse caso, será preciso liquefazê-lo no liquidificador, processador ou mixer. Então, simplesmente acrescente a gordura, junto com os ingredientes restantes. Ficará muito líquido, e você vai se perguntar como irá conseguir torná-lo sólido. Não falta motivo para tal questionamento.

Desenrole um pedaço da membrana, uns 90 centímetros, e encaixe-o no bocal, conforme o movimento para cima e para baixo mencionado anteriormente. Amarre a extremidade com um nó e reforce dando outro nó com o pedaço de cordão, logo acima.

Em um vasilhame ou forma grande, derrame, com a ajuda de uma colher, a mistura de sangue no recipiente do recheador, enquanto, com a outra mão, mantém a membrana no bocal até que fique cheia. Quando os pedaços de gordura emperrarem na boca do funil, empurre-os com o auxílio do cabo de uma colher de pau ou algo semelhante. Fica mais fácil de fazer se houver outra pessoa para ajudar. A fabricação de linguiça, como a atividade com a qual ela muitas vezes se parece, é bem mais divertida quando feita por duas pessoas.

Pare de rechear quando ainda tiver aproximadamente 10 centímetros de membrana sobrando. Enquanto uma pessoa segura o pedaço vazio e o aperta para fechar, a outra torce os pedaços da linguiça. A mais ou menos 10 centímetros da extremidade da base, torça duas vezes, e reforce com um nó. Repita o processo até dividir o pedaço inteiro. Na parte de cima da última linguiça, dê um nó com a ponta da membrana. As linguiças se parecerão, ao toque, como, bem, intestinos de porco recheados de sangue.

Mergulhe a linguiça em água fervente e deixe escaldar por aproximadamente dez minutos. Este é um processo delicado; mantenha a água em fervura lenta. Após aproximadamente cinco minutos, teste para verificar se está no ponto. Com cuidado, levante um pedaço com o auxílio de uma pinça. Primeiro, toque a superfície; a linguiça deve ter se solidificado. Então, enfie um palito de dentes ou espeto; a linguiça estará pronta quando do furo gotejar um suco claro, em vez de sangue. Retire a linguiça da água e deixe esfriar em temperatura ambiente.

Em um mundo ideal, esta receita produziria aproximadamente duas dúzias de linguiça de 10 centímetros. Entretanto, todas as linguiças fervidas são delicadas, especialmente chouriço, devido ao recheio líquido. Perdem-se muitas partes, por causa do rompimento das membranas — o que suja a água que está fervendo — e, outras, por cozimento insuficiente (você pode fritar as partes pouco cozidas e usá-las como usaria o chouriço). Mas as que realmente dão certo ficam maravilhosas, condimentadas e ricas, com a hortelã fornecendo um inesperado toque refrescante. Você irá descobrir que pode viver com as poucas linguiças que conseguiu fazer sem ficar tão triste por ter cometido alguns erros.

Coração partido

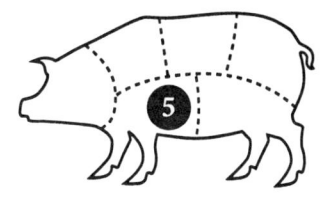

"**S**E VOCÊ CONSEGUE desviar de um alicate, você consegue desviar de uma bola." Não faço minhas as palavras do filme de Vince Vaughn como regra geral, mas essa frase me vem à cabeça quando começo o meu quarto traseiro especial do dia. Estou trabalhando no açougue há alguns meses, e estou mais forte do que antes, mas os traseiros especiais ainda me deixam sem fôlego. Depois de praticar nestes sodomitas, voltar para pequenos traseiros de porco será moleza.

Traseiros especiais são enormes, e mais óbvios do que alguns outros cortes principais. Não há dúvida de que se trata da imensa bunda da vaca. Eles são óbvios de outros modos também. Têm várias partes entrelaçadas, mas os pedaços têm uma distinção. Os músculos têm formas simples, como aqueles jogos para crianças bem pequenas, com blocos de plástico em diferentes formas que servem para serem colocados em diferentes reentrâncias: coxão mole, um círculo; coxão duro, um trapezoide; lagarto, um cilindro; patinho, um cone. Cortar um traseiro especial é um trabalho de contorno nítido, mas, considerando o peso absoluto da coisa, é também um trabalho *difícil*.

Meu pulso esquerdo, que uso para cortar, está agora visivelmente mais grosso do que o direito, mais musculoso e com um inchaço crônico. O meu polegar esquerdo passou a se contrair, de vez em quando, exatamente como acontecia com o da minha avó.

(Ela costumava soltá-lo, batendo-o com força contra a superfície da mesa; quando eu recuava, ela dava uma gargalhada. Ela deve ter sido uma alcoólatra maníaca depressiva, mas como todas as mulheres da minha família sabem por experiência própria, isso não significava que ela não tivesse senso de humor, ou que não era durona: a sua versão de café consistia em várias colheres de sopa de café solúvel Folgers adicionadas em água fervente por cinco minutos. Depois, ela vertia a mistura diretamente na sua xícara de café manchada. Ah, e embora tivesse fumado por cinquenta anos e durante os últimos 15 anos de vida, vivido basicamente de pêssegos enlatados, biscoitos Pepperidge Farm, xerez Taylor e sorvete napolitano, ela nunca teve nenhum problema grave de saúde, a não ser a esquisita dor de estômago, e acabou morrendo aos 90 anos, muito por causa do seu gênio.)

Às vezes, depois de um dia difícil, a dor no meu pulso me impede de dormir. Minhas mãos e braços estão enfeitados com cortes e arranhões, em sua maioria por causa dos ossos que se eriçam ao longo das bordas do corte da vértebra do porco, partes afiadas que podem arranhar como espinhos. Eu considero todas essas marcas, assim como aquelas que D. costumava deixar em mim, perversamente gratificantes, um diário codificado da minha experiência. Josh e eu começamos a falar sobre tatuagens. Seus braços já têm várias e ele promete me acompanhar, quando eu decidir qual fazer, para perpetuar meu "Empenho de Açougueira".

É uma tarde monótona de quarta-feira, então Jesse se junta a mim para praticar o manuseio de faca. Normalmente ele trabalha no balcão, portanto não tem muito tempo para o trabalho na mesa. Ele e eu, açougueiros aprendizes, ficamos com a parte traseira, enquanto Aaron e Tom cortam os dianteiros. O dianteiro é a parte de corte mais desafiante. Aaron, Josh e Tom discordarão a respeito das três melhores técnicas para executá-lo. Por ora, é melhor eu me afastar; certamente ainda não posso pilotar um desses sem supervisão. Portanto, fico com a parte traseira. Toca Jackson Five no iPod de Josh. (A coleção musical de Josh é algo hilário: ópera, pop, Eminem, world music. A minha pasta favorita, eu acho, é a de temas de filmes clássicos pornográficos dos anos 1970. Realmente muito bom, com melodias simples e muitos sons sugestivos e engraçados. E a visão de um bando de açougueiros cortando carne ao som do tema de *Debbie Does Dallas* é impagável.)

Começo cortando o músculo traseiro. Com um puxão forte, arranco a ponta estreita do traseiro — que seria equivalente à parte onde se prende a coxa do frango — e faço um movimento giratório, até que apareça a ponta, na borda da mesa. Após me certificar de que ninguém esteja perto da faca, eu atravesso o grosso cordão do tendão, onde ele emerge do músculo e se estende exposto, para encontrar a protuberância óssea da ponta inferior do músculo traseiro, com um movimento longe do meu corpo. O corte faz com que a lâmina sempre dê um salto, quando atravessa. Então, sigo a linha de junção do músculo, até onde eu estimo que esteja a junta. Para encontrá-la, eu pressiono a carne e a gordura com o polegar e agarro o osso pela ponta, para balançá-lo para a frente e para trás. No quarto traseiro do dia, quando espeto a ponta da lâmina, finalmente alcanço a fenda da junta, logo na primeira tentativa. *Consegui!*, murmuro, enquanto cavo, revolvendo entre os tendões até conseguir abrir a junta. O músculo se solta nas minhas mãos e uma gota de fluido claro sinovial e sedoso cai no chão. Lanço o músculo na outra borda da mesa. A parte interna do bojo da junta é branca e brilhante, molhada do lubrificante fluido, e estranhamente lisa. Nunca resisto à tentação de deslizar os dedos, muito rapidamente, dentro daquela bola de cartilagem.

— Onde fica mesmo esse lugar? Já passei por lá de bicicleta.

Jesse está perguntando sobre o apartamento que acabei de alugar, a uns vinte minutos de Kingston. Eric não gosta disso, naturalmente, mas dirigir da cidade até o açougue e de volta no fim de cada dia é exaustivo e queima montantes impróprios de gasolina. Além disso, a quem estou tentando enganar? Eu quero muito usufruir de algumas noites de solidão, escapar das nossas brigas, que nem são brigas, o nosso silêncio cheio de repreensões. O apartamento é pequeno, simples, frio, na maior parte do tempo, e fica no segundo andar de um prédio vitoriano ligeiramente decadente. Quando Eric e eu estávamos separados, eu nunca lhe disse que ficava feliz só de ter aquele pequeno apartamento para mim, de dormir até as 10 horas ou de ficar acordada até as 4 da manhã, preparar o meu próprio jantar, ler em um ambiente onde não havia ninguém. Embora este lugar seja duas vezes maior do que a minha sublocação em Yorkville e esteja localizado em uma cidade no norte do estado, que consiste apenas em um correio, um corpo de bombeiros e uma curva na estrada, ele me lembra o meu primeiro quarto e os pequenos prazeres de morar sozinha.

— Fica em Rifton.

O nome do lugar é um problema,* um tanto irônico, como se eu precisasse de mais lembranças, dentre todas as fendas abrindo-se na minha vida.

---

* *Rift* — fenda, rachadura. (*N. da T.*)

— Ao sul daqui, saída 213. Perto de New Paltz, depois de Rosendale.

— Ah, sim... Muita gente anda de bicicleta por ali. Você tem bicicleta?

— Não.

Parece que todo mundo no açougue é ciclista; até Josh, que não consigo imaginar sobre uma bicicleta. (Ele vende camisetas de ciclista no açougue, nas quais um desenho identifica os cortes de carne. Eu a uso, às vezes, para trabalhar, e Aaron diz que fico parecendo um super-herói, querendo dizer, embora não o faça, que o top é bastante colorido, muito apertado e dotado de um zíper que, quando puxado até a metade, como eu faço, expõe metade dos meus seios.) Tom e Jesse, particularmente, estão sempre contando suas últimas aventuras de ciclismo e eu tenho tentado evitar me comprometer em dar um passeio. Isso soa antipático da minha parte, mas não é essa a intenção. É que eu tenho medo.

Peguei um gancho de carne e vou retirar o osso da rabadela. "Aitchbone", como é o termo em inglês, vem do inglês médio "nache", que significa "bunda". É um osso de quadril, afinal. De qualquer maneira, é o mesmo processo dos traseiros de porco, apenas maiores e, consequentemente, mais difíceis de manusear. Enfio o gancho no meio do osso.

— Eu posso emprestar uma das minhas bicicletas qualquer dia.

Um pequeno grunhido, quando começo a puxar com a mão direita, raspando por baixo com a faca na mão esquerda.

— Obrigada, é muita gentileza sua. Mas realmente não sei andar de bicicleta.

— Todo mundo sabe.

— Eu sei disso, mas eu não. Não levo jeito. Deve ser algum trauma reprimido de infância.

— Você por acaso foi molestada por uma *Schwinn*? — grita Tom.

— Algo assim.

Passo um momento contemplando alguma coisa que encerre o assunto para me esquivar do convite, que eu sei que está a caminho.

— Crianças, nunca aceitem doce de um assento de bicicleta estranho.

— *Não* me disseram isso — grita Aaron, enquanto todos caem na gargalhada, exceto Jesse, que não é muito de participar das conversas dos rapazes e fica satisfeito só de ficar escutando, sorrindo de vez em quando.

Às vezes sinto que ultimamente tenho gastado muita energia fugindo de compromissos sociais e nem sei por que — bem, além do fato de realmente não saber andar de bicicleta. Eu gosto muito destas pessoas. Jesse, por exemplo, gentil e tranquilo, gosta de dar boas risadas, de discutir sobre política comigo e de recomendar vários remédios holísticos, o que ele muitas vezes consegue fazer sem parecer um bobo ou um fanático. Ele é um pouco, não sei... absorto, distraído, lento. Josh e Aaron são mais objetivos, ambos loucamente ambiciosos, e costumam perder a paciência com ele. Às vezes, eles o trancam na câmara frigorífica, com as luzes apagadas, ou decidem descobrir quanto tempo eles conseguem enganá-lo com um trote telefônico. Uma vez, em um dos seus dias de folga, Aaron manteve Jesse no telefone durante aproximadamente dez minutos, disfarçando a voz, com nome falso, reclamando de que um peru que ele comprara no açougue tinha vindo com três asas. O apelido de Jesse é "1480", uma referência à descrença de Josh de que qualquer um com tal resultado no teste de avaliação do SAT pudesse ser tão maluco. Mas ele é ótimo com os clientes, sabe os nomes de todos e sempre tem tempo para bater um papo com cada um deles, mesmo quando está ocupado. E eu gosto de tê-lo por perto. A mesa de corte é rodeada por um fluxo constante de testosterona. Normalmente eu gosto de ser um dos caras, todos competindo para sacanear um ao outro. Mas, às vezes, fico realmente agradecida por uma presença calma, simplesmente gentil, como a de Jesse. Então, por que não juntar-me a ele em um passeio de bicicleta, afinal? Ou beber depois do trabalho? Por que eu sempre recuso os convites de Josh e de Jessica para jantar, os elaborados programas de fim de semana de Aaron? (Agora ele está no processo de desenvolver uma competição de bigode no açougue e deixou crescer uma monstruosidade com as pontas viradas para cima, com o mesmo cuidado que o Sr. Miyagi apararia um bonsai. Ele vive falando que penteia, depila e dá forma ao bigode. "Temos um banheiro extra em casa, só para eu cuidar do bigode", diz ele, e eu acredito.) Não é apenas o cansaço, que eu muitas vezes alego, ou a ansiedade em voltar para a cidade, para o meu marido e meus animais. Há algo mais acontecendo aqui.

Retiro o osso e o jogo no recipiente em que há escrito "ossos", uma lata forrada com um saco de lixo e posicionada na ponta da mesa. Então começo a cortar o coxão mole, um círculo de carne quase do tamanho de uma calota. É basicamente parte da nádega do boi jovem, grossa de um lado, perto de onde se une ao osso da rabadilha, afinando-se nas bordas, conforme o músculo diminui em direção à base do músculo traseiro. Começo nesta borda fina, puxando no músculo e empurrando nos filamentos abaixo, até a carne sair. Retiro um pedaço da camada exterior endurecida de gordura e removo a capa, outro círculo menor de carne que fica em cima do coxão, parecido com, bem, uma capa.

Estou bem à frente de Jesse, o que não é surpresa. Ele não tem muita prática de corte e eu estou trabalhando aqui três ou quatro dias por semana, dez horas por dia, há três meses. Nem todo esse tempo é passado na mesa, claro — tem a máquina de Cryovac, encomendas de atacado para serem listadas, geladeiras e congeladores para serem arrumados e, naturalmente, um intervalo para papo furado —, mas já tenho prática o suficiente para haver adquirido velocidade. Estamos em silêncio agora, todos trabalhando atentamente. Não há outro ruído além da música no iPod (trocamos para as músicas antigas de Madonna), o barulho da carne batendo na madeira ou nas caçambas plásticas e o barulho dos ossos caindo na lata. Eu arranco o imenso osso da perna, retiro o lagarto cilíndrico do coxão duro, em forma de trapezoide. Removo o triângulo grosso, cheio de gordura do centro com suas glândulas viscosas e abro o patinho em forma de cone. Tudo isso (exceto o triângulo gordo, que é jogado fora) será ensacado, como está sendo neste momento. Tenho que cortar a membrana do lado inclinado do coxão duro. Aaron deve pedir para que eu a amarre para o rosbife, que eu vou preparar sob sua (rigorosa) supervisão. O método de Aaron para preparar rosbife para o balcão da frente sempre varia um pouco. No momento, é mais ou menos desta forma:

Rosbife do Aaron

3 kg de coxão duro com capa de gordura
Sal e pimenta
3 colheres de sopa de óleo vegetal
1 cebola cortada em rodelas de 1 cm
4 dentes de alho, ligeiramente esmagados
6 ossos de tutano de 5 cm
3 colheres de sopa de manteiga, cortada em fatias finas

Preaqueça o forno a 150º C.
Amarre a carne com o cordão culinário em um retângulo uniforme e caprichado, ou peça ao seu açougueiro

para fazer isso. Tempere a carne generosamente com sal e pimenta, em todos os lados.

Em uma panela refratária grande, aqueça o óleo em fogo alto até atingir o ponto de "quase queimando". Toste a carne em todos os lados, tomando cuidado para que o lado da gordura fique com uma crosta dourada. Retire a carne da panela e coloque em um prato. Apague o fogo. Acrescente a cebola e o alho, dourando-os ligeiramente, usando o calor residual, antes de adicionar os ossos de tutano aos vegetais, em camadas. Coloque a carne em cima dos ossos, com a gordura virada para cima. Por último, disponha as fatias de manteiga. Leve ao forno e asse por aproximadamente uma hora e meia, pingando a gordura na carne a cada 15 minutos, para que os sucos que soltam dos ossos sejam absorvidos pela carne o máximo possível.

O assado está pronto quando um termômetro de carne, inserido no centro, lê 55º C. Retire o assado do forno e deixe-o descansar até atingir temperatura ambiente. Depois, corte em fatias finas para usar em recheio de sanduíche. Rendimento: dá para fazer sanduíches de rosbife suficiente para alimentar um pequeno exército.

Ah, mais uma coisa: depois que terminar, espalhe o tutano do centro dos ossos em um pedaço de pão, adicione sal e você tem um manjar dos deuses.

Farei isto, um pouco mais tarde. Por enquanto, tenho de retirar tendões resistentes da ponta do patinho e do músculo traseiro superior que serão moídos. Realizo a tarefa com todo empenho. A música na minha mente nostálgica não é a que toca no iPod, mas as que permanecem na minha cabeça, da melodia rockabilly de 1997, à qual uma vez eu me referi, brincando, como sendo o tema de D.: *Não quero deixar você irrita-*

do. Embora secretamente eu faça isso. *Eu estaria mentindo se dissesse que não tenho projetos para você.*

Gosto das nossas conversas repentinas, enquanto trabalhamos, que então se transformam em um silêncio laborioso. Esse ritmo se parece com o verdadeiro trabalho com companheiros agradáveis. Mas no fim do dia, logo que eu tiro o chapéu de couro, lavo as mãos e as facas e esfrego a mesa com sal, esta paz vai se diluindo. Quando saio, a necessidade se abate sobre mim novamente, como uma bigorna.

— Jules, venha tomar uma cerveja com a gente, uma Mother's Milk. É local. Ainda temos meio barril lá atrás.

Então eu me sento com Jesse, Aaron e Josh e bebo cerveja, mais escura e amarga do que a que eu costumo tomar. Falamos sobre isso e aquilo, nada importante, bigodes e esperanças presidenciais. Juan está com seu copo cheio também, mas não pode sentar-se ainda. Tem pratos para lavar, uma serra e moedor para desmontar e limpar. Muita coisa a fazer antes de dormir. Como faço eu, só que de um modo diferente.

— Jules, sabia que os açougueiros em Paris têm linguagem própria?

— Como assim?

— Bem, é um tipo de gíria. Como a língua do "P". Chama-se *louchébem*. Eles mudam as sílabas. Assim eles podem falar mal dos fregueses.

Josh está arrumando o longo cabelo ruivo com os dedos e refazendo a trança.

— Será que eles têm uma expressão para "Vai se foder, babaca"?

— Vou procurar saber.

Pensando tristemente em como, embora eu saiba, minha noite vai terminar, eu pergunto:

— Será que têm um termo para "louca"?

— Provavelmente. Huuum. Sinto um apelido surgindo...

Eu poderia convidar qualquer desses caras, de cuja companhia eu gosto tanto, para mais uma rodada de bebida na esquina. Mas não faço isso. Saio depois de beber apenas uma cerveja. Nos despedimos e vou, sozinha, até o meu carro.

Não há nenhum lugar que seja realmente seguro, além do açougue, estes dias. Estou entrando no Outback quando o telefone toca.

— Preciso lhe fazer uma pergunta. Você ainda está saindo com ele?

— O quê? Não! Não... eu... eu nem tenho falado com ele. Ele não...

Não posso dizer a verdade a Eric. Não posso dizer: *Ele não está falando comigo e isso está me matando.*

— De onde você tirou isso?

— Sabe de uma coisa? Esqueça. Eu não acreditaria em você, não importa o que dissesse. Não quero saber.

— Não *fiz* na... desculpe. Desculpe.

Eric e eu não transamos há vários meses e, embora D. tenha terminado o relacionamento e não tenha trocado uma palavra comigo há semanas, apesar ou por causa das mensagens desesperadas e suplicantes que o nosso rompimento, finalmente verdadeiro e terrível, não conseguiu me impedir de enviar, ele está lá, naturalmente, morando no nosso apartamento. Eric não me toca. E eu também não consigo tocá-lo. A verdade é que o amor de Eric é doloroso para mim, um golpe constante. Se fôssemos dormir juntos agora — transar, naturalmente; ainda dormimos na mesma cama sempre que estou em casa —, ele veria isso claramente. E isso o mataria. Eu sei disso, porque está quase me matando. É uma coisa horrível de se admitir, até para mim mesma. Corrói as minhas entranhas.

Mas eu sinto desejo, realmente, e ainda não consigo evitar; é como entrar em um porão escuro, apalpando as paredes desesperadamente, tentando achar o interruptor de luz e só achar tijolos frios e teias de aranha. E não é só por causa de D. Ah, talvez seja. É tão difícil saber. Porque, é verdade, eu sonho em ser recebida de volta em sua cama, sonho com a reconciliação, mas isso está ficando muito doloroso de se desejar. E quando dói assim, é hora de curar a dor de cabeça batendo os dedos, com toda a força, na gaveta de instrumentos.

Muitas pessoas costumam ceder ao desejo de uma leve submissão. Não é necessariamente grande coisa. Eu sempre fui interessada, em um estilo acadêmico. Sempre pareceu tão... bem, uma coisa estúpida, na prática. Para Eric e para mim. Eu compreendi que era um daqueles desejos que se realiza melhor na imaginação. E aí D. veio junto.

Venha para casa comigo.

Lembro-me da primeira vez, quando percebi que iria acontecer. Estávamos em frente a uma delicatéssen, na esquina da 12th com a University Place, em uma tarde de novembro, em 2004. Tínhamos almoçado como amigos e se tornou algo mais. Era aí que deveríamos ter seguido caminhos diferentes; eu já tinha ficado longe de casa por tempo demais.

Irei amanhã. Prometo. Mas hoje não posso. Preciso levar o cachorro para passear. Tentei, meio sem vontade, me desvencilhar dos seus braços, mas as mãos dele permaneceram firmemente entrelaçadas nas minhas costas.

Você vai mudar de ideia se não vier agora. Venha agora.

Eu estava ruborizada e sem fôlego. Estava pronta. D. pode ter alegado que o momento era vital, que eu era adulta, que precisava ser persuadida e que era capaz de mudar de opinião, mas na realidade ele soube, do momento em que me beijou naquela esquina enquanto esperávamos fechar o sinal de trânsito, que me levaria para seu apartamento em Murray Hill, pela primeira vez, naquele dia, sem precisar se esforçar muito. Ele nem se deu ao trabalho de esconder o brilho de certeza que havia nos olhos.

Toda a minha vida, na hora da verdade, eu sempre fui a pessoa que escolhia o que ou quem eu queria e me assegurava de que havia conseguido. Julie dominadora. Foi dessa maneira que conquistei meu marido, que conquistei minha carreira. Mas agora, eu era a desejada, conquistada, obtida. Estava indefesa contra essa garantia e gostava da sensação de desamparo.

Tudo bem. Mas tenho que voltar logo. Uma hora. Nem um minuto a mais.

Perfeito. Vamos.

Ele é assim, parece não sofrer nenhum traço de incerteza e jamais experimentar o remorso. Durante os dois meses que Eric ainda não sabia sobre o assunto, D. não sentiu nenhum arrependimento por nada. Comparecia, com o maior prazer, aos jantares aos quais eu, com prazer, o convidava; retribuía, com prazer, os toques de pés por debaixo da mesa e olhares velados e, com prazer, até passou a noite no sofá, para que pudesse ter sua sessão de carícias nas primeiras horas da manhã e depois tomar café conosco, comendo tranquilamente ovos Benedict com a amante e seu marido, que não sabia de nada. (*Sua amante!* Como eu gostei de ouvir a palavra ecoar na minha mente, escrevendo-a em um e-mail secreto ou uma mensagem de texto — embora sempre com aspas irônicas —, até degustando-a na própria língua, embora eu nunca a pronunciasse num tom acima de um sussurro e, portanto, só para mim.)

Venha. Venha me encontrar.

Estou a caminho.

Finalmente, eu estava fazendo algo do qual deveria me envergonhar e pela primeira vez, em muito tempo, nenhuma culpa obscura apertava o meu coração. Eu estava eufórica, devassa. Eu tinha *um amante*.

Finalmente você veio. D. atendeu à porta, nu.

Logo que pude.

Ele me jogou contra a parede, transou comigo na entrada, antes de tirar minha roupa. Me carregou, grande do jeito que sou, nem leve e nem flexível, passando pelas portas fechadas dos quartos dos seus colegas de apartamento (prefiro acreditar que eles não estavam em casa), até o seu quarto. Lançou-me na cama e ajoelhou-se para abrir o zíper das minhas botas pretas, de salto alto. Ergueu as sobrancelhas, com uma expressão irônica e genuinamente sensual. *Gggrrr...*

Ah, dá um tempo. Estou usando meias ridículas de zigue-zague. Na verdade são do Eric.

Mas observe este detalhe, disse ele, mostrando o forro de couro vermelho da bota. *Gggrrr...*

Horas depois, quando levantei para me vestir e ir embora, ele me puxou de volta para a cama, pelo tornozelo, quando eu rastejava no chão do quarto procurando minha calcinha, uma bota perdida e um colar arrebentado. Ele bateu na minha bunda, me mordeu muito, deixando manchas roxas por todo o meu corpo, que eu tive de tomar todo o cuidado para esconder, manchas escuras, matizadas e distinguíveis na forma como mordidas de tubarão. Ele sabia o que eu queria.

Não que fosse difícil. Sob a influência de D., eu me abrira como uma flor meretriz desabrochando. A primeira vez que ele me esbofeteou, afinal, eu estava amarrada em cordas que *eu* havia lhe dado. Mas a coisa foi... não foi tanto o tapa em si; foi o brilho nos seus olhos, quando ele desferiu o tapa, a confiança absoluta de que havia feito a coisa certa. A dor no rosto me deixara sem ar, mas sua certeza foi o que me liberou.

Empiricamente falando, sou uma pessoa bem-sucedida. Mas todas as coisas que deveriam me fazer sentir segura e independente não me valeram. Foi D. quem me proporcionou essa sensação. Foi quando, com um sorriso, me atacou, que eu finalmente me senti poderosa, forte e emancipada.

Mas agora ele se foi e acabou que a minha liberdade foi apenas experimental. A culpa devastadora voltou. E isso me tortura.

Eric telefona novamente, assim que eu viro a 213, ao sul de Rosendale, na tortuosa estrada para Rifton.

Ouça, desculpe sobre o que eu falei antes.

Tudo bem. Desculpe se você acha que eu fiz algo errado.

Não consigo manter sequer um pequeno sinal de ressentimento na voz. E isto não é uma coisa inteiramente má; ressentimento é bom para cobrir remorso.

Não, você não fez nada, eu sei. Desculpe. Acho que fico meio louco com você longe, o tempo todo. Robert sente sua falta.

Nos últimos meses tenho ficado três ou quatro noites por semana no meu apartamento alugado. Eu sempre acreditei no poder geográfico da cura. A distância aumenta o amor e mais alguma coisa.

Gostaria que você aceitasse isso. O aprendizado no açougue é algo que eu quero fazer e não vou abrir mão disso. Além do mais, não há nada de errado em relação a isso e não tem nada a ver com você ou com nós dois.

Começo a ficar emotiva agora, um tanto egoísta, reclamando mais do que o necessário.

Amor, eu quero ser compreensivo. Mas você tem razão. Eu não estou sendo compreensivo. Estou tentando.

Tudo bem. Desculpe. Você poderia ao menos...

Não. Eu estou bem. Vai dar tudo certo. É que eu sinto a sua falta e...

Eu sei. Desculpe. Ouça, acho que vou ter que desligar logo.

A voz dele torna-se mais espaçada e tranquila.

Boa noite. Te amo, juro.

Eu sei. Te amo também.

À noite, quando estou sozinha no apartamento frio: uma cozinha vazia, uma sala pequena, o quarto pintado de branco e azul; preparo meu jantar: um bife, uma linguiça ou uma costeleta. Abro a minha primeira garrafa de vinho. Estas são as últimas peças do simples quebra-cabeça que compõem o meu dia. São 21 horas, estou exausta, o que significa que não conseguirei dormir imediatamente. Meu pulso bate fraco. Empilhando vários travesseiros contra a parede para formar um espaldar, verifico se o copo está cheio, pego o laptop e coloco um DVD.

"O que é estivador?"

Não importa o que esta frase signifique em contexto. Ou melhor importa muito; para Eric e para mim, mas você não precisa saber o que torna essa frase tão inestimável, porque posso repeti-la, do nada e por nenhuma razão específica, e acontece o mesmo com Eric. O que importa é que esse improvável seriado de televisão, *Buffy, a caça-vampiros,* cancelado há alguns anos, forma um critério exclusivo da nossa linguagem particular do casamento. O simples fato de assistir a um episódio é como voltar para ele. E, esta noite, depois da nossa conversa tensa, interrompida, é quase como um ato de desculpas, de fidelidade. Sou inteiramente a Julie do Eric assistindo *Buffy,* um dos poucos marcos da cultura pop que não me faz lembrar imediatamente de D., que, além de ser cineasta, adora *South Park.* Assisto a três episódios de *Buffy.*

A esta altura, já passa das 23 horas. Desligo o computador, coloco-o na mesinha de cabeceira, ao lado da segunda garrafa pela metade de Syrah, apago a luz do abajur e me deito, puxando os lençóis por cima do ombro. Mas imediatamente percebo que não vai adiantar nada. Pego o laptop novamente; acesso o MSN. Graças a Deus, Gwen está online.

> *Julie: Oi. Quais são as novidades? Você não está ainda no trabalho, está?*

> Gwen: Não, graças a Deus. To na casa do Matt.

Após alguns percalços, Gwen parece ter encontrado um namorado que combina com ela. Em se tratando de Gwen, naturalmente, ela ainda fica revoltada e aborrecida de vez em quando, mas eles viajam juntos, visitam as respectivas famílias, ele compra roupa para ela e conserta seu computador e, sem dúvida, transam de todas as formas. Tento muito não ser amarga.

> Gwen: O que aconteceu com vc?
> Julie: Estou no norte do estado. E me sentindo um lixo.
> Gwen: Doente?
> Julie: Não, o de sempre: D. Eu tinha conseguido tirar ele da cabeça, mas quando fui tentar dormir...
> Gwen: Ah, Julie. Quando vc vai largar aquele babaca?
> Julie: Não consigo entender. Pq ele me odeia tanto?
> Gwen: Já expliquei isso nos mínimos detalhes. Ele. É. Um. Babaca... Eu queria dar um soco na cara dele.
> Julie: Seria ótimo.
> Gwen: Olha, acabei de ver Match Point, finalmente. A personagem de Scarlett Johansson parece você e D. juntos. Vc é a parte histérica embriagada e ele é a parte que precisa ser assassinada.
> Julie: Hilário. Mas eu naturalmente o pegaria de volta rapidinho.

> Gwen: *Agora eu quero dar um soco na sua cara.*
> Julie: *Obrigada.*
> Gwen: *Ouça, querida. Preciso sair... Matt e eu vamos...*
> *bem... Tenho que ir.*
> Julie: *Entendi.*
> Gwen: *Te adoro. Se Cuida.*
> Julie: *Obrigada. Adoro vc também.*

Droga! Não foi o bastante. Sirvo-me de outro copo para sentir sono, depois vasculho a internet um pouco, procurando algo específico: fotos e vídeos baratos que distraem mulheres subjugadas, carentes e sofredoras, homens dominadores, controladores e seguros. Há um certo erotismo desprovido de inteligência nesse tipo de coisa. Pelo menos o meu corpo responde, mesmo que a minha mente logo se sinta cansada e necessitando de limpeza. Tento me concentrar em cenários estranhos, imagens de humilhação exótica e de mau gosto. Mas meu cérebro simplesmente rebate estes itens e detalhes, preguiçosamente, como um gato entediado e logo volta a vagar inexoravelmente por terrenos mais familiares, embora mais perigosos.

Um rosto frio, sardônico, desprovido de beleza, de olhos frios e lábios grossos como os de Mick Jagger e que, a essa altura, lembro muito bem. O cisto áspero, que ainda não pode ser notado, no lóbulo da orelha esquerda, um piercing fechado da época de adolescente, fã de rock. Um modo de tirar a roupa, deliberado, tão diferente do meu strip-tease impaciente. Uma pegada forte nas minhas coxas, puxando-me em direção àqueles lábios; um modo de dar que faz parecer que algo está sendo tomado, como se eu estivesse sendo esvaziada. Uma voz, baixa, divertida, com um bramido gutural que rouba minha respiração.

Antes de D. terminar comigo, ocasionalmente nos satisfazíamos com sexo pelo telefone, um modo fácil de fazer uso de breves períodos solitários, quando tínhamos nos preparado, mas não conseguíamos planejar um encontro. Nunca falávamos sacanagem nessas sessões telefônicas. Em vez disso, fazíamos uma brincadeira de ouvir um ao outro, tentando marcar o tempo um do outro. Isso era muito mais desafiante para mim do que para D., basicamente porque sou uma jogadora de pôquer de merda. Não importa o quanto eu tentasse esconder, eu sempre acabava dando um gemido, um "ah, me fode", ou uma respiração irregular, gaguejante, que denunciava minha ansiedade. Da minha parte, eu não tinha nenhuma pista, a não ser a pequena dificuldade na respiração, a rapidez daquele ruído molhado que mal chegava ao fone do aparelho, o tremor reprimido por trás de um lábio mordido. E, no final, às vezes enganávamos um ao outro. Ele falaria, pela primeira vez desde que murmuramos "oi", sussurrando, apressado, mas comedido, quase zangado, uma exigência mais do que uma pergunta. *Diga quando. Agora?*

"Sim, por favor, por favor, agora..." Seu nome escapa como um soluço, a lembrança daqueles sons do outro lado da linha, fazendo meus músculos se contraírem. Os tendões do meu pulso e do dedo indicador fazem um ruído doloroso e depois choro até dormir. Mas pelo menos eu cheguei lá, a mão apertada entre as coxas não de prazer, apenas por conforto, como uma criança.

Na manhã seguinte levanto, mais uma vez, com os olhos inchados, os lábios roxos do vinho, alguns soluços de tristeza que ficaram presos na garganta. Mas eu tomo uma chuveirada e visto uma calça jeans e uma das camisetas pretas do Fleisher, onde está escrito "NINGUÉM BATE A NOSSA CARNE!", que eu uso todo dia para trabalhar, e, quando saio de casa, no ar frio penetrante, e entro no meu Outback, estou mais calma.

Normalmente, eu estaria indo para o açougue para mais um dia de arranhões, piadas pesadas e cortes de carne. Hoje, entretanto, tenho outro lugar para ir. Tenho um encontro com um porco.

Abate

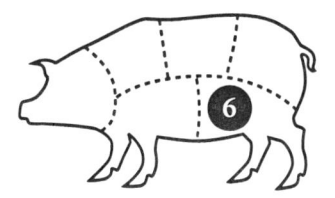

Está fazendo um dia maravilhoso de final de novembro. O céu, de um azul intenso acima do Shawagunks; o sol da manhã resplandecendo as folhas brilhantes que caem das árvores e alinham a borda deste campo verde que eu alcancei depois de passar por uma pequena pista lamacenta, seguindo uma multidão confusa. Jovens, na sua maioria por volta dos 20 anos, estudantes da CIA. Um curral de madeira no campo, onde havia cinco porcos, perseguindo um ao outro e bufando felizes, na lama. Quando as pessoas se aproximam do curral, para arrulhar ou tirar fotos, os porcos chegam perto do portão, com as orelhas eriçadas e as cabeças erguidas. A alguns metros dali, um velho austríaco, vestido com um macacão, tem nas mãos um rifle pequeno.

Aaron me incentivou a vir a este evento; todo outono, a CIA organiza este passeio para que seus alunos testemunhem e participem de uma matança de porcos, feita da forma tradicional. O evento é dirigido por um dos instrutores mais antigos, um homem chamado Hans, que, de acordo com Aaron, ganhou uma vez a European Master Butcher Competition. (Queria saber se realmente existe algo desse tipo. Eu prefiro pensar que o vencedor ganha um cinturão.)

Ele me disse quando e aonde ir: às 8 horas, em uma estrada secundária no caminho para Mohonk Mountain House, um magnífico resort antigo e ligeiramente apropriado para um romance de Stephen King. Aaron tem de ir para o açougue, então, para seu desgosto, não pode ir, mas diz: *Você* precisa *ir. Precisa ver Hans em ação. Ele é um artista.*

Lamento que ele não esteja aqui. Não conheço ninguém e me sinto uma impostora, como se a qualquer momento alguém fosse me chamar e me perguntar quem eu sou, afinal de contas.

Esta é a primeira vez que assisto a um evento como esse. Tenho procurado avidamente uma oportunidade, desde que comecei a praticar a técnica de corte, mas ver um animal ser morto para se obter a carne é um negócio complicado. É impossível entrar no Big Beef; nem os matadouros com quem Josh trabalha, pequenas empresas meticulosamente higiênicas e humanas, não me deixariam chegar perto, nem distribuiria seus endereços a pessoas fora da sua lista de clientes. Eles têm um medo patológico do PETA, um medo que considero engraçado de tão exagerado, mas, pensando nisso agora, acho que eles devem ter razão para isso. No meu primeiro livro, escrevi um capítulo no qual descrevia a fervura de uma lagosta e recebi algumas cartas insanas e levianas; imagine o que os matadouros precisam tolerar.

Fico inclinada, com um pé na cerca de madeira, contemplando esses animais que estão prestes a ser mortos, cuja carne, literalmente, vou acabar comendo. (O fazendeiro que fornece os animais do espetáculo de hoje é um dos fornecedores de

Josh.) Na verdade, eu sempre gostei de porcos. E não somente a variedade chinesa pançuda e bonitinha. Ah, meu Deus, eu quero um daqueles. Eu gosto de cerdos, por eles serem imundos e inteligentes, por serem cruéis, mas também conhecidos por gostarem de um carinho atrás da orelha, de vez em quando. O porco é mais ou menos meu animal de poder, meu totem. Sinceramente, é uma pena que eles tenham um sabor tão danado de bom, mas naturalmente isso faz parte da minha conexão com eles.

Outras pessoas estão reunidas, de ambos os lados, possivelmente com o mesmo pensamento que eu. Sendo jovens, alunos de culinária e amigos e/ou rivais, a conversa deles contém um desafio evasivo, tendendo a demonstrações de superioridade e excedendo em conhecimento ou indiferença. Mas não acredito neles. Há um cheiro penetrante no ar, uma antecipação palpável, e não somente de uma aula de arte culinária. Estamos prestes a testemunhar, muitos de nós pela primeira vez, uma morte violenta, um assassinato, se você define assassinato como o ato de matar deliberadamente um ser inocente. E estamos todos nervosos, excitados e um pouco tensos.

Quando alguém chama, a multidão (provavelmente umas trinta pessoas) começa a se reunir em volta de um reboque de gado, um pouco longe do curral, que tem mais dois cerdos no seu interior, separados por uma grade de metal. O fundo do trailer está coberto de palha. Hans, com uma arma em uma das mãos e um vasilhame metálico de comida na outra, abre o portão, na parte de trás do reboque, para chegar ao primeiro animal, que não se retrai com a sua aproximação. Quando ele coloca o vasilhame no chão, o cerdo corre diretamente até ele e imediatamente começa a comer. Hans põe o rifle na testa do animal.

A arma disparando parece o estouro de uma rolha de champanhe. A teoria, na qual não acredito totalmente, consiste em que o crânio do cerdo é tão espesso que o tiro de pequeno calibre não faz mais do que atordoá-lo; é a picareta usada imediatamente depois, empurrada na artéria da carótida, que realmente o mata.

Hans dá o golpe com a picareta e arrasta o animal para a grama, com um puxão. O círculo de espectadores curiosos, que haviam se aproximado para poder ver o tiro, recua.

Então, é daí que vem a expressão *sangrar como um porco*. As pernas da criatura movimentam-se desesperadamente, enquanto o sangue não para de jorrar da garganta do animal. A força dos seus movimentos faz com que ele gire em círculos espasmódicos, como um dançarino de break. Todos mantêm um misterioso silêncio. Não há nenhum grito agudo de terror; o que estamos assistindo não é um sofrimento consciente, é somente a necessidade inata de qualquer ser vivo de se agarrar à vida. É como observar um paciente que, embora tenha recebido o diagnóstico de morte cerebral, luta com todas as forças, quando o respirador é desligado. Enquanto luta, o cerdo se lambuza no seu próprio sangue, que continua a jorrar torrencialmente, regando a grama alta, absorvido pelo chão, como água.

Leva aproximadamente um minuto até que o animal fique imóvel, embora pareça muito mais tempo. Hans amarra uma corda em volta das pernas traseiras do porco, apertando bem. Ele aponta para dois alunos na multidão e faz um gesto na direção da corda.

— Assumam aqui.

Dois rapazes agarram a corda e arrastam o cerdo morto para um lugar onde havia uma velha banheira de porcelana, afundada no chão. (Os homens estão em maior número em relação às mulheres neste grupo, numa relação de cerca de três para um.)

Duas cordas estão colocadas em cada extremidade da banheira. Quando os alunos empurram o corpo, ele cai pesadamente, como acontece com corpos mortos, por cima das cordas, que estão agora debaixo dele; uma perto da cabeça e a outra perto das pernas traseiras. Enquanto as pessoas se aproximam, alguns voluntários começam a pegar baldes da água fervente de um tonel, mais ou menos do tamanho de uma banheira pequena de hidromassagem, em cima de um enorme fogão a lenha, e derramam a água até o cerdo ficar submerso pela metade. Sob as ordens de Hans, quatro rapazes seguram as pontas das cordas em cada lado da banheira e puxam-nas para a frente e para trás, como um cabo de guerra, para que o corpo seja virado repetidas vezes. Quando a água para de evaporar, o pelo grosso do porco começa a se soltar e a flutuar, e as cordas expõem duas áreas longas e peladas, a pele escaldada, branca e macia. São necessárias quatro pessoas para tirar o corpo da banheira e pousá-lo em um pedaço de madeira compensada gasta.

Quando Hans pede mais voluntários, meia dúzia de pessoas ansiosamente dão um passo à frente, mas eu não sou uma delas. Digo a mim mesma que devo deixar os estudantes, que pagam por instrução, aqueles que estão aqui legitimamente, adquirirem a experiência, mas a verdade é que, no fundo, eu não quero fazer parte desta matança, que sinto de alguma forma ser menos culpável agir como observadora do que como participante ativa. Besteira, naturalmente.

Os voluntários ajoelham-se no chão, em volta do cerdo, com raspadeiras de borracha em forma de xícara nas mãos. Enquanto esfregam para retirar todo o pelo, moitas encharcadas que formam pilhas crescentes voando com a brisa, o corpo treme, a gordura ondulando sob a pele como um homem acima do peso fazendo cooper, as pernas movendo-se para a frente e para trás, como se estivesse ainda vivo e lutando para sobreviver. Mas quando todo o pelo é retirado, um trabalho que dura cinco minutos, e o cerdo permanece imóvel, pálido e inchado, aquilo já é mais carne do que animal.

O corpo é transportado a um abrigo próximo, onde há um pequeno pátio coberto, com chão de concreto. Passam uma corrente, presa por uma roldana a uma trave de madeira, em volta das pernas traseiras do cerdo, e dois rapazes de costas largas puxam a outra ponta para içá-lo, até que ele fique pendurado.

A parte seguinte é quando a matança encontra o ofício do processamento de carnes, quando tudo começa a parecer muito familiar para mim. Depois de dar algumas passadas sibilantes pela chaira com sua faca, um objeto simples, não muito maior do que a peça que eu uso na loja, Hans, num gesto simples, corta o cerdo, de uma ponta a outra. Depois, alcança o interior, retira as tripas pálidas, e as joga em um grande balde. O fígado é retirado, assim como o coração, que há pouco trabalhava eficientemente para bombear o sangue da criatura do seu pescoço, o estômago, os pulmões junto com a traqueia, até a garganta do animal, terminando na língua azul, cortada com um único golpe. Ele retira a cabeça, lentamente, e a pousa em um canto. O que sobra, o corpo vazio, as bordas da sua barriga cortada, penduradas como uma cortina, é mais ou menos exatamente o que eu vejo no Fleisher.

A CIA ensina o abate, mas não detalhadamente. A maior parte dos seus alunos adquire aproximadamente sete aulas no processamento de carne, apenas algumas dessas aulas incluem a prática que envolve participação ativa. Então, o que agora, depois de três meses, é completamente familiar para mim, exerce um grande fascínio sobre eles. Depois que o cerdo foi dividido ao meio com uma rápida passada de serra, os alunos se alternam inclinando-se para dar uma olhada nos lados, apontando as costeletas, tentando achar a parte de onde vem o *Boston butt*.* (A paleta, eu poderia ter-lhes dito, é o mesmo músculo equivalente ao "acém" na vaca.) Eu recuo, para deixá-

---

* Corte do porco muito apreciado no sul dos Estados Unidos. (*N. da T.*)

los chegarem mais perto. Para mim, já acabou. O cerdo foi convertido, de um animal de fazenda que grunhe satisfeito, a nada que eu não tenha visto antes, em menos de dez minutos.

Hans já está carregando o rifle novamente.

Eu me obrigo a observar o "processamento" de mais um animal. Quando Hans entra no segundo chiqueiro, o animal não se levanta, apenas permanece resoluto, com o queixo entre as patas e com os olhos para cima. Ele não parece apavorado, mas lembra tanto Robert, o meu cachorro, quando eu volto para casa e descubro que ele remexeu na lata de lixo, que não consigo evitar o pensamento de que ele deve ter compreendido que algo ruim está prestes a acontecer.

Uma parte de mim acha que eu deveria ficar, aguentar firme — eles têm mais meia dúzia de animais para matar — mas, em vez disso, volto para o carro, que está estacionado na beira da estrada. Vi o que precisava ser visto; dois foram o bastante para mim.

Volto ao açougue, uma viagem de meia hora na bela manhã, e chego antes de abrir. Quando passo pela porta, Josh diz:

— De volta dos campos de matança. Marcou para o resto da vida? É duro, não é?

Faço uma cara de traumatizada e respondo:

— Bem intenso.

Mas a verdade não é tão simples. Acho que estou mais incomodada por não estar nem um pouco incomodada. Acabo de ver a criatura morta estripada e estou, de certa forma, bem com isso.

Quando estou amarrando meu avental, Aaron se aproxima com algo não identificável, espetado em um garfo.

— Prove.

— O que é isso?

— Apenas abra a boca.

— É algo repugnante?

— Não — diz ele, erguendo uma sobrancelha. — Mas se fosse eu também não diria. — Obediente, abro a boca e fecho os olhos. Mastigo.

— Não é tão ruim. O que é?

Aaron abre um sorriso.

— Coração.

— Coração?

— Coração de vaca grelhado. Gostou?

— Gostei. Desculpe, mas você precisa se esforçar mais para conseguir me assustar. — Aaron faz uma cara de *"quem, eu?"*.

— Não estou tentando assustar ninguém. Estou tentando ensinar você. Ensinar!

— Aham.

— Ei, Julie? — grita Jessica, que está mais arrumada do que o habitual, com uma calça jeans apertada, enfiada em botas de couro e uma bela blusa preta com um decote drapeado. Seu cabelo não está crespo e preso, como de costume, mas solto e liso, bem penteado. Acho até que ela está maquiada, embora não pareça estar feliz.

— Qual é a ocasião especial?

— Eu vou a um dos restaurantes que compra nossos produtos, daqui a algumas horas. Josh... não pode ir. Ou não quer. Quer ir comigo? É um lugar excelente e eu aposto que o jantar vai ser de graça.

— Claro! — respondo, engolindo o meu pedaço de coração.

A viagem de Kingston ao restaurante levará aproximadamente uma hora e meia. Seria um pouco menos se Josh, o demônio da velocidade, estivesse dirigindo o seu pequeno Mini, mas esta noite seremos somente Jessica e eu, na sua grande perua vermelha. Abro o espelho no para-sol e dou uma olhada.

— Meu Deus, estou horrível.

— Que nada, você está ótima.

— Ah, obrigada, mas eu realmente não estou.

Não tenho nenhuma roupa no açougue, a não ser o jeans e a camiseta do Fleisher que eu estou usando. O meu cabelo está desarrumado e grudado de suor, estou sem maquiagem e corada, pelos esforços do dia. Além disso, estou fedendo. Passo os dedos pelo cabelo algumas vezes, mas logo desisto e me acomodo no banco do carro, enquanto Jessica entra na rotatória que nos leva à praça de pedágio da New York Thruway.

— Ouvi falar muito sobre este lugar, mas acho que sou a última pessoa viva que nunca foi lá. Até Eric já foi, com a ex dele.

— Ex? Eu pensei que vocês dois estivessem juntos desde que nasceram.

— É... Mais ou menos.

Jessica olha para mim.

— *Ahh.*

Faço uma careta tímida. Estava tudo indo muito bem até agora, mas suponho que um pouco do que está constantemente corroendo meu interior estava fadado a ser exposto qualquer dia. Para falar a verdade, sinto-me aliviada. Conter a vontade de tagarelar é exaustivo.

— É. Foram alguns anos bem interessantes.

Uma vez que as comportas da conversa feminina se abrem, fechá-las novamente não consiste realmente em opção. Em menos de meia hora, eu já tinha explicado as indiscrições do Eric e as minhas, lamentado a perda do meu amante e admitido a minha preferência por um pouco de turbulência.

— Uau. Se Josh dormisse com alguém... Não acho que conseguiria tolerar. Às vezes eu mal posso suportá-lo do jeito que é.

— Eu sei. O que está acontecendo com vocês dois ultimamente? Quer dizer, se eu puder perguntar? Jesse disse que houve uma briga, ontem.

Josh e Jessica não faziam nenhum esforço para disfarçar as brigas que tinham na frente dos rapazes, no açougue. Todos sabem que eles discutem, bem na mesa de corte, gritando e bufando, irados. Depois saem, zangados, em direções opostas, reclamando, enquanto os outros são completamente ignorados. Mais tarde, quando a tensão diminui, Josh refere-se à briga como "papai e mamãe brigando na frente das crianças".

Jessica revira os olhos.

— Nossa! Vou dizer uma coisa para você: marido e mulher trabalhando juntos... Basta eu tentar fazer com que ele se concentre em algo que ele não quer e ele simplesmente perde as estribeiras. Faz um espalhafato danado sobre estar ocupado demais para sair esta noite, como se eu o estivesse perturbando.

Está começando a anoitecer, as nuvens altas estão mais escuras. Jessica liga a seta para pegar a saída para Tarrytown.

— Eu fico espantada como vocês dois podem brigar assim. Eric e eu praticamente *nunca* brigamos de verdade. Mesmo durante a pior fase...

— E isso é bom?

— Não sei. É mais *fácil*. Houve uma única uma vez, no entanto, que ele levantou no meio da noite e quando eu acordei, na manhã seguinte, ele tinha tirado todas as facas do cepo e alinhado no balcão da cozinha...

Jessica me olha de relance.

— Nossa, isso é psicótico.

— Ah, eu acho que ele só estava se sentindo culpado porque tinha quebrado uma das minhas facas, apunhalando uma tábua de corte...

— E por que ele fez isso?

— Ah, ele estava zangado. Eu desperto isso nele, eu acho. Às vezes chego a pensar que eu o arruinei. Ele era uma alma doce quando o conheci.

— Você tem noção de que isso é loucura, certo?

— Acho que sim.

Paramos em uma entrada de cascalho, que leva à porta dos fundos de um edifício de pedra, de formato irregular. Parece ser a entrada dos funcionários do restaurante.

— Bem, cada casamento tem o seu próprio inferno às vezes, certo? — diz Jessica, enquanto descemos da perua, batendo as portas. Um leve cheiro de estrume animal flutua no ar. Verifico, mais uma vez, o meu cabelo com o formato de chapéu e os meus sapatos e camiseta respingados de carne.

E ela simplesmente entra pela porta. É o tipo de coisa que eu nunca faria: adentrar diretamente um lugar agitado, cheio de gente ocupada, executando um trabalho importante, para achar a pessoa que eu estou procurando. Sou mais do tipo de ficar na porta, olhando assustada. Mas eu a sigo pelos corredores estreitos e revestidos de azulejos terracota, até uma porta.

— Ei, Dan. Você tem um minuto?

O chef é um homem magro, de lábios grossos, testa alta, nariz grande e olhos grandes e escuros. Ele abre um sorriso preguiçoso.

— Claro — responde ele, estendendo a mão de dedos longos, olhando nos olhos de Jessica, daquele modo que determinadas pessoas fazem, depois se vira para mim.

— Esta é Julie. Ela é aprendiz no açougue.

— É um prazer.

Ele aperta a minha mão e também me olha nos olhos.

— Peguem uma cadeira.

Após as apresentações, Dan dedica toda a sua atenção a Jessica. Eu apenas permaneço quieta, tentando parecer atenta e humilde, enquanto os dois falam sobre abates, orçamentos e aprovações do FDA. A conversa dura uns vinte minutos; eu tento me manter entretida, olhando, de vez em quando, as hordas de funcionários do restaurante sob o controle do chef, movimentando-se apressadamente de um lado para o outro na cozinha reluzente, do lado de fora do escritório. Às vezes, observo Dan falar com Jessica. Eu conheço o seu estilo, conheço até demais: o olho no olho, inabalável, depois interrompido, os dedos brincando na borda dos objetos na mesa, a risada baixa, divertida apenas o suficiente. Eu sou uma babaca para esse tipo de comportamento, mas parece não ter nenhum efeito em Jessica. Ela ri alto, só quando Dan diz algo que o mereça, e pisca os olhos despreocupadamente ou exagera na expressão, de brincadeira, sem um traço de consciência ou estratégia. Tenho inveja dela.

— Preciso voltar ao caos, mas obrigado por vir. Vocês vão ficar para o jantar, certo?

— Seria ótimo, obrigado.

— Muito bem. Vamos providenciar algo para vocês.

Jessica revira os olhos, enquanto somos conduzidas até o salão, onde me destaco como uma guerreira suja na luz suave.

— O que foi?

— Estou achando graça do que ele disse: "Vamos providenciar algo." Você vai ver o que isso significa.

E é verdade. Nas próximas duas horas e meia, Jessica e eu devoramos enormes porções de uma comida maravilhosa, deliciosa: pequenos bulbos de erva doce, costeletas de porco tão pequenas que nos assustam (este porco já tinha saído do ventre?), fatias de maçã finas como papel. Duas horas depois, não serei capaz de lembrar de tudo o que comi. Sou uma comedora campeã, mas isso me faz sentir derrotada. Há um momento que faz a maratona valer a pena: o bombom de porco.

É bem pequeno, um quadrado de 2 centímetros e em formato perfeito. É servido como coração de porco, mas não se parece com o coração que Aaron pôs na minha boca, mais cedo, uma fatia de carne escura. Parece ter uma textura cremosa, como um patê. O quadrado é imprensado entre dois wafers, incrivelmente finos e crocantes, de chocolate meio amargo.

Jessica e eu ficamos inseguras. Apanhamos os quadrados e enfiamos os confeitos na boca, ao mesmo tempo.

Você já teve um orgasmo com comida alguma vez na vida? É muito parecido com o tradicional: incontrolável, seguido de gemidos indecorosos, um tanto embaraçosos para experimentar em lugares públicos. Ao deixar os bombons de coração de porco derreter nas nossas línguas, Jessica e eu alcançamos êxtases simultâneos.

— Meu Deus...
— *Cacete!*

Jessica joga a cabeça para trás. Eu me delicio e bato as mãos abertas no tampo da mesa. Os nossos olhos se encontram e é mágico.

Cinco segundos depois, ainda um pouco corada, aproximamos nossas cabeças e começamos a fazer planos, porque, depois de comer o seu primeiro bombom de coração de porco, você pode passar o resto da vida tentando comer mais.

— Não pode ser só coração. A textura é muito macia. Eu acho que deve ter fígado, talvez creme...

— Certo. Mas ainda assim era bem carnudo e escuro. E também os wafers, biscoitos, ou seja lá o que for, estavam tão finos e crocantes, parecidos com uma simples cobertura de chocolate crocante.

— Mas, justamente, o menor pedaço de doçura...

A viagem para casa é tranquila, com as duas tentando manter a distância os efeitos soporíferos de 15 porções de comida. Apoio a cabeça contra o vidro gelado da janela, distraidamente.

— Eu gostaria de saber se ele teria gostado daquela refeição. Se ele teria apreciado.

— Quem? Eric? Ou... Qual é o nome, mesmo? Você está falando do outro cara?

— É. Ele nunca pareceu importar-se realmente com comida. Aliás, ele nunca pareceu se importar realmente com nada com que eu me importava. Era sempre esse maldito interesse bem-educado.

— Isso não parece nada divertido.

— Mas quando ele realmente apreciava algo era muito emocionante. Lembro-me de mostrar-lhe um filme que eu gostava e ele adorou.

— Isso é bacana da parte dele — zomba Jess.

Eu dou de ombros.

— Será que o Eric teria gostado? Será que teria gostado de bombons de coração de porco?

— Tá brincando? Ele teria enlouquecido. Teria passado mal com toda aquela comida.

— Bem. Você compartilha coisas com pessoas que querem que você as compartilhe. Que entendem. Senão, qual é a graça?

— Acho que você tem razão.

Quando Jessica me deixa em casa, em Rifton, é quase meia-noite.

— Obrigada pelo jantar, pela carona e tudo mais.

— Obrigada por servir de copiloto. Nos vemos amanhã. Quer uma carona, já que você deixou o carro no açougue?

— Seria ótimo, se não for incomodar.

— De jeito nenhum. Até amanhã.

— Até amanhã. — Desço do carro, começo a fechar a porta e então paro. — Ah, é... sei que parece esquisito, talvez, mas será que você poderia não mencionar sobre o que conversamos esta noite? Eu não gostaria que esse assunto chegasse ao açougue.

— Não conto se você não contar. — Jessica se despede com um aceno de mão e faz o retorno para pegar o caminho do qual acabamos de vir. Tento achar as chaves no bolso.

Não estão lá. Abro a bolsa, procuro... nada. Espere um minuto... como é que pode? Procuro mais uma vez. De novo, nada. Não é possível, simplesmente não é...

Falta de percepção. Meu chaveiro. Eu o dera a Josh para que ele pudesse tirar meu carro do estacionamento 24 horas. O meu chaveiro, entenda-se, aquele com as minhas chaves.

É impressionante quantas vezes isso já me aconteceu. Nos últimos dois anos, desde que comecei a sair com D., fiquei trancada do lado de fora, provavelmente, meia dúzia de vezes. Em uma dessas ocasiões, eu tentei entrar pela janela do segundo andar do apartamento no Queens, subindo em dois engradados de leite empilhados. A mancha roxa resultante no meu quadril, quando caí no chão, era tão grande e escura que nem Eric, com a sua imaginação febril, zangada, pôde pensar em atribuí-la a uma transa selvagem com outro homem. Estou praticamente certa de que há um sistema, razoavelmente complexo, de culpa e autopunição no fundo de tudo isso.

Tenho um vizinho no andar de baixo, mas bater na porta repetidas vezes e tocar a campainha, acorda apenas um cachorro que não para de latir. Desistindo dessa tática, ando em volta do prédio, procurando algum modo de entrar. Encontro uma escada, não muito resistente, que dá até a calha e, ao subir, vejo que posso alcançar a janela da cozinha.

Pena que esteja trancada! Eu empurro diversas vezes, mas não adianta. Penso até em quebrá-la, mas não consigo evitar a visão horrível de ferir os pulsos nos cacos de vidro e não levo a ideia adiante. Enquanto isso, o meu medo de acordar os vizinhos e levar um tiro, antes de conseguir explicar o que está acontecendo, desapareceu. E eu parei de andar na ponta dos pés. Chego até a pisar forte. Mas nem uma luz se acende, nem uma voz se ouve. Até o cachorro parou de latir.

Sento no telhado. Está ficando frio. Bem frio. Tiro o BlackBerry do bolso do casaco e fico surpresa ao ver que tenho uns dois tracinhos de serviço, ainda que a bateria esteja acabando. É meia-noite e meia. Busco a lista de telefones e clico em *Call* quando surge "marido" na tela. Deixo uma mensagem. *Adivi-*

nha onde eu estou? Duvido que você consiga acertar. Estou no telhado do meu apartamento. Trancada do lado de fora. E... ah, ouça... está começando a nevar. Não sei exatamente o que posso pedir que você faça para me ajudar, mas, se ouvir esta mensagem, me ligue.

Procuro outro número na lista, o código de área da costa oeste. Toca apenas uma vez, antes de cair na caixa postal. Eu sei que D. está acordado; ele nunca dorme antes das 2 ou 3 horas. Não é a sua voz que atende a caixa postal; é somente uma voz automatizada, dizendo que a pessoa para quem estou ligando está indisponível. Murmuro algumas palavras com voz de choro e parecendo mais bêbada do que de fato estou e explico que estou na rua, em cima do telhado, com frio, cansada e solitária. Sei que ele não ligará de volta, claro, embora toda vez que eu me encontro em situações deste tipo, eu pense: *Esta circunstância tocaria o coração dele?*

Eric telefona, quando estou descendo a escada instável. Eu suspiro. A sua regulação de tempo é sempre tão inconveniente!

— Oi, amor. Por que você não vai para um hotel?

— Estou sem carro. Deixei no açougue. Sua voz está sumindo. A bateria do meu telefone vai acabar. Puta que pariu!

— Tudo bem, ouça. Vou pedir um táxi para você. Qual é mesmo o seu endereço?

— Como você vai chamar um táxi?

Agora estou na rua, em frente de casa, em um círculo brilhante de neve, iluminado pela luz do poste, arrastando os pés no fino mas crescente monte de neve. Não passa um único carro, e não há uma alma por aqui.

— Conhece uma coisa chamada internet? Vou procurar uma empresa e ligo de volta. Se eu não conseguir falar com você...

— Não vai. A bateria está acabando.

— Está certo. Bem, vou pedir um táxi. Telefone quando chegar em um hotel. Te amo.

Eu desligo sem dizer tchau, como se toda esta confusão fosse culpa dele.

O táxi demora mais de uma hora; teve de vir de Kingston.

— Olá — diz o motorista enquanto entro no carro. — Ficou atolada na neve?

— Trancada do lado de fora.

— Puxa vida! Vai para onde?

— Não há um hotel em direção a New Paltz? Pela autoestrada?

— Hotel 87, sim. Vamos lá.

— Ótimo — respondo aliviada, recostando no assento, completamente exausta. — Perfeito.

O lugar consiste basicamente no que se espera de um hotel de beira de estrada: luz amarelo-escura no banheiro e carpete cinzento. Mas há uma cama e um aquecedor. Abro a porta do quarto e caio na cama: já passa das 2 horas. Pego o telefone e ligo para meu marido. Quando ele atende, percebo que estava dormindo.

— Sou eu. Estou sã e salva.

— Que bom, amor.

— Obrigada. Ligo para você de manhã.

— Está bem...

Ele está com aquele tom rouco, preguiçoso, de quando não está totalmente acordado.

— Durma bem, amor.

— Você também.

Consigo tirar a roupa, mas não as lentes de contato. Durmo com elas, nua, debaixo da colcha gasta e de má qualidade. Quando acordo na manhã seguinte, tomo um banho, finalmente me livro do cheiro de carne, com sabão de hotel barato e nenhum xampu. Então ligo para Jessica.

— Você nem imagina. Aconteceu uma coisa engraçada ontem à noite, depois que você me deixou... — E conto toda a história, incluindo cada detalhe.

— Sua boba. Por que não me telefonou? Você poderia ter dormido na minha casa.

— Eu não queria que você precisasse voltar àquela hora da noite.

Na realidade, nem pensei em ligar para ela. Por que não pensei em ligar para ela? Por que sempre me vem à cabeça ligar para aqueles dois homens distantes, em vez da mulher próxima que poderia, talvez, me ajudar?

— Bem, isso foi estupidez. Você está no Hotel 87, certo? Saída 18?

— Esse mesmo. Desculpe.

— Tudo bem. Estarei aí por volta das 9 horas.

— Obrigada, Jessica.

— Não tem problema. Até daqui a pouco.

Estou de volta ao açougue por volta das 10 horas naquela manhã, cortando carneiros. Meu cabelo ainda não está limpo. Estou usando as mesmas roupas de ontem, e me sentindo exausta. O trabalho é tudo que me mantém acordada.

Osso duro de roer

AARON ESTÁ FRAGMENTANDO um lombo de porco em costeletas para serem colocadas na vitrine. Eu estou na mesa, limpando costelas de porco, quando ele me chama:

— Ei, Jules, quer praticar com a serra?

A serra de fita é uma máquina de aproximadamente 2 metros de altura, com uma fina lâmina metálica dentada, esticada verticalmente e com os dentes virados para a frente, na junção de uma superfície metálica estável e uma chapa deslizante, tudo isso na altura do balcão.

— Huum...

Ainda fico um pouco insegura perto da coisa; ferramentas não combinam muito comigo. Mas não posso demonstrar fraqueza na frente do Aaron, então respondo:

— Claro.

Já não é a primeira vez que ele me ensina o processo, passo a passo. Desliga a máquina, abre compartimentos na parte de cima e na parte de baixo, indica como a lâmina é uma grande faixa de metal flexível, encaixada em duas polias. Quando a lâmina é retirada para ser lavada, o que acontece todos os dias, ela pode ser aberta formando um círculo tão grande que eu poderia ficar dentro dele, de braços e pernas esticados como o Homem Vitruviano de Leonardo da Vinci. Aaron me mostra como a lâmina trava e destrava, para que serve cada botão e as posições corretas das alavancas, para ter certeza de que tudo está seguramente no lugar.

(Aaron é extremamente minucioso. Suas demonstrações de como cortar carne, fazer o rosbife perfeito ou usar a pedra de amolar são extremamente detalhadas. Ele chega ao ponto de corrigir a minha posição ao mexer a sopa, em frente ao fogão.)

Após verificar tudo e ter certeza absoluta de que guardei na memória cada detalhe do funcionamento da máquina e o processo completo de desmontar a serra e montá-la de volta (o que naturalmente não decorei), ele me leva para o lado, liga a máquina novamente e aponta para um grande botão vermelho, no canto superior esquerdo do aparelho.

— Então, quando você puxa este botão vermelho aqui, a lâmina começa a girar. Você tem que ficar de pé assim, ao lado. *Nunca* fique na frente da lâmina; se acontecer alguma coisa, um osso emperrar ou a lâmina girar mais rápido do que você está esperando, é cair sobre ela e já era. Portanto, lembre-se de ficar ao lado, certo?

— Certo.

— Agora, fique em frente à borda deslizante, aqui. É sério, empurre o quadril na direção dela. Firme o corpo. — Ele está com a ponta menor de uma peça inteira de costela de porco, introduzida na borda metálica da chapa deslizante. — Certifique-se de que, seja lá o que estiver cortando, esteja pousado da forma mais estável possível, com a parte mais achatada da carne virada para baixo.

Ele demonstra, rolando a costela para a frente e para trás, até a ponta do osso da costela.

— Se cortar deste jeito, equilibrado na ponta, vai agarrar na lâmina, rolar, a sua mão vai sair e alguma coisa vai acabar cortada. Portanto... achatado, assim.

Com a máquina ainda desligada, ele me mostra como usar a pressão dos quadris para mover a chapa para trás, segurando firme na costela, a uma distância segura da lâmina, alinhada para cortar diretamente entre as costelas e entre a espinha dorsal.

— Apoiando, afastada, o tempo todo, com movimentos suaves, nem muito rápido, nem lento demais. E quando quiser parar, apenas aperte o botão vermelho novamente. Entendeu?

— Entendi — respondo, sem ter certeza absoluta de que entendi.

— Tudo bem, experimente.

— Huum. Está certo. Estou com medo. — Mas quando ele vai para o lado, tomo o seu lugar na borda da máquina, pressiono o osso da pelve na ponta da chapa. Pego a costela e a coloco achatada, forçando para baixo.

— Não tenha medo. Respeite. *Respeite* a serra.

— Estou pronta. — Respiro e puxo o botão. A serra faz um ruído e eu começo a cortar. Em poucos minutos, consegui cortar meia dúzia de costelas. O cheiro de osso queimado é forte. Meus dedos estão terrivelmente perto da lâmina. Não tenho coragem de cortar os últimos pedaços. Aperto o botão e deixo a serra girar até parar. Aaron corta o restante, demonstrando uma atitude muito mais casual em relação à máquina do que ele tentou me inculcar. Mas quando se é um mestre, pode-se realizar as coisas de modo mais simples.

Aaron realmente gosta de ter um aprendiz. E eu, a aluna dedicada que sou, adoro exercer esse papel. Uma coisa de que acho que nós dois gostamos, embora não seja falado abertamente, são as suas tentativas descaradas de me deixar enojada, e a minha resistência a cada tentativa, com estômago de ferro, corajosa. As cabeças de porco que vêm em uma caixa de papelão com o resto dos miúdos aproveitáveis, a cada vez que recebemos algumas peças de porco, dão a ele várias oportunidades de quebrar a minha resolução. A primeira vez que chegaram, ele as retirou das caixas e as alinhou sobre a mesa.

(Josh, naturalmente, não resiste e segura uma das cabeças em frente ao rosto, como se fosse uma máscara, só de brincadeira. Eu bato uma foto.)

— Muito bem, vamos cortar as bochechas.

Eu nem pisco.

— Tudo bem.

Bochechas de porco são como as nossas: círculos carnudos. Sinta no seu próprio rosto, se quiser, enquanto descrevo: cortando a partir da articulação do osso maxilar, levante a faca sob a ponta do osso malar descendo até o arco dos dentes superiores, levemente em volta do canto da boca e para baixo, seguindo a linha da mandíbula até a articulação. O resultado é uma massa de carne e gordura, não exatamente redonda, que cabe na palma da mão e que Josh pode vender a restaurantes da cidade porque bochecha de porco é uma das coisas mais deliciosas que se pode imaginar. Se tiver oportunidade de adquiri-las, você pode prepará-las da seguinte forma:

Bochecha de Porco Refogada

2 colheres de sopa de óleo vegetal
1 colher de sopa de manteiga
4 bochechas de porco
2 cebolas médias, cortadas grosseiramente
6 dentes de alho descascados

6 tomates-cereja, cortados grosseiramente
2 ramos de alecrim fresco ou 1 colher de chá de alecrim desidratado
2 galhos de tomilho fresco ou 1 colher de chá de tomilho desidratado
2 folhas de louro
Sal e pimenta a gosto
2 xícaras de vinho tinto seco

Preaqueça o forno a 160º C.

Aqueça o óleo e a manteiga até o ponto de "quase queimando" em uma caçarola refratária em fogo de médio a alto. Doure as bochechas de ambos os lados e reserve. Coloque as cebolas e o alho e refogue até dourar. Acrescente os tomates e os temperos e cozinhe durante alguns minutos, mexendo sempre, até os tomates começarem a soltar líquido. Coloque as bochechas de volta na caçarola e acrescente o vinho. Deixe ferver, tampe a panela e leve ao forno. Asse por aproximadamente três horas, até ficar totalmente macia. Dá para quatro pessoas.

Sirva acompanhado de macarrão ou polenta. Não conte aos convidados mais sensíveis exatamente o que eles estão comendo.

Aaron demonstra como cortar as bochechas pela primeira vez, e sem hesitação, apanho uma faca. Desde que comecei a trabalhar aqui, descobri que tenho uma coragem surpreendente para esse tipo de coisa, se comparado com a maioria das pessoas que entram no açougue, e até com alguns rapazes que trabalham aqui. Mas uma coisa realmente me incomoda. Então, na próxima vez que Josh passar, eu o chamarei, assegurando-me de que Aaron esteja longe o suficiente para não ouvir o que eu vou perguntar.

— Existe alguma possibilidade de cortar... o cérebro? Parece que o cérebro é algo que deve ser evitado. Ou, não sei, o olho?

Josh olha com atenção para a peça a ser cortada. Eu mostro a impressão que eu tenho, quando estou cortando no extremo da bochecha, de estar perto demais de algumas áreas sensíveis.

— Acho que isso não acontece — diz ele, sem parecer inteiramente seguro do que está dizendo.

O açougue está cheio de clientes; é tarde de sexta-feira, sempre uma hora de muito movimento. Josh dá uma olhada sobre o ombro para a fila agitada. Aqui no Fleisher não somos tímidos, mas, ao mesmo tempo, fazemos questão de respeitar nossos fregueses, alguns dos quais podem ser um tanto sensíveis. Jessica já perdeu as contas de quantas reclamações recebeu de mães escandalizadas, sem saber como agir para explicar aos filhos pequenos a razão de haver homens com jalecos brancos saindo do caminhão, estacionado em frente, entrando no açougue com cordeiros inteiros, esfolados, por cima dos ombros, com os olhos arregalados, dentes expostos e língua para fora. (Os cordeiros, não os homens.)

— Se acontecer, entretanto, isso é o que você deve fazer — diz ele com eufemismo pouco característico, quase sussurrando —: pouse lentamente a faca, tire o avental, vá ao banheiro e vomite.

— Isso é exatamente o que eu faria.

Mas nunca corto o cérebro, e logo estou "desbochechando" cabeça de porco, como uma profissional. É, de fato, um trabalho de que eu gosto, de um modo pervertido. Eu gosto de segurar a cabeça pelas orelhas e virá-la de frente para mim, expor os dentes pontudos, observando como é o osso maxilar sob a camada de carne e as embalagens arrumadinhas.

— Muito bem — diz Aaron. Eu posso estar imaginando, mas acho que consigo ver a mente dele trabalhando enquanto tenta decidir o que lançar para mim depois. — Corte as orelhas também. Vamos defumá-las e fazer petiscos para cachorros.

— Está bem. — Elas se soltam com dois cortes rápidos, expondo os tubos brancos dos canais auriculares.

— Muito bem. — Ele vai para a cozinha, enquanto eu me encarrego de outra tarefa, ensacando fígados e rins para guardar no congelador, desmembrando algumas peças, o que eu ainda não consigo fazer em menos de um minuto e 25 segundos, mas já me acostumei. Quarto dianteiro do lombo, lombo e barriga separados, lombo do traseiro, todas as partes empilhadas em um carrinho de supermercado adaptado, que será levado de volta à geladeira, uma visão agradavelmente grotesca, um sonho psicótico de compras.

Logo depois, Aaron volta e posso ver, pelo brilho no seu olhar, contrariando a expressão metódica do seu rosto, que ele tem um novo desafio.

— Jules. Acabei de falar com Josh. Vamos fazer queijo de porco.

— Tudo bem.

Na minha opinião, queijo de porco talvez seja o maior exemplo de uso impróprio no mundo culinário, já que, enquanto algumas pessoas podem ficar um pouco nauseadas por causa da definição — a carne retirada da cabeça fervida do porco, cortada, temperada, e colocada em geleia de carne —, certamente é menos repugnante do que as imagens invocadas pelas palavras *cabeça* e *queijo* na mesma receita. Já sei disso, e imagino que posso aguentar qualquer coisa, desde que não envolva nenhuma substância coagulada pálida não identificável do interior da cabeça do porco.

— O que precisamos fazer?

— Primeiro, temos que conservar estas cabeças em salmoura, durante uma semana. Tem uns baldes grandes brancos de plástico, nos fundos, ao lado da pia. Pegue alguns e lhe ensinarei como preparar a salmoura.

Então, seguindo as instruções de Aaron, faço uma mistura de água, sal, vinagre de maçã e temperos nos baldes. Quando pego a primeira cabeça para enfiar na mistura, entretanto, fica rapidamente óbvio que elas não cabem no balde.

— Bem, nós as cortaremos ao meio, na serra. Você pode fazer isso, certo? — Claro.

— Há um truque para isso. — Claro que há. — Vou mostrar a você.

Aaron leva uma cabeça até a serra, fica *em frente* à lâmina (pensei que não se podia ficar nessa posição!), equilibra a cabeça na ponta do focinho (não a maneira mais firme, achatada de segurá-lo) com a boca na direção dele, e inclina-se para a frente (inclina-se para a frente!) para abri-la, indicando-me os dentes na frente do palato sulcado.

— Estes dentes são, na verdade, mais duros do que a serra, portanto você tem de parar, antes de chegar lá, deslizar para trás e terminar o trabalho com um cutelo. Pode quebrar a lâmina com os dentes, e se essa coisa ficar solta, batendo como um chicote, já era.

Não reajo às imagens atordoantes que ele trouxe à minha mente.

— Entendido.

— Tudo bem. Pode fazer. Vou observar você fazer o primeiro.

Estou prestes a puxar o botão para ligar a máquina quando Josh aparece, horrorizado.

— O que é que você está fazendo? Se cortar desse jeito, você expõe o cérebro. Isso contamina a salmoura.

— Jules vai retirá-los — responde Aaron sem demonstrar que está sentindo prazer com a iminente perspectiva de fazer a aprendiz remover cérebros de porco.

Josh ergue as sobrancelhas, até quase à raiz dos cabelos, ao cantarolar com ceticismo:

— *Tuuuuudo bem.*

Então a máquina é ligada e, segurando a cabeça pelos ossos expostos, inclinando-me para a frente, recusando-me determinadamente a alimentar a ideia de que, de alguma maneira, posso tropeçar para a frente e cortar o rosto ao meio, deslizo lentamente a coisa pela lâmina barulhenta, passando pelo queixo, até onde imagino que fiquem os dentes inferiores, deslizo para trás e aperto o botão vermelho para parar a rotação perigosa. Apanho o corte que acabei de fazer, puxo a cabeça para baixo em duas metades, unidas pelo pedaço do palato dianteiro e lábio ainda não cortados.

— Pronto.

É de fato uma visão bastante impressionante, a cabeça partida ao meio, expondo o formato do interior da boca, a linha dos dentes, o osso extremamente espesso da cabeça (definitivamente eu nunca iria cortar aquilo acidentalmente, ao retirar uma bochecha, e finalmente acredito na certeza de Hans sobre a bala de pequeno calibre não penetrar neste osso), e as duas metades do cérebro, surpreendentemente pequeno, pálido e úmido, aninhadas como ostras nas suas próprias conchas. Antes de Aaron dar as instruções, esvazio cada metade com as mãos.

— E pronto.

Jesse assiste, fascinado e um tanto assustado:

— Uau.

Entrego o cérebro a Aaron.

— Quer aproveitar isso para alguma coisa?

— Pode jogar fora — diz ele, indiferente. Obedeço, atirando-o no lixo, com o mesmo ar impassível. Toda essa frieza é, direi, em parte fingimento, mas também não estou especialmente enojada pelo que acabei de fazer. O cérebro era coisa limpa, tinha a aparência exata que os cérebros devem ter.

— Viu? Fácil. Agora você só precisa cortar o pedaço dianteiro com um cutelo. — Ele traz a cabeça, quase dividida em duas partes, para a mesa ao lado da serra, a fim de fazer a demonstração. — Quando usar o cutelo, mantenha sempre a outra mão nas costas. Não quero sua mão perto da faca.

Aaron não assume, mas acho que ele está, pelo menos um pouco, impressionado comigo. Ou deveria estar.

Termino as quatro cabeças, serrando, esvaziando e fazendo o corte profundo. Não vou muito bem com a última etapa, da mesma forma que nunca fui boa em rebater uma bola de beisebol com um bastão ou uma bola de bilhar com um taco. A ideia de um cutelo consiste em força intensa, diferente do corte da lâmina. É para despedaçar, atravessar o osso. Trazê-lo com força, de uma altura acima da sua cabeça até o ponto que precisa ser cortado, exige força e precisão. Geralmente, eu só consigo realizar um de cada vez — ou força ou precisão —, se tanto. Com a mão direita, conscientemente posicionada nas costas — o instinto manda segurar a carne com ela, mas Aaron tem razão, o meu objetivo é perigoso demais para arriscar minha mão perto da faca — faço o corte profundo, depois de algumas tentativas. No início, estou muito insegura, depois cometo alguns erros. Ainda bem que algumas marcas irregulares de cortes assimétricos não fazem diferença neste caso. Coloco as cabeças nos baldes de salmoura, ponho as tampas, e escrevo a data com marcador permanente em fita crepe. Elas vão ficar no frigorífico durante uma semana, mais ou menos.

Naquela semana, Aaron não aparece com nenhum outro desafio à minha fortaleza intestinal. Ele me oferece carne crua, diretamente do moedor, e jogamos um pedaço na boca ao mesmo tempo.

— É doce, não é?

— É mesmo. É verdade. Bom.

Ele prepara um bife *"black and blue"*, muito rapidamente, em fogo alto, de forma que a parte de fora fique tostada e escura e a de dentro, fria.

— Bem do jeito que eu gosto. — Não estou mentindo, exatamente. Exagerando um pouco, talvez, ou nem isso.

Então é hora do queijo de porco, Etapa II. Primeira atividade em uma terça-feira pela manhã. Aaron retira as cabeças de porco que estão imersas na salmoura. A carne agora está pálida, inchada e com um desagradável cheiro de azedo. Na maior panela que há na cozinha — uma peça bem grande, provavelmente 75 centímetros de diâmetro e tão alta que, quando colocada no fogão, sou obrigada a ficar na ponta dos pés para olhar lá dentro — cozinhamos vários litros de caldo de porco em fogo lento, depois acrescentamos as cabeças, até a panela ficar cheia de meias-cabeças gordas, medonhas, com os dentes à mostra, olhos ainda no lugar, embaçados e murchos, flutuando no caldo grosso. O cozimento se dá durante todo o dia; à noite, Aaron as retira para esfriar em grandes bandejas, até o dia seguinte.

No dia seguinte, pegamos das bandejas a carne, que agora se solta facilmente do osso. Tiramos os maxilares, crânios e também os palatos duros sulcados, dentes desgarrados, montes de cartilagem, globos oculares murchos.

Os globos oculares me causam certo incômodo, devo admitir. Mas estarei arruinada se demonstrar isso. Com habilidade, deslizo a mão pelos resíduos das cabeças, enquanto Aaron filtra o caldo usando um tecido de algodão próprio para isso e ferve um pouco mais, até que fique gelatinoso o suficiente para, uma vez frio, manter em suspensão a carne selecionada.

Quando o queijo de porco fica pronto, a loja já vendeu todas as costeletas, assados e petiscos para cachorro de orelha de porco retirados dos quatro últimos cerdos que Josh comprou, e está esperando outra entrega. Desta vez, quando as meias-carcaças chegam, junto com as caixas de papelão cheias de pedaços extras, eu começo imediatamente a desembrulhar as cabeças, tirando-as das caixas pelas orelhas, jogando-as na mesa e cortando as bochechas. Há um pedido da cidade que tem que ser executado imediatamente, a tempo para a entrega na manhã seguinte. Aaron está ao meu lado, na mesa, tentando quebrar o recorde em desmembrar a peça (sessenta segundos hoje, Josh!).

Já fiz a metade do serviço com a terceira cabeça quando minha faca penetra algo macio, fazendo jorrar um limo, algo cuja cor e consistência lembram guacamole, deixando uma mancha esverdeada na faca quando eu a removo. Por um momento, apenas fico perplexa.

— Eu... huum... o que é...?

Aaron olha para mim e fica paralisado, como se tivesse acabado de ver um animal selvagem pronto para atacar. Com a voz lenta e calma, ele diz:

— Jogue a cabeça fora agora. Vá lavar a faca e as mãos.

Com certo atraso, eu emito o que acho que poderia ser chamado de grunhido, deixando a faca cair na mesa.

— O que é isso?

— É uma... uma glândula infeccionada, ou... jogue logo fora.

Obedeço. Corro até a pia e esfrego a faca e as mãos com água quente e sabão, incapaz de reprimir uma sequência de tremores convulsivos.

Aaron já está rindo de mim quando volto à mesa.

— Você gritou como uma garotinha, Jules.

— Ah, por favor. Você ficou assustado também. — Entretanto, há um tom na provocação do qual eu gosto. Ele está disfarçando a própria repugnância, zombando de mim.

— Aaaaii!

— Cale a boca!

As festas de fim de ano

— Que putinha que você é.
— Cala a boca.
Estou de pé, na entrada sem graça do apartamento deste desconhecido, com as mãos na parede, a saia levantada e as pernas abertas, de cara para uma camada encardida de pintura.
— Anda logo. Faz o que quiser.
Finalmente cheguei ao fundo do poço, penso quando ouço, atrás de mim, o som da embalagem da camisinha sendo aberta. Depois de alguns meses de barganha, cumpri a promessa de uma triste fantasia que me perturbava desde que D. parou de falar comigo. Não tem a ver com prazer, conforto ou desejo, mas com desprezo, por mim e por qualquer homem estúpido o bastante para me querer. Desprezo sentido como alívio.

O homem rasga a minha calcinha e satisfaz sua sórdida, animalesca e rápida necessidade. Ele murmura bobagens sujas e grosseiras no meu ouvido, com bafo quente. Mantenho os olhos fechados, concentrando-me em D. e na força, totalmente diferente e excitante, com a qual ele me lançava contra a parede e levantava a minha saia; quando a minha necessidade se tornava demasiada e ele precisava me calar; como tudo ficou melhor entre nós, depois disso.

Dura três minutos. Em cinco, estou de volta à rua, com a barriga dolorida e o BlackBerry na mão trêmula.

Não sei o que fazer. Acabei de ter a pior transa do mundo com um desconhecido para tentar tirar você da minha cabeça. Não adiantou. Sei que você não quer nada comigo, mas preciso de ajuda. Por favor. Bj qnt bj qnt — J.

À noite fico com Eric, cortando *pancetta* para um jantar de massa. A minha mão não treme, consigo sorrir e conversar a ponto de parecer quase natural. Mas o tremor não foi embora, está apenas submerso, agitando os meus globos oculares. Quando o BlackBerry toca, na mesa da cozinha, perco o fôlego e quase derrubo a tábua de carne do balcão para pegar o telefone. Mas é Gwen.

— Oi.

— Oi. — A voz dela está estranha, tensa e com um leve ar incomum de preocupação. — Eu só liguei para saber de você.

— Huuum... estou ótima. — Eu não contei a Gwen da minha experiência esta tarde; não disse a ninguém exceto a D. — Porque você está perguntando?

— Ah, por nada. Eu apenas... só achei que talvez devesse saber de você. Ver se está precisando de alguma coisa. Não nos falamos há algum tempo.

Olho para Eric. Ele está do outro lado da sala, no sofá, assistindo Jim Lehrer e bebendo vinho. Engulo em seco e respondo da forma mais natural possível:

— Ah obrigada, estou indo bem. Eric e eu estamos preparando o jantar. Quer vir? É só um macarrãozinho simples.

— Não, obrigada. Uma outra vez, com certeza. Vai estar no MSN amanhã?

— Claro. — Tenho quase certeza agora do que ela sabe e de como ficou sabendo. Só não sei o que isso significa.

— Tudo bem. A gente se fala. E... te adoro, Julie.

— Hum, te adoro também.

— Tenha uma boa noite. Cuide-se.

— Está bem. Tchau.

Quando afasto o telefone do ouvido, para apertar o botão de finalizar a chamada, noto que minha mão está tremendo, de novo. Naturalmente, com o trabalho, minha mão está frequentemente cansada. Eric tira os olhos da televisão.

— Era Gwen? O que ela queria?

— Só saber de mim. Ela vai vir jantar qualquer dia, provavelmente. Quer mais um pouco de vinho? — pergunto, enquanto me sirvo de uma taça. Vou até onde ele está e esvazio a garrafa em seu copo.

Peguei bastante prática em amarrar assados, o que me agrada imensamente. Existe uma única ação que, da forma mais fundamental, lembre o ofício do açougueiro? É uma técnica ao mesmo tempo delicada e, às vezes, dolorosa. O cordão pode machucar os dedos, prender a circulação, mas os movimentos giratórios, com os quais eu rapidamente faço o nó e o puxo bem apertado, são graciosos e femininos.

Conforme as datas festivas se aproximam, estou adquirindo cada vez mais prática com o enlaçamento, porque as pessoas começam a encomendar assados especiais nessa época. O período que antecede o Dia de Ação de Graças costuma ser o mais movimentado do ano, uma fila na porta, com muitos clientes irritados e ansiosos, esperando para comprar o tradicional peru ou patê para o coquetel ou bacon para a couve-de-bruxelas. Todo ano, ao que parece, a equipe do Fleisher faz algo como uma celebração do martírio. Todo mundo veste algo meio ridículo e Jessica distribui cerveja em copos plásticos. Este ano, Hailey, o novo balconista, um rapaz muito jovem, baixinho e imensamente gentil, apelidado de Schmailey por Josh, fica responsável por receber os pedidos e acalmar as feras agitadas nos corações dos cozinheiros sobrecarregados de trabalho. Eu gostaria de ajudar.

Em vez disso, Eric e eu passamos o feriado em Dijon, na França, imagine só, com o pai e a madrasta dele. Eric vai correr a maratona de Beaujolais. Ele nunca foi um atleta de corrida, mas desde que o nosso casamento desmoronou ele se iniciou no esporte. Já correu a maratona de Nova York e está decidido a participar de outras provas. No dia da corrida, nós nos encontramos no final, no topo de uma ladeira íngreme, no centro da cidade de Beaujolais, em uma rua de pedra medieval arredondada.

— Como foi? — pergunto, dando-lhe um beijo no rosto suado.

— Bom! Não foi tão difícil — diz ele, jogando-se em uma cadeira do café, na calçada, que sua madrasta e eu reservamos, perto da linha de chegada. — A maratona de Beaujolais não é o lugar para se empenhar em quebrar recordes. Estávamos literalmente descendo escadas dentro de adegas.

— Está brincando! — diz Jo Ann em tom efusivo, como de costume. O prazer com a esquisitice mágica do universo é sua emoção favorita.

— Não bebi o vinho, do que, aliás, me arrependo.

— Eles serviram vinho na maratona?

— Ah, sim.

Eric sempre parece incrivelmente "não de todo exausto" depois dessas corridas, embora, pelo resto do dia, sua função cerebral não seja a mesma. Ele parece ser feito para a resistência. Sinceramente, eu acho que a corrida o ajuda a manter sua sanidade mental — seja qual for a sanidade mental que conseguimos manter.

— Apesar de tudo, eu cheguei ao final — diz ele, erguendo a medalha prateada brilhante, pendurada em uma faixa no pescoço. — O que é isso na medalha, afinal?

— Acho que é um *tastevin*, a taça de um sommelier pretensioso.

— E existem taças de sommelier modesto?

— Bem lembrado.

Ficamos em uma bela pousada rural, uma casa antiga com quartos claros e uma proprietária gaulesa classicamente esnobe. Eric e eu adoramos o lugar. Apesar disso, fico com ele e seus pais, o tempo todo. Eu me sinto muito sozinha e com muita gente em volta, ao mesmo tempo. Acho que Eric se sente do mesmo jeito; olhando para ele, quando ele não percebe que estou olhando, vejo olhos entediados e úmidos. Às vezes, parece que não estamos tão zangados assim um com o outro, menos do que deveríamos, com D. e a amante de Eric fora de cena. Mas queria saber se ele ainda deseja a mulher com quem terminou. Quem quer que ela fosse, certamente sei como o conforto de um simples romance é tentador.

Quando encontro um café com acesso à internet, envio outro e-mail. É um ato tão involuntário quanto espirrar.

Não paro de imaginar o quanto nos divertiríamos aqui, vagabundeando, relaxados, falando bobagens... aqui estou, fingindo que um dia, em breve, você vai voltar a falar comigo, que vamos ficar juntos e que tudo isto será uma história engraçada, uma lembrança. bj qnt

Tento não esperar e, de fato, não receber nenhuma resposta.

O jantar de Ação de Graças é um almoço de pratos variados, em um restaurante bem cotado no guia Michelin, em uma pequena aldeia. Estou distraída. Nem lembro o que comemos. Pelo menos, sou dispensada do futebol da tarde, a parte do Dia de Ação de Graças que eu detesto. As origens da minha profunda fobia de espectadora em relação a todos os esportes são obscuras, mas eu mal consigo ficar no ambiente em que uma televisão esteja exibindo, em alto volume, estatísticas e jogos. É uma das poucas incompatibilidades entre mim e Eric. Este ano, ele se apressa para encontrar serviço de internet a cada poucas horas, para verificar os resultados, uma solução com a qual me contento.

À noite, Eric e eu vagamos pelas ruas frias e úmidas de Dijon, uma cidade sombria, mas com uma espécie de melancolia sutil que satisfaz ao nosso estado de espírito. Eu voltei a fumar depois de ter (quase) parado por algum tempo. A França parece o lugar ideal para isso.

— Tenho que admitir, isso combina com você. Fica muito sexy.

Embora Eric desaprove o meu hábito, ele é também um pouco permissivo. Acho que ele gosta de ver uma mulher fumando, do mesmo modo que aprecia uma mulher com um copo de martíni na mão. Alimenta a sua sensibilidade noir. Em todo o caso, ele pode dizer que estou sexy, mas eu apenas dou um sorriso forçado, cética, e ele completa com um sorriso afetuoso e triste. Estamos representando nossos papéis e temos consciência disso.

— Uau. Olhe aquilo.

Em uma vitrine, dois manequins estão cobertos por dois cachecóis masculinos, um com desenho floral acentuado e o outro, abstrato; o primeiro em padrão laranja, vermelho e cinza; o outro, azul, verde e cinza.

— O azul ficaria lindo em você. — *E o vermelho combinaria perfeitamente com D.* — Você usaria isso?

— É um tanto diferente. Entretanto, eu gosto. Mas não vou comprar um cachecol de trezentos dólares.

— É muito caro, realmente.

Mais tarde, volto à loja, sozinha. Sinto a trama deliciosamente suave dos dois cachecóis. Posso comprar dois cachecóis de 300 dólares? Até que ponto isso é insano? Finalmente sussurro "Foda-se", escolho um e o levo até o balcão.

— O vermelho é uma excelente escolha — diz o cara bonito atrás do balcão, em inglês, enquanto embrulha o cachecol em papel de seda.

— Obrigada — respondo, sem dizer o que acho: *Na realidade, é a pior das escolhas.*

Na segunda-feira, depois que voltamos da França, empreendo minha primeira caça para valer. Facilmente convenço-me de que é justo, depois de tentar, por tanto tempo, fazer contato da forma mais habitual, menos invasiva. Aviso-o com antecedência, por mensagem de texto, que estarei lá, com um presente. Espero durante uma hora e meia, do lado de fora da porta do edifício onde ele trabalha. Quando ele finalmente sai, meu rosto se desmancha em um sorriso sentimental que não consigo evitar ao avistá-lo. Mas ele simplesmente faz uma careta, como se estivesse sentindo dor, e continua andando, indicando, por um simples movimento impaciente de cabeça, que posso segui-lo. Andamos lado a lado, em silêncio, até o centro da cidade. Ele está usando uma jaqueta de couro que eu nunca tinha visto antes e o familiar gorro de malha vermelho, no qual eu pensei quando comprei o cachecol.

— O que você quer? — pergunta ele, ainda andando, sem olhar para mim. Sua raiva está sendo liberada como o ruído basal de um caminhão em marcha lenta; sinto suas vibrações no meu peito. Nunca o vi realmente zangado antes. Isso me apavora, me faz gaguejar e ruborizar.

— É que... não sei. Eu só... de repente esse silêncio. Você parece me odiar e eu não sei por quê. Eu pensei, se talvez pudesse entender o que aconteceu, eu me sentiria melhor.

— Bem, o que *você* acha que aconteceu?

É dessa forma que o D. discute. Exigindo respostas, não dando nenhuma. Penso nisso como o seu método socrático, que me faz sentir como uma colegial com cicatrizes nos joelhos, mas nunca consegui desviar a linha de argumento para qualquer outro caminho.

— Não sei. Não pode ser a terrível transa anônima. O silêncio foi a *causa* da terrível transa anônima.

— Você teve uma terrível transa anônima, e me *contou* a respeito. Por que faria isso?

— Eu...

— Porque eu iria querer estar numa relação assim?

— Eu... — Estou tão chocada que fico sem palavras. Nunca poderia imaginar uma reação dessas dele, sempre tão impenetrável e frio. Por um breve momento, sinto um leve calafrio.

Paramos no extremo sul da Union Square, do outro lado da 14th Street, em frente ao Whole Foods, na faixa de pedestres. A feira que se instala na praça, do Dia de Ação de Graças até o Natal, está sendo montada; para sair do caminho de pedestres, ficamos contra uma parede de madeira compensada, pintada com tinta brilhante.

— Olha, não estou realmente zangado — diz ele, com a voz tão baixa, que tenho que inclinar-me para ouvi-lo. Quero tanto tocar o couro macio da jaqueta, que parece uma luta contra a gravidade.

— Está sim — retruco com firmeza. Paro um momento, incapaz de falar. Sinto cordas apertarem meu coração, que está disparado.

— A Gwen ligou para você?

Rapidamente, faço que sim, com um aceno de cabeça, olhando nos seus olhos, belos olhos mesmo quando estão zangados, na esperança de um perdão ou de atenção.

— É... ela não falou nada sobre... ela apenas queria saber de mim.

— Tudo bem. — Ele não olha nos meus olhos, e permanece olhando para os pés. — Eu queria ter certeza de que você estava bem.

— Eu... Eu estou... obrigada.

— Só não consigo... — não dá para ouvir todas as suas palavras. Ouço-o dizer alguma coisa sobre ser "incapaz de corresponder", uma frase que eu imediatamente entendo como possivelmente horrível, mas também, talvez, esperançosa. Posso viver com *incapaz de corresponder*. *Posso* facilitar as coisas para ele, posso viver sem reciprocidade! Mas não me atrevo a dizer nada e então ele diz: — Preciso comprar algo para o almoço e voltar para o trabalho.

Mais uma vez, concordo, com um gesto enérgico e obediente de cabeça.

— Claro. Vá. Vá almoçar.

— Queria abraçá-la, mas... — Suas palavras novamente soam indecifráveis, sob o ruído do tráfego.

— Desculpe... o que você disse?

— Queria abraçá-la, mas não acho uma boa ideia!

Irritada, eu digo:

— Ah. Não tem problema. Tudo bem.

— Preciso ir.

— Claro. — Tento enfiar a sacola com o cachecol na sua mão, mas ele apenas me dá uma última olhada e vai embora.

Consigo evitar cair no chão, aos prantos, por aproximadamente meia quadra. Acabo soluçando aos pés da estátua de Gandhi, perto da esquina da 15th com a Union Square a oeste. Tão clássico! Eu deveria ter minha própria charge na *New Yorker*.

Não tendo trabalhado no Dia de Ação de Graças no Fleisher, devo compensar o tempo, por mim e por Josh, ficando lá direto até a véspera do Natal. Meus pais e meu irmão virão do Texas para as festas de fim de ano, portanto posso passar um tempo com eles e cumprir as horas necessárias do açougue. Eles alugaram uma casa de campo, logo no final da rua onde fica meu pequeno apartamento. Vamos fazer coroa de porco assada para a ceia de Natal; eu mesma vou cortá-lo e amarrá-lo.

Mas não é hora para isso. Por enquanto, estou apenas amarrando um coxão mole para Aaron. Pego o carretel cônico de cordão de açougueiro e o levo até a mesa. Coloco o músculo oblongo, que eu retirei da embalagem Cryovac com um golpe de faca, na mesa, para que a ponta curta do corte retangular de carne fique de frente para mim. Desenrolo um pedaço do cordão e o passo sob a carne, depois por cima até a frente. Segurando o cordão esticado ao longo da carne com a mão direita, passo a outra ponta do cordão com o polegar e o indicador esquerdo. Executo o mesmo movimento com o polegar e o dedo indicador, uma segunda vez, por cima do cordão, pelo laço que acabei de fazer, entre o primeiro nó e o segundo. Então, com a mão esquerda segurando o nó de duas voltas, suavemente, puxo o cordão, até ele ficar justo. Não puxo muito rápido, senão o nó se fechará antes de apertar a carne. Depois de usar o cordão para unir a carne em um pedaço, faço um rodopio final do polegar e do indicador, um nó de cima para baixo, e aperto, para reforçar. Finalmente, corto o cordão, liberando-o do carretel, deixando, na extremidade, um nó benfeito, dois pedaços ligeiramente soltos de cordão pendurados, como um rabo de cavalo.

Tudo isso é o trabalho de aproximadamente dez segundos, o que não é muito rápido. Sou mais precisa — ou talvez, para falar a verdade, mais hesitante — do que rápida.

O próximo laço passa em volta da carne também, mas é perpendicular ao primeiro, portanto o cordão não escorrega sob a carne. No início, acertar o ângulo nesta direção foi um pouco complicado, mas acabei pegando o jeito. Eu ainda preciso inclinar a cabeça para o lado para ter um senso de orientação. Mais uma vez, não puxo o cordão muito forte; se houver pressão demais, o cordão pode arrebentar quando eu terminar.

Depois levanto a carne da mesa, viro-a a 90 graus e torno a colocá-la na mesa. Vou amarrar o pedaço inteiro do assado, a uma distância de aproximadamente 4 centímetros. No final, as pequenas protuberâncias de carne entre os laços esticados farão o assado parecer segmentado, como uma pequena lagarta de carne. Uma imagem que não compartilharemos com os clientes. Começo no meio, passando o cordão ao longo do lado inferior da carne até o centro. Laço, laço, puxão, laço, puxão, corte. Depois, passo a fazer algo diferente. Um círculo para a esquerda do centro, um para a direita. Se eu tivesse começado de uma extremidade e fosse até a outra, seria como apertar um tubo de pasta de dentes do fundo, a forma correta de apertar pasta de dentes, mas não serve para carne. Quero um cilindro regular quando terminar, que cozinhará de forma homogênea, por igual, não um assado esmagado, pequeno em uma ponta e, na outra, maior, quase estourando.

Quando termino o assado, dou uma olhada furtiva no relógio. Dois minutos. Ainda não sou capaz de amarrar um assado nem no dobro do tempo que Josh e Aaron levam para desmembrar meia carcaça de porco. (Josh recentemente beirou, por dois segundos, a marca recorde de Aaron, de 58 segundos. Os cronômetros agora fazem parte do processo, e se desenvolvem pré-competições.)

Josh passa por mim e diz:

— Julie, isto está *perfeito*. Você é o máximo.

— Hã hã. — Poderia parecer um elogio, exceto pelo fato de que Josh usa essa exata frase aproximadamente cinco vezes por dia. Entretanto, *é* bom ouvir isso. Creio que faço os melhores amarrados de assado no açougue, embora eu nunca tenha dito isso. Levo a carne de volta para a cozinha, junto com vários ossos de tutano — isto é, as seções do meio do osso da canela, cortadas na serra de fita em pedaços de 5 centímetros. Esfrego a carne, generosamente, com sal e pimenta e levo ao fogo alto para dourar, antes de arrumá-la sobre os ossos e levá-la ao forno.

Depois, lavo as mãos e relaxo por um momento, tomando uma xícara de café. Juan está tentando fazer uma nova linguiça de cordeiro e frango, ao "estilo marroquino". Ele fritou um pouco do último lote antes de enfiá-lo nas membranas. Eu aproveito para comer uns pedacinhos de carne moída cozida, que está esfriando lentamente na banha, em um prato verde.

— Huumm. Juan, o que tem nisso? É bom!

Juan dá de ombros.

— Damasco seco, alho, coentro, cúrcuma, gengibre... Não sei. Está faltando alguma coisa, eu acho.

— O quê?

Juan dá de ombros novamente e esfrega o queixo. Ele está começando a cultivar um cavanhaque para o Grande Confronto de Pelo Facial que Aaron planejou para a primavera. Nós provamos outro pedaço de linguiça e olhamos atentamente para o prato. Então, ele acena com a cabeça.

— Só um pouco mais de canela, eu acho.

— Jules? — Aaron gesticula para que eu vá até a mesa. Ele está segurando uma peça inteira de costelas de cordeiro em uma das mãos. — Ajustou o timer?

— Ajustei. Uma hora e vinte minutos, certo?

— Em que temperatura? — pergunta ele, com a velocidade de uma prova oral surpresa.

— Cento e cinquenta.

— E o que você quer que o termômetro leia?

— Sessenta?

Aaron ergue a cabeça e olha para mim por um momento; de repente, ele grita:

— Aaaahhhh...

Agora, eu já sei, bem, estou praticamente certa, que esse é o seu grito de "ajuste", o que ele faz quando está tentando ajustes. Ou então, mais uma vez, ele pode estar me punindo por ter cometido um erro, o que seria chato, mas não improvável, já que ele sempre está tentando fazer ajustes. Pode ser difícil acompanhar as modificações.

—Vamos tentar cinquenta e cinco. Vai continuar cozinhando depois de sair do forno, enquanto descansa.

— "Você parece um manual com braços. Eu *sei* disso."

— O quê?

— É da *Buff*... Esquece. Só estou repetindo, desculpe.

— Não se esqueça de pingar gordura na carne durante o cozimento. Precisamos aproveitar aqueles sucos do tutano embebidos na carne.

— Pode deixar.

— Tudo bem. É agora. — Ele joga as costelas sobre a mesa. — Agora você vai treinar sua mina de ouro: a coroa assada de Natal. Você vai fazer o que chamamos de "metade de coroa". Normalmente, com uma coroa assada, você usa as duas peças de costelas, mas desta vez você vai usar só uma.

("Peças de costelas" — mais um dentre os muitos termos insuportavelmente eufemísticos no ofício de processamento de carnes, sugerindo que a gaiola sangrenta que mantinha as vísceras desta criatura delicada possa ser transformada em algo apresentável.)

— Vou dar as instruções enquanto você trabalha — diz ele, empurrando as costelas na minha direção. — Você vai separar as costelas. Use a serra para isso.

Primeiro ele me mostra como cortar a peça, usando a serra para remover a borda corpulenta da espinha e retirar o excesso de osso. Depois, ele manda pousar a peça horizontalmente, apoiada na curva larga das costelas, manter uma ponta da peça firme em cada mão, e dirigir a lâmina exatamente nas vértebras nas junções entre as costelas, sem cortar demais no meio das costeletas. Não me incomodo mais de ficar na frente da lâmina, nem penso em cortar a mão ou deixar um osso sair voando na cara de alguém. Bem, na verdade, só um pouco. *Respeite a serra,* acima de tudo. Em aproximadamente um minuto, eu termino. A peça ainda está inteira, mas a espinha dorsal foi cortada entre cada costela, o que deixa o longo pedaço inteiro flexível, como um acordeão.

— Agora você vai fazer o *french* nas pontas dos ossos da costela.

Não olho zangada para Aaron, quando ele diz isso, porque sei que ele não quer dizer *aquela* espécie de *french.** O "*french*", entre açougueiros, é a ação de limpeza e exposição dos ossos de uma costela assada, que, no fim, sobressairá da carne amarrada em um círculo maravilhoso. Aaron faz uma demonstração com a primeira costela. Ele começa marcando os quatro lados do osso com uma faca; a membrana resistente que adere o osso à carne tem que ser acomodada. A partir do lugar marcado até o fim da costela, ele corta a carne de ambos os lados. Então, em volta de onde a costela foi marcada, ele faz um laço com um pedaço de cordão, passando pelo músculo entre as costelas, e amarra com um nó de açougueiro. Aperta bem, depois enrola o cordão em volta da mão algumas vezes e puxa forte na direção dele, ao longo do osso. Toda a carne se solta em uma massa, deixando o osso perfeitamente liso e seco.

— Simples! — Ele retira as partes que não serão utilizadas e as joga em uma caçamba de carne de cordeiro que entrará no segundo lote de linguiças de Juan. — Agora é a sua vez.

As coisas não acontecem tão facilmente para mim. Eu marco o osso, fatio a carne, amarro o cordão bem apertado em

---

* Como gíria, pode ser sexo oral. (*N. da T.*)

volta da costela e puxo. Entretanto, o barbante trava naqueles talhos teimosos. E para piorar, cada vez que eu puxo, o barbante fica mais apertado em volta da minha mão e começa a me machucar, fazendo dois sulcos na base do meu dedo mindinho e na parte mais carnuda do meu polegar, e então começa a sangrar. Prefiro morrer a falar alguma coisa, mas realmente dói, e sei que estou hesitando, com medo de me ferir ainda mais.

Aí, o barbante arrebenta.

— Merda — falo, baixo o suficiente, espero eu, para que Aaron não tenha ouvido. Nesse momento, ele está um pouco distante de mim, deixando-me entregue à minha própria sorte. Eu levanto o barbante cravado na mão, corto o círculo, agora inútil, do cordão da costela carnuda, e me afasto da forma mais rápida e despercebida possível e pego alguns Band-Aids, com os quais cubro o ferimento. Ao voltar para a mesa, vejo uma caixa embaixo do balcão, onde tem uma luva de corte. Nós raramente usamos essas coisas volumosas no açougue (se um pedaço de látex atrapalha suas habilidades de corte, imagine o que uma camada grossa de aço inoxidável trançado pode fazer), mas, dessa vez, eu ponho as luvas e pretendo tentar novamente. Aaron notou a minha breve ausência, me ouviu xingar ou acabou de perceber a minha luva. Ele não diz nada, mas agora está olhando, o que me deixa nervosa.

Amarro outro pedaço de barbante em volta da costela. E puxo. Nada.

— Droga.

— Use a inércia. Comece com o barbante esticado longe de você. Então dê um puxão forte na sua direção, ao longo do osso. Assim.

Ele toma o barbante das minhas mãos.

— Eu vou conseguir...

— Calma. Não vou fazer. Vou apenas mostrar como se faz.

Com o barbante preso na mão, ele faz o movimento que começa com o braço esticado para além da borda da costela.

Então lentamente move o braço, com o cotovelo colado ao corpo.

— Em vez de puxar o cordão apenas horizontalmente, levante-o um pouco, para que você esteja puxando o barbante ao longo da curva ascendente da costela. Se não fizer assim, você está lutando com o osso e a carne. Por isso o cordão arrebenta.

— Ah. Tudo bem. Entendi. — Agarro o barbante e puxo. Puxo. Puxo.

Na quarta tentativa, a carne finalmente se solta. E o osso *frenched* está perfeito, branco e desnudo. Consegui!

— Ai meu Deus!

— Agora você pegou o jeito.

— Não me lembro de ter feito algo que tenha me deixado tão satisfeita em toda a minha vida.

— Também não precisa exagerar.

— Está bem, tem razão. Posso pensar em uma ou duas coisas. Mas, vestida? E em um açougue? Isso é o máximo.

Bem, não consegui repetir o feito. O outro osso é grosso demais para a técnica do cordão. O barbante agarra uma, duas, três vezes.

Josh espera até Aaron voltar para a cozinha, e diz:

— Não dê ouvidos àquele idiota. Apenas use a sua faca como todo mundo. — E, assim, eu limpo o resto da costela do modo enfadonho e lento: raspando, raspando e lutando, não necessariamente com êxito, para remover cada fragmento. Não é algo fascinante, mas quando suspendo a costela pela ponta, faço um círculo, e a amarro bem apertada com outro puxão do cordão que penetra a pele, como um puxão no espartilho de uma moça, a coroa assada fica uma beleza, enfaticamente feminina.

— Colírio para os olhos — diz Aaron definindo o resultado e arrumando-a na vitrine. Parece uma coisa um tanto imoral, aninhada entre as costeletas de porco menos interessantes; sinto-me quase tão exposta quanto um osso que foi retirado da carne, só de olhar, como se qualquer um que entrasse pudesse tecer conclusões sobre a pessoa que fez aquilo.

— Jules, você olhou o assado?
— Merda. Esqueci. Desculpe.

Queria ver quem compraria o meu assado sexy e feminino, mas, quando ele é vendido, estou nos fundos, retirando tutano dos ossos, que até poucos minutos antes tinham servido de suporte para o rosbife, e passando um pouco na torrada.

— Oi. Como vão as carnes?
— Vão bem. Eu é que estou cansada horrores. Estou indo para casa... quer dizer, para Rifton. O sinal pode cair dentro de um minuto.
— Tudo bem. Estou com saudades.
— Eu também.

Durante a nossa separação, quando aluguei o apartamento em Yorkville, arrumei tudo sozinha. Comprei um colchão japonês bem colorido, uma televisão nova de tela grande. Trouxe alguns pratos e panelas de Queens. A minha cozinha era bem pequena, menor até do que aquela na qual eu havia preparado as 524 receitas de Julia Child, alguns anos antes. Mas eu não me importava, porque era minha. Tinha duas janelas pequenas que davam vista para a fileira de canteiros que preenchia o centro da quadra alinhada de casas. Dava para ver o que se passava nas casas das outras pessoas, como a mulher que, com o maior capricho, fazia sua cama todas as manhãs, apenas de sutiã e chinelo, e também as mais instáveis safadezas de uma família de quatro pessoas, no seu recanto de café da manhã. Eu tinha fotos de Eric, dos animais, da minha família, de D., tirada por meu pai há muito tempo, as pequenas lembranças da minha história e minhas conexões com o mundo. Mas o pequeno apartamento era somente para mim.

Eric não tinha isso. Eric tinha o nosso antigo apartamento, horrível, que na minha ausência de quatro meses adquiriu rapidamente um aspecto masculino. Não era raro achar bananas podres, não só na cozinha, mas também em mesinhas de canto e na sua pasta. A areia, da caixa de areia dos gatos, se acumulara nos tapetes. Uma fenda havia aparecido misteriosamente na janela da sala de estar — não era a marca em forma de teia deixada por um pedaço de pedra atirado por arruaceiros da Jackson Avenue, mas uma fissura reta, longa, logo abaixo da metade do vidro. Ela descia pelo mesmo eixo que um sulco no chão de linóleo do loft. A princípio pensamos que poderia ser uma falha na fundação, possivelmente também responsável pelo modo como a escada que dava para a rua parecia estar se abrindo, na junção da parte vertical.

Estou segurando o telefone próximo ao ouvido enquanto falo com Eric, ignorando a segurança e o código de trânsito.

— Tem planos para hoje à noite?

— Sabe como é... limpar a casa, tomar uma cerveja. Ver *Battlestar Galactica*. E você? Vai jantar com Josh e Jess?

— Não. O programa é: bife, vinho e cama.

Para Eric, no entanto, pior do que a bagunça e o mau estado do apartamento eram as inevitáveis marcas da lembrança. Nós sempre gostamos de colecionar quinquilharias e moramos juntos por dez anos. O nosso apartamento é abarrotado de todo o material das nossas vidas: livros, álbuns de foto, mobília, peças de arte e outras coisas mais. Ele não conseguia escapar disso. Enquanto eu estava tranquilamente no meu retiro, ele estava em um lugar onde não havia um espaço sequer que não o lembrasse do que realmente estava se deteriorando.

— Está me ouvindo agora, amor?

— Muito mal... Sua voz está sumindo.

— Tudo bem. Vou tentar ligar mais tarde.
— Está bem, amor. Te vejo daqui a alguns dias.
E agora estou fazendo isso novamente. Não estamos separados, tecnicamente. Mas continuo fugindo.
— Te amo.
— Também te... — E a ligação cai.

Faltam poucos dias para o Natal. Combinamos de nos encontrar no açougue, à tarde — meus pais e meu irmão virão em um carro alugado, direto do aeroporto JFK, e Eric em outro, com Robert, o cachorro. Vou mostrar-lhes o açougue, depois sairemos em três carros, queimando bastante combustível, e iremos para a casa que eles alugaram. Ficaremos juntos e eu vou cozinhar com minha mãe, embrulhar presentes com Eric sentada no chão do meu apartamento, brincar de luta com meu irmão, fazer palavras cruzadas com meu pai e afagar a barriga do meu cachorro. Juntos, decoraremos uma árvore e vou me permitir ser parte de uma família novamente.

Até lá, usufruo da minha solidão. Não faço coisas construtivas com isso. Às vezes, simplesmente fico na janela, ou choro muito. Também recorro à perseguição, que eu convenço a mim mesma, como os perseguidores devem fazer, que é algo fascinante e, em última análise, irresistível. O cachecol, que comprei há quase um mês, está guardado em uma caixa. Comprei um pirulito em forma de bengala, onde prendi um pedaço de tecido branco, para — de maneira meiga, na minha opinião — simbolizar uma bandeira da paz, ou de rendição. Fico me perguntando, com seriedade, como se houvesse uma escolha racional, para onde mandar este pequeno pacote carinhoso. Para o trabalho dele? Para seu apartamento? Para a casa da sua mãe? Acabo decidindo de forma racional — por mais absurdo que a palavra *racional* possa parecer, aplicada aqui — que a última escolha faz maior sentido. Alguns dias depois, a caminho do trabalho, passo no correio de Rifton e envio o pacote a Massachusetts. Em silêncio, experimento uma sensação de vergonha e medo, além de esperança e expectativa insanas, ao entregá-lo ao funcionário.

Josh e Jessica, sendo judeus, não participam muito do alvoroço do Natal e insistem que Ação de Graças é um dia muito mais importante para eles, em termos de negócios. Entretanto, após certa calmaria entre os dias festivos, as coisas estão melhorando.

Com a ajuda de Aaron, Juan, e Tom, Josh está constantemente trabalhando para aperfeiçoar o seu patê, fígado moído e bacon defumado, peru assado e costeletas de porco defumadas, e uma variedade infinita de linguiças — alemã, italiana, chouriço, merguez, *chicken thai*. Cada lote um pouco diferente, até ele acertar. Com a colaboração de Colin, o ruivo alto da CIA e ex-militar que Josh contratou recentemente como cortador extra — e com quem imediatamente estabeleci relações por causa da nossa admiração por Willie Nelson e Hank Williams III —, organizei um armário nos fundos. Penduramos pinos, onde as linguiças secam, salames gordos e tirinhas de "carne desidratada", sempre um novo experimento. E todos são levados pelos clientes, especialmente agora, durante a temporada de festas. Eu tempero lagartos redondos, empacoto-os no sal-gema, e retiro uma semana depois, marrons e secos. Retiro o sal e os amarro do jeito que Tom me mostrou, com um pedaço grande de cordão de açougueiro, arrematando com um laço na ponta. Eles vão para o armário de conserva, de onde sairão como bresaola. Provo o salsichão de fígado, diretamente do cortador do qual Josh está tão orgulhoso, uma enorme tigela de aço sobre uma plataforma rodante, com lâminas iguais às de um ventilador circular, só que assustadoramente afiadas. Elas transformam a carne em um purê cor-de-rosa e pegajoso em questão de segundos. Discutimos se o salsichão de fígado precisa de mais sal. Decidimos que sim.

Salsichão de Fígado do Josh

Josh, naturalmente, faz salsichão de fígado em grandes quantidades, mas se você tiver um processador pode preparar esta receita em uma escala menor, aproximadamente 1,5 quilo, em casa.

500 g de fígado de porco, cortado em pedaços
1 kg de barriga de porco, cortada em pedaços
½ colher de chá de manjerona
½ colher de chá de sálvia
½ colher de chá de pimenta branca
½ de colher de chá de noz-moscada
½ colher de chá de gengibre moído
4 colheres de sopa de cebola finamente cortada
cebola em flocos
2 colheres de chá de sal

Preaqueça o forno a 180° C. Arrume o fígado e a barriga de porco em uma assadeira e leve ao forno até que a carne e os miúdos estejam semiassados — o fígado ainda deve gotejar um pouco de sangue, a carne deve estar totalmente cozida, mas ainda bem rosada e os sucos não inteiramente claros. Deixe esfriar ligeiramente, uns cinco minutos.

Coloque a carne no processador junto com todos os ingredientes restantes. Ajuste o aparelho em alta velocidade, até que a mistura fique completamente homogênea, parando de vez em quando para raspar os lados do processador.

Deixe descansar em temperatura ambiente, cubra e leve à geladeira.

Agora estou desmembrando cordeiros. Primeiro, retiro as cabeças (às vezes Juan leva uma para casa; um dia ainda vou perguntar o que ele faz com elas). Depois, as pernas traseiras se soltam das criaturas (e são ainda criaturas, sem pele e sem os pés, mas completamente reconhecíveis). Para fazer isso, simplesmente os equilibro sobre o próprio dorso com as pernas traseiras para fora da borda da mesa. Corto de ponta a ponta, desde a abertura na barriga até a espinha dorsal, logo acima do quadril, de ambos os lados. Então, penetrando na cavidade, pressiono a espinha dorsal, apertando-a à mesa, enquanto, com a outra mão, seguro os tornozelos do cordeiro, ou como quiser chamar essa parte do animal, e puxo com força para baixo, partindo a espinha dorsal com um estalo característico.

De vez em quando, Josh dança valsa com um cordeiro, mantendo o animal com a cabeça jogada para trás, os olhos arregalados, parecendo uma debutante macabra desmaiada, de uma maneira repugnante.

Passo o dia cortando carne. Traseiros, ombros, costelas, lombos. Desosso presuntos, retiro as peles de fraldinhas, quebro juntas e corto, corto, corto. Horas à mesa, em pé. As minhas costas ficam doloridas, meus olhos, embaçados, meus dedos, congelados. E o meu pulso... O meu pulso.

— Julie, você ainda não almoçou?

— Não estou com fome.

— Julie, será que dá para você fazer um maldito intervalo agora mesmo?

— Eu estou bem.

Josh finalmente resolve ser mais incisivo. Para na minha frente e sussurra:

— Julie, largue a porra da faca, ou não vou deixar você se aproximar desta mesa novamente. — Depois, grita: — E coma um sanduíche!

Com relutância, tiro o avental e o chapéu e apanho um dos sanduíches que Josh trouxe em uma sacola branca da delicatéssen ao lado. (Josh está sempre comprando almoço para seus empregados — sanduíches, comida chinesa ou churrasco. Isso, quando não está forçando Aaron a preparar uma "refeição de família". Eu acho isso tão gentil que me sinto um tanto desconfortável, como quando ele me dá carne e não me deixa pagar. Pelo que ele está me oferecendo, *eu* é que deveria estar comprando almoço para *ele*.) Sento-me à mesa redonda e gasta, nos fundos da loja, desembrulho o almoço e mastigo ruidosamente, indiferente, bebendo água de um enorme copo plástico. Eu não tinha tomado nem um pouco de água ainda, e me dou conta, quando dou uma parada, de que estou morta de sede. Também percebo que cada pedacinho do meu corpo dói. Sinto que poderia fechar os olhos e dormir aqui mesmo, nesta cadeira de espaldar reto. É uma pena que eu não sinta isto à noite, no meu quarto solitário.

Aaron se joga em outra cadeira. Além do seu sanduíche, ele tem sopa de frango que pegou da panela.

— Como está indo, Jules? Já mediu a distância daqui até lá.

Percebi o que ele quis dizer. Posso sentir a estranha intensidade com a qual estou olhando atentamente para um azulejo, um pouco distante. Estou mastigando lentamente.

— São só 15h30! Ainda temos muito o que fazer!

— Eu sei, eu sei. Vou ficar bem. Vou ficar bem. Nossa, este sanduíche está uma delícia.

— É de quê?

— Não faço a menor ideia. — Olho para o meu sanduíche, examino-o por um longo tempo. O tempo parece não passar. Percebo que a minha conversa é estranha, marcada por pausas esquisitas. — Algo branco. Peru.

— É, isso me lembra que temos que desossar peru. Eles estão na câmara frigorífica, há alguns dias. Devem estar descongelados.

— Desossar peru, é? Parece... — Tento achar o termo. — Complicado.

— Cada dia você aprende algo novo — diz ele, levantando para pegar mais sopa. O preto e branco do xadrez no seu avental fazem meus globos oculares tremerem, quando ele anda. Quando volta e senta, ele diz:

— E amanhã faremos a sua coroa assada.

— Ah. Sim. Legal.

— Ei, Aaron, posso fazer um intervalo agora? — pergunta Jesse vindo do balcão, retirando o avental.

— Me dá cinco minutos, Jesse. — Aaron coloca os pratos na pia e vai para a porta dos fundos enrolar um cigarro, sentado na escada de metal, no beco de tijolos, atrás da loja.

— Três minutos.

Jesse olha para a frente da loja, onde Hailey está atendendo o único cliente. Uma breve pausa. Ele fica apenas um minuto, olhando o balcão da porta dianteira.

— Estou *exausto*.

Quando ele olha para mim, estou mirando mais seu peito do que seu rosto, meio confusa, sem dizer nada, mas assentindo distraidamente, como aqueles bonequinhos que, quando em movimento, balançam a cabeça para cima e para baixo, como se constantemente dissessem "sim".

— Você também está.

— ...sim.

Parece que se passou muito menos de três minutos até a enorme porta de emergência nos fundos se fechar e Aaron voltar, alegre e com os olhos iluminados como nunca.

— Hora de cortar peru!

* * *

Desossar um peru não é exatamente uma viagem noturna a Paris no Expresso do Oriente, mas também não chega a ser uma provação tão terrível. Lembro-me da primeira vez que desossei um pato inteiro. Foi uma experiência aterradora, mas inacreditavelmente prazerosa, depois de realizada corretamente. Com peru é a mesma coisa, só que é maior, menos delicado e, por isso, menos assustador. Comece cortando a espinha dorsal, então somente trabalhe a gaiola torácica, em direção ao esterno, mantendo a borda da faca contra o osso e não distante, para não cortar a carne ou, o que é mais importante, a pele. Para a perna, afaste a carne do fêmur, que você deixa preso à carcaça, então separe o fêmur da perna, na junta. Quando soltar a carne da perna, pode empurrar da parte de baixo e puxar o osso, como tirar uma camisa por cima da cabeça, virando-a pelo avesso no processo. A asa se solta basicamente do mesmo modo, embora seja um pouco mais difícil balançá-la. Faça o mesmo do outro lado, até que o esqueleto esteja unido à carne só no sulco fino da cartilagem, no centro do peito. Esta é a única parte ligeiramente complicada, porque a pele é fina, e não deve ser rasgada — especialmente se estiver trabalhando para o Aaron, que se orgulha de ser exigente nesses detalhes. Um pouco de cuidado geralmente ajuda a realizar a tarefa, sem estragos. E é isso. Os ossos vão para um cesto para se fazer caldo, a carne é removida (como qualquer pessoa que tenha ido a uma Oktoberfest sabe, pernas de peru têm alguns tendões resistentes, portanto é preciso retirá-los), e acabou. Simples.

Acontece que estes perus específicos, sobras das festas de Ação de Graças que ficaram no freezer desde então, não estão, apesar de vários dias fora do freezer e mantidos na câmara frigorífica, o que se chamaria de inteiramente descongelados. Colin e eu, juntos, tentamos cortar as aves. Algumas estão duras demais para serem cortadas. Com outras, é possível se trabalhar, mas em poucos segundos nossas mãos estão congeladas até o osso. Preciso fazer intervalos frequentes para sacudir a mão, desesperada, para adquirir a circulação do sangue, o que acaba sendo uma faca de dois gumes, já que o sangue transforma a dor do gelo em agulhadas.

— Jesus Cristo. Aaaai.

Colin lava as mãos com água quente, estremecendo de um modo muito mais masculino e sutil do que eu. Ele me joga um par de luvas de látex, da caixa de papelão que fica atrás do balcão.

— Momentos desesperados...

E as luvas realmente ajudam. Mas há tantos perus a serem cortados — aproximadamente uma dúzia, calculo, olhando a caixa que transborda —, e todos tão gelados! E, aproximadamente no terceiro, o inevitável acontece: a ponta da faca escorrega, rasgando o látex e meu polegar. Não percebo nada até tirar a mão da ave, para aquecê-la.

— Droga. — Colin apenas levanta os olhos e faz uma careta de pena. Luvas no lixo, eu volta à pia e pego a caixa de primeiros socorros.

Por alguma razão, cada animal causa diferentes tipos de dor e infecção. O porco é o pior; um arranhão em um osso, imediatamente vira uma vermelhidão inflamada, que causa muita coceira. Dói demais quando se lava e a marca permanece, muitas vezes, por algumas semanas. Boi, por outro lado, nunca me causou problemas. Perus ficam em algum lugar entre os dois. Aperto o corte, um tanto profundo, para tentar estancar a hemorragia, que, entretanto, não quer parar. Eu me vejo, de um modo ligeiramente apavorado, pulando de um pé para o outro. Embora o meu cérebro faça um bom trabalho ao tratar cortes com uma calma corajosa, o meu corpo ainda recua à vista do meu próprio sangue. Costumo ficar tonta, meu coração dispara. Faço o possível para conter estas indicações físicas vergonhosas de sensibilidade extrema. Sensibilidade extrema é sinônimo de fraqueza. Então, tomo fôlego e me esforço para parar de dançar como uma criança apertada para fazer xixi. Quando o sangramento finalmente diminui, passo óleo de orégano sobre o ferimento — coisa de hippie ou não, realmente parece prevenir a infecção — e enrolo o dedo, bem apertado, com um Band-Aid. Imediatamente tenho de substituí-lo, quando o sangue o encharca, em segundos. Aperto um pouco mais. Decido me sentar. Isso não é nada sério, naturalmente, de jeito nenhum. Apenas preciso me sentar.

Josh tem uma história sobre os primeiros dias do açougue, quando ele próprio aprendia a técnica de corte. Em vez de lembrar-se de quando era criança, dos momentos que passava na loja kosher de seu avô, Josh não tinha realmente nenhuma experiência no ofício, antes de ele e Jessica tomarem a decisão aventureira de abrir um açougue em Kingston, Nova York. Eles não resolveram abrir o Fleisher porque eram grandes carnívoros. Ao contrário, Josh tinha sido vegetariano radical durante 17 anos, e continuara praticando essa insanidade, durante seis meses, depois de abrir a loja, até que Jess finalmente estabeleceu a lei. "Não posso ser a única pessoa desta loja responsável por provar carne." (Josh é agora, obviamente, um convertido apaixonado; até usa uma camisa onde se lê: BACON — O PORTAL DA CARNE.) Na verdade, eles decidiram abrir o Fleisher porque, basicamente, são hippies. Bem, hippies diferentes. Hippies carnívoros, que é uma coisa infinitamente mais bacana. Os hippies carnívoros fazem coisas do tipo: escrever dissertações sobre pornografia, viajar por toda a Índia, sozinhos (Jessica), trabalhar como mensageiros de bicicleta no início dos anos 1990, em Manhattan e possuir amigos de infância que cultivam maconha em Vermont, legalmente (Josh). Eles se dispõem a não pensar em lucro, se necessário, para abrir um açougue que venda apenas carne de animais sem hormônio, alimentado com grão e grama e criados humanamente, mas são francos na esperança de que isso, ao contrário, os fará ricos. Eles se arriscam em guetos para entregar carne, de graça, a idosos com deficiências crônicas de ferro, que vivem de auxílio-alimentação, e fornecem agasalhos e carros aos empregados que precisam. Eles nutrem um desprezo de igual proporção por donos de Humvee e vegetarianos hipócritas. São entusiasmados, francos, fortes, céticos, desbocados e esperançosos; o tipo de gente com quem quero conviver.

Bem. Quando o Fleisher foi inaugurado, em 2004, eram somente Josh e Jessica, cortando carne e tentando vendê-la, a duras penas. Josh recrutou Tom para ensiná-lo, e sob a monitoria de Tom, e com muita prática, ele aprendeu rapidamente. Era um cozinheiro experiente, portanto sabia pelo menos um pouco sobre carne, e talvez tenha herdado os genes de açougueiro. Mas a maior parte do tempo, ele ficava sozinho no açougue, com montanhas de carne, cortando horas a fio. E Josh jura que uma vez conseguiu enfiar uma faca diretamente na mão, atravessando a mesa. Eu realmente não sei se acredito nisso, em primeiro lugar porque Josh é famoso por exagerar de vez em quando, e em segundo porque simplesmente não consigo imaginar o que ele poderia estar fazendo que resultasse em algo daquele tipo. Mas ele insiste que aconteceu, que a puxou da mesa e dirigiu até o hospital, sangrando.

Portanto, este pequeno acidente comigo, definitivamente, entra na categoria do "nada de mais". Lembro-me disso e retomo minhas forças. A hemorragia praticamente já parou. Enfaixo o dedo novamente, e dessa vez eu o mantenho enfaixado.

Sempre preciso tomar coragem para voltar à mesa, depois de um acidente. Levo um tempão tomando uma xícara de café, vou ao banheiro, mexo no iPod. Mas não posso deixar Colin sozinho com aquelas malditas aves congeladas. Então, finalmente, eu volto. Dentro de uma hora, mais ou menos, teremos acabado, exceto naturalmente aquelas que ainda estão totalmente congeladas.

— Terminou? — Aaron tem este jeito de aparecer, de repente, como um professor de escola fundamental com olhos atrás da cabeça.

— Muito bem. Agora, com isso, vamos fazer *roulades* para assar e colocar na vitrine.

Ele pega um dos perus desossados, agora apenas uma aba desajeitada de carne — em um lado, uma massa irregular de carne rosa, e, no outro, pele arrepiada amarela —, e tempera o lado cor-de-rosa generosamente com sal e pimenta. Depois, ele demonstra como enrolá-la em uma baguete, em diagonal, para que a carne branca do peito e a carne escura das pernas fiquem distribuídas de forma homogênea, arrumando qualquer pedaço solto, fora de lugar. O *roulade* parece frouxo, e posso ver que Aaron está tendo trabalho para mantê-lo preso. Ele tenta algumas vezes, antes de deixá-lo com um formato que considera aceitável. Então ele a amarra, do jeito que eu amarrei o músculo traseiro anteriormente: um laço passado verticalmente ao longo do rocambole, outro horizontalmente, e vários laços curtos para formar uma coluna dourada longa, fina e perfeita de peru.

Ele precisa de aproximadamente 15 minutos, ao todo, o que eu imagino que para mim vai levar 45 minutos, no mínimo.

E estou certa, em relação ao primeiro, pelo menos. Descubro que *roulade* de peru é o tipo de coisa para o qual a frase "água e azeite não se misturam" foi inventada. Enrolar a coisa, para iniciantes, é como lidar com um resistente passivo. Algum pedaço da perna ou a tira pendente da asa está sempre escorregando da mão, minando os meus esforços de deixá-lo de acordo com o status de uma forma cilíndrica.

Quando finalmente consigo algo semelhante ao exemplo de Aaron, torna-se difícil mantê-lo, enquanto deslizo o cordão por baixo e tento amarrar. Acabo amarrando muito apertado, nas primeiras vezes, e o cilindro fica puxado em formato de um U frouxo, ou o laço do cordão simplesmente sai, amarrando-se no processo. Quando não aperto o suficiente, o cordão acaba soltando, quando arrumo o peru para dar o segundo laço. Até que, por fim, consigo atingir a pressão correta e amarro os dois primeiros. Começo fazendo os laços curtos, de cima para baixo por todo o comprimento da coisa. Novamente, a frouxidão se faz presente. Não estou trabalhando com um músculo, como no caso do traseiro, um músculo com a sua própria lógica e formato. Estou forçando uma massa nojenta de carne cortada e rasgada, a uma lógica minha (ou do Aaron).

É um trabalho frustrante, malfeito, um constante ato de encorajar a carne ficar onde você quer. A carne do peru é mais pegajosa do que a de vaca ou de porco; além disso, ela cobre o cordão com uma substância grudenta e escorregadia, que faz os nós prenderem inesperadamente, antes de estarem suficientemente apertados. Muito do cordão vai para o lixo. Eu tento esconder do Aaron essa evidência do meu fracasso, colocando ossos por cima, para mascarar os pedaços desperdiçados de cordão.

Mas quando finalmente acabo de amarrar de forma homogênea, há uma sensação de dever cumprido diferente. Não sou uma escultora que esculpiu um rosto no mármore. Sou uma aprendiz que amansou um garanhão selvagem, o castrou e o transformou em algo que não oferece perigo, para que crianças possam montá-lo de forma segura, em volta de uma área empoeirada no acampamento de verão.

Depois do primeiro *roulade*, as coisas ficam mais fáceis. Ajusto as minhas habilidades prodigiosas de enlaçamento a esse novo desafio, e logo estou fazendo rapidamente, quase na mesma velocidade de Aaron. (Talvez, na realidade, até mais rápido. Eu não gosto de confessar, nem a mim mesma, o quanto me tornei competitiva e irregularmente orgulhosa das minhas pequenas realizações. Acho que até as mulheres são sujeitas ao envenenamento da testosterona.)

— Isso está muito bonito — diz Colin.
— Obrigada.
— Muito melhor do que o meu.
— Ah, de jeito nenhum. — Estou contente por ele ter dito isso. Eu me sentia culpada por notar, com certa alegria, que de fato o meu realmente parecia um pouco melhor do que o dele.
— Sabe de uma coisa, eu estava pensando — diz Colin, pensativo, enquanto os seus dedos grossos executam a tarefa delicada. — Eu acho que, toda vez que eu ler a palavra *matadouro* de agora em diante, vou ficar furioso.
— Como assim?
— Bem, você sabe, eu já li muita história, história militar. E encontrei frases do tipo "matadouro no campo de batalha", como se *matadouro* significasse algo sangrento e sujo e, não sei, desprovido de habilidade. E isso me ofende um pouco, francamente, porque matadouro é simplesmente o contrário disso.

Estou adorando Colin.

— Sei exatamente o que você quer dizer.
— Tem algo a ver com beleza, Jules — diz Aaron, chegando à mesa para pegar dois *roulades*. — Ensaque o restante quando terminar. Eles serão colocados no freezer.
— Pode deixar.

Preparo rapidamente mais seis *roulades* antes de terminar o expediente e comemoro com uma Mother's Milk. E uma bolsa de gelo para meu pulso esquerdo.

Sei que o Fleisher é um lugar mágico, claro. Mas, depois de vários meses de trabalho, a magia torna-se uma espécie de brilho de segundo plano, uma felicidade na qual não tenho que pensar a respeito.

Às vezes, quando levamos Robert, o cachorro, para passear, algum desconhecido para e exclama: "Ai meu *Deus,* que cachorro grande!"

Então, eu olho para ele e, de repente, percebo: *Ai meu* Deus, *ele é realmente grande.* O mesmo acontece com pessoas que vêm ao açougue. O que eu passei a considerar normal é estranho para recém-chegados. Só a vitrine, repleta de porções brilhantes de carne, peito de boi, cordeiro moído, costeletas de porco, linguiça e salsichão de fígado, já é motivo para espanto. Quando abro a porta do frigorífico, nos fundos, pelo trinco de cromo, os clientes veem as carcaças de porco penduradas, como roupa em um armário abarrotado, mas eu vejo aquilo de uma forma diferente — uma visão perversa da história *O leão, a feiticeira e o guarda-roupa.* Encontro-me pensando novamente em algo que pensei no meu primeiro dia aqui, que se eu ousasse pressionar aquela carne hermeticamente empacotada, eu não ficaria surpresa em encontrar um mundo novo estranho e emocionante do outro lado.

— Isso é... incrível.

— Bacana, não é? — É sempre difícil saber como mamãe vai reagir diante de qualquer coisa, embora, com o passar dos anos, toda a família tenha gastado tanta energia tentando compreender isso, que daria para fornecer energia a uma cidade de tamanho médio.

— Nunca vi nada igual. É... sim. É bem legal.

Ela, meu pai e meu irmão me seguem até os fundos do açougue. Explico tudo sobre o armário de salame, o recheador de linguiça e toda a comida feita no local: a sopa, o peru assado, o patê e o empadão de frango. Aaron e Colin estão na mesa, Josh e Jessica estão ajudando Hailey e Jesse no balcão, porque a fila está crescendo. Juan está empacotando carne moída para os pedidos por atacado feitos na cidade, 4,5 quilos em sacolas Cryovac, o que ele faz confiante, por intuição, usando a balança só para verificar mais uma vez. (Qualquer pessoa que já tenha trabalhado em balcão de carne sabe a sensação triunfante de se colocar a carne na balança e verificar que o peso está exatamente como o desejado, na primeira tentativa. Aconteceu comigo algumas vezes, e sempre sinto que serpentinas vão começar a cair do teto e as trombetas tocarão para celebrar o momento. Para Juan, entretanto, é algo corriqueiro.) Embora todos estejam ocupados, aceitam com tranquilidade a horda de turistas rondando pelo lugar. Há sorrisos e apresentações o tempo todo. Esta é uma das diferenças entre o Fleisher e um açougue antigo. Há uma nítida ausência de grosseria.

— Sua filha é o máximo — diz Josh à minha mãe. — Ela é bacana pra cacete.

— Ah! — Minha mãe certamente não fica ofendida pelo linguajar de Josh, mas se espanta um pouco com seu entusiasmo. — Eu sei.

— Olhe isso! — diz ele, me forçando a fazer um muque e apertando o meu bíceps. — Duro como pedra.

— Ah, por favor.

Mas embora ele exagere muito, permito-me ficar lisonjeada. Na maior parte das circunstâncias, ser vista por minha mãe dessa forma: a pele gordurosa, o cabelo com o formato do chapéu, o rosto corado, mostrando a sua tendência para rosácea, sem nenhuma maquiagem e camiseta larga sob o avental branco que me deixa igual a uma linguiça, teria me feito sentir nitidamente desconfortável, até envergonhada. Mas aqui, no açougue, percebo que isso não me incomoda tanto.

— Isso — digo, abrindo a câmara frigorífica e apontando para o enorme pacote, malfeito, por mim, com papel parafinado e meu nome escrito com caneta indelével preta — é a nossa ceia de Natal. Vou amarrá-lo esta tarde. Vai ficar lindo. Prometo.

Eu não estou inteiramente certa a esse respeito, mas Aaron me assegurou que será moleza. Bem, veremos. Há ainda muito trabalho a ser feito no açougue, antes de ir embora com a minha família. Quando eles saírem com Eric — que está esperando pacientemente do lado de fora com Robert —, começarei a trabalhar.

Há duas peças inteiras de porco naquele papel branco — 12 costelas ao todo, aproximadamente 7 quilos de carne e osso. Aprendi agora como fazer uma coroa assada, mas isso está acontecendo em um grau de magnitude, além da meia coroa de cordeiro delicada que eu fazia anteriormente. Cortar o lombo, o primeiro passo, é algo com o qual ainda não me sinto completamente à vontade; deixo Aaron me dar instruções novamente. Diferente de outros usos mais diretos da enorme serra, para cortar o lombo é preciso improvisar durante o processo, ajustando a linha do corte como for apropriado, em vez de somente prender a carne na mesa e deixar a lâmina trabalhar. Não consigo cortar tão perto como realmente deveria fazer, por receio. Então, seguro a peça pelas pontas e, como fiz com o cordeiro, corto pelas vértebras entre cada costela, sem cortar muito profundamente no miolo de carne atrás, para dar à costela a flexibilidade que ela precisará se eu for transformá-la em uma metade de um donut de carne de porco.

Depois tenho de fazer o *french*, ou seja, retirar a gordura e o osso, daquelas pontas de costela. Isto eu tenho certeza de que sei fazer, portanto pego o cordão, a luva de corte e a faca.

Ao final de 12 costelas, quarenta minutos depois, posso dizer que me sinto independente em relação a essa técnica. (É verdade, eu admito que o termo ainda me parece pornográfico.) Muitas vezes arrebento o barbante quando amarro e puxo — até com a luva, a minha mão está vermelha e irritada por causa do barbante —, e muitas vezes os pedaços de carne intercostal que eu puxo acabam caindo no chão, em vez de na mesa, de onde entrariam nas caçambas para serem moídos. Pelo menos puxar, isso eu aprendi a fazer, e tenho de recorrer à raspagem de tiras de forma desordenada com a faca, em só dois ou três ossos mais grossos. Tudo o que resta é amarrar as duas costelas juntas em uma coroa. Faço um semicírculo e, enquanto Aaron me ajuda, mantendo-as no lugar, eu as amarro. O mesmo conceito de antes: dar um laço em volta do espartilho de costelas; manter o cordão esticado com a mão direita, enquanto passa o barbante por cima e por baixo, com a esquerda. Dar um puxão firme e consistente na ponta do cordão, apertando o nó com a mão esquerda, até que a cintura da coroa assada esteja bem apertada. Por um momento, é incerto porque as costelas tentam escapar da forma circular, na qual Aaron tenta forçá-las a ficar. Mas ele segura firme, e eu puxo bem forte, e em uma questão de segundos está terminado. A coroa tem quase a mesma circunferência de uma tampa de lata de lixo, com os ossos brancos da costela por cima, o miolo da costela saindo, na parte de baixo, como uma barriga caindo por cima de um jeans muito apertado, se é que barriga pode ser considerada algo deliciosamente atraente ou bonito.

Mas não há tempo para apreciar o meu trabalho manual.

— Parabéns, Jules.

— Obrigada.

— Agora, embrulhe e coloque de volta no frigorífico. Limpe a mesa, para podermos cortar outra carne.

(Não se pode cortar carne de boi e de porco, ao mesmo tempo, na mesma superfície. Josh diz que isso causa contaminação cruzada e é ilegal. Não entendo muito bem a respeito disso, nem acredito inteiramente, mas eles fazem as regras. Eu apenas trabalho aqui.)

— Nenhum descanso para o exaustivo cortar e cortar. Viu o que fiz aqui? Rapidinho?

— Você é brilhante.

Passamos o resto da tarde tentando freneticamente manter a vitrine cheia, enquanto uma multidão constante de clientes anda pelo açougue, fofocando sobre a ansiedade e divertimento dos feriados. Preciso ir embora e encontrar minha família, ajudar meus pais a se acomodarem e dar a Eric um descanso com os cuidados de Robert — um trabalho não tão árduo, já que Robert, basicamente, fica deitado a 1 metro de distância de onde quer que você esteja, peidando ou pedindo carinho na barriga. Mas, ultimamente, Eric tem arcado com essa responsabilidade, muito mais que a sua cota, e essa rotina de pai solteiro pode se tornar uma sobrecarga psicológica. Daqui, no entanto, não há a menor possibilidade de eu escapar, entre pedidos por atacado e a demanda de Natal. São quase 20 horas quando deixamos tudo arrumado e pronto para o dia seguinte, antevéspera de Natal. Eu corro até o carro, estacionado a duas quadras na área livre. Tenho dois frangos de churrascaria na mão para o nosso jantar.

Mamãe já está na cozinha quando estaciono. Preparou uma salada e está sentando-se à mesa da sala de jantar, com gim Tanqueray e suco na mão, olhando atentamente um livro de receitas culinárias para fazer a lista de compras das várias sofisticadas refeições que planejamos fazer. (Mamãe e eu melhoramos, com o passar dos anos, no sentido de não nos cansarmos cozinhando para a família, em datas festivas. Não fazemos mais sopas de entrada com palitos de pão feitos em casa, seis acompanhamentos para o peru marinado e cinco sobremesas, para um jantar de Ação de Graças de seis pessoas. Mas ainda fazemos algumas loucuras.) Eric está do lado de fora, na varanda dos fundos, com Robert, que não pode ficar dentro de casa; e meu pai e meu irmão já estão fazendo palavras cruzadas.

— Eu trouxe frango. Podemos colocá-lo no forno por alguns minutos para aquecer.

— O pão de milho está assando agora mesmo a 180 graus. Decidi colocá-lo no forno, assim ele pode descansar esta noite, para ficar bem envelhecido para o enfeite do assado. Mas estará pronto em alguns minutos.

— Tudo bem. O que eu posso fazer? — Abro uma garrafa de vinho tinto e encho uma taça grande. Preciso recuperar o tempo perdido, afinal, já está um pouco tarde para a minha primeira bebida da noite.

— Bem, você poderia me ajudar a decidir o cardápio. Eu queria fazer aquela torta de amora da Martha Stewart, que fizemos para aquele jantar de Ação de Graças na Virginia, mas não consigo encontrar a receita.

— Tudo bem, espere. Deixe eu dar uma olhada no Eric e no Rob.

— Claro.

E, ao passar por ela no caminho para a porta dos fundos:

— Caramba. Você *realmente* cheira a carne.

— Eu sei.

Eric está sentado em uma cadeira de bambu, no escuro, embrulhado no casaco e lendo Dashiell Hammett pelo quadrado da luz amarela vindo das janelas da porta da cozinha. Robert está no chão, junto da sua cumbuca de água, parecendo tipicamente triste com o queixo entre as patas. Ele levanta a cabeça e balança o rabo para me saudar.

— Oi, amor. Tudo bem?

— Tudo. — Acaricio o seu cabelo e ele encosta a cabeça no meu quadril.

— Quer uma bebida?

— Quero.

— Vinho? Vodca? Weller? — Weller é a marca preferida de uísque do meu pai; ele o traz quando vem para o norte, já que é difícil de se encontrar por aqui.

— Mmm! Weller, por favor!

— Só um segundo.

Eu trago a sua bebida, duas doses generosas em um copo plástico vermelho.

— Sabe de uma coisa? Não podemos passar o feriado inteiro com um de nós sentado do lado de fora, no frio, com o nosso cachorro.

— Ele não pode ficar dentro de casa. E eu não vou deixá-lo sozinho na sua casa enquanto estamos todos aqui. É Natal.

— Ele não sabe que é Natal. De qualquer maneira, acho que deveríamos deixá-lo entrar.

— Não quero que a sua mãe tenha problemas com a senhoria.

— Ele não vai cagar por todas as partes nem subir na mobília ou algo assim.

— Mas tem o pelo. — Ele se abaixa para esfregar a barriga oferecida por Robert. Eric é um esfregador de barriga mais devotado do que eu, um pai muito mais amoroso; e, de fato, um chumaço de pelo branco saiu voando. Suspiro. Sou uma mulher bastante obediente, como deixei bem claro até agora, mas às vezes Eric me faz parecer um Johnny Rotten.

De pé, em uma calçada da Greenwich Village, do lado de fora de uma trattoria, em uma tarde amena de outono, esperando para sentar. Estamos encostados em uma porta, roçando a ponta do nariz, fungando, dando aqueles sorrisos "demasiado íntimos para serem dados em público" e demonstrando claramente que somos um casal que estará transando dentro de algumas horas. Somos interrompidos por uma mulher de meia-idade, ligeiramente encabulada e que eu nunca vi antes.

— *Desculpe... Você é Julie Powell?*

— *Huuum... sim. Oi.*

Isso acontece, só muito de vez em quando. Alguém que leu o meu livro e de alguma forma me reconhece. Geralmente, é bem emocionante. Mas o problema é que aquele primeiro livro é sobre, entre outras coisas, a doce certeza do meu amor pelo meu santo marido e a perfeição especial da nossa união. Não foi uma mentira, o que escrevi. Mas as coisas não são mais tão simples assim. Pode ser que nunca tenham sido e que eu tenha apenas ignorado as complicações. Em todo caso, eu provoquei, de um jeito ou de outro, a confusão de uma relação que as pessoas que eu nem conheço consideram como um modelo de perfeição. E ser vista aos beijos com um estranho, em frente a um restaurante de Mario Batali, é um fato aterrador. Minha mente corre, enquanto a mulher fala sobre o meu livro, de como ela o adorou e deu de presente à sua melhor amiga. Então, ela pergunta o que estou fazendo no momento. Talvez ela nem fale com D.

Mas, naturalmente, é exatamente isso o que ela faz, em seguida. Ela estende a mão, dizendo:

— E você deve ser o coitado do...

Imediatamente, da forma mais educada possível, D. aperta a mão da mulher, com um largo sorriso forçado, que não poderia ser mais diferente do sorriso doce, inibido e torto do meu marido, e diz:

— Eric. O próprio.

Quase caio na gargalhada de alívio, diretamente na cara da mulher. Devo estar parecendo completamente confusa, com os olhos agitados e um sorriso falso. D. não é um rebelde irracional, não dirige carros incrementados ou parte para brigas em bares nem cheira cocaína da bunda de strippers (... até... onde eu sei). Mas ele tem um jeito, com apenas um sorriso dissimulado, uma mentirinha, de me fazer sentir apaixonada. Estou tremendo; mal posso esperar para levá-lo para casa.

* * *

Toda esta lembrança não me incomodava mais e havia retrocedido (me deixando exaurida, como sempre) até o Eric se endireitar e bater o pelo do cachorro da sua roupa.

— Bem — digo, permitindo o desejo se transformar, injustamente, em irritação —, temos que resolver esta situação. Não podemos fazer isso o tempo todo.

— Muito bem.

Na mesma hora, ele capta a minha irritação, naturalmente, sabe como o meu humor muda de uma hora para outra, com mais frequência ultimamente, mas de um modo geral, sempre. Antigamente, quando se sentia generoso, ele me chamava de *temperamental e linda*. Ele não está se sentindo generoso agora, e por que deveria?

— Talvez possamos colocá-lo na escada do porão e fechar a entrada com algumas cadeiras, aquele banco ou qualquer outra coisa.

— Certo. Vamos fazer isso.

Odeio ser ríspida com Eric, mesmo quando ele merece, sobretudo quando não merece, e não somente porque não é bonito fazer isso. Minha mãe reclama exatamente do mesmo modo, e eu odeio ouvir aquele tom sair da minha própria garganta. Novamente, não só porque me sinto protetora do meu pai quando minha mãe o ataca, embora eu faça isso. É também porque eu me sinto nela, quando ela faz essas críticas injustificadas, insinuações da infelicidade muito familiar, profunda, ou descontentamento.

Fico imediatamente gentil novamente e arrependida.

— É uma boa ideia.

— Julie? Você vem? Preciso da sua ajuda.

— Estou indo, mãe. Estamos levando o Rob para o porão. É o melhor, não acha?

Levamos Rob. Ele caminha com aquele olhar de resignação, típico de quando ele sofre mudanças inesperadas. Mamãe já tirou o pão do forno e o colocou para esfriar em um prato de metal, diminuiu a temperatura do forno e pôs os frangos enrolados em papel de alumínio para assar. São quase 21 horas. Eu sento em frente à minha mãe, para ajudá-la a decidir se faremos ervilhas com cebolas chalotas ou couve-de-bruxelas com nozes-pecã e alho, e se a torta de maçã com a crosta de bacon que às vezes fazemos é muita coisa para se preparar nesta cozinha pequena. De repente, sinto o peso do meu cansaço. Meus pés e minhas costas estão latejando. Ao pegar uma caneta para escrever a lista de compras em um envelope, a caneta cai dos meus dedos dormentes, e quando seguro meu pulso sinto como se alguma coisa acabasse de estourar dentro dele.

— Ai, merda!
— O que está acontecendo com você?
— Deus do céu! — reclamo, sacudindo a mão, balançando os dedos rijos. A dor inicial já passou, mas permanece latejando, como uma corda de piano que vibra, dos dedos até o cotovelo. — Minha mão decidiu tirar férias, eu acho.
— Deixe-me ver.

Eu abro as duas mãos para minha mãe, que as segura e as compara, virando-as para ver meu pulso. Não há nada sutil agora, o meu pulso esquerdo está claramente mais grosso do que o outro, e com uma cor ligeiramente diferente, mais pálido. Quando minha mãe pressiona o polegar no meu pulso, meus dois dedos do meio se contraem, contorcidos em direção à palma da mão, e eu estremeço.

— Querida, isto é o túnel do carpo.
Dou de ombros.
— Não sei o que fazer.
— Bem, o que você deve fazer é não fazer mais o que está fazendo até que fique melhor. Mas, naturalmente, você não vai me ouvir.
— Não.

Ela se levanta e vai até a geladeira, tira um pouco de gelo da bolsa aberta no congelador, e o coloca em uma bolsa Ziploc. (Nossa família sempre tem gelo. É parte da lista de compras que automaticamente consultamos sempre que chegamos a algum lugar: suco de laranja, frutas secas e gelo, seguido por uma ida à loja de bebidas para comprar gim, Jack Daniel's para meu pai, se ele não tiver levado seu Weller, e Tanqueray para mamãe, além de vodca ou vinho tinto para mim e Eric.)

— Bem, mantenha-o gelado pelo menos. Tive de operar isto, você sabe. Não é nem um pouco insignificante.

— Está bem, está bem.

Obedeço. Mantenho o gelo sobre o pulso durante todo o jantar. Mamãe achou que o frango ficou ótimo. E ela tem razão, ficou espetacular, o aroma delicado, a mistura de tempero sobre a pele. Uma mistura aperfeiçoada por Juan, que mantém o segredo guardado a sete chaves, mas estou determinada a arrancá-lo dele qualquer dia desses.

Quando terminamos o jantar, meu irmão, papai, Eric e mamãe sentam-se no chão, em volta da mesa de café, em frente a 2.500 pecinhas de um quebra-cabeça. A imagem no quebra-cabeça deste ano é um cartão-postal polinésio clássico, que parece bastante simples, mas a água e todas as sombras "gauguinescas" são dificílimas. Nunca tive a paciência para quebra-cabeças que o resto da minha família — especialmente meu irmão e Eric — têm e, além disso, meu pulso mergulhou em um profundo mau humor e me ataca sempre que eu tento fazer algo tão ambicioso como pegar um pedacinho de papel-cartão colorido entre o polegar e o indicador. Então, em vez disso, eu descanso no sofá, folheando o livro aberto nos meus joelhos flexionados, bebendo o meu quarto ou quinto copo de vinho, até que minhas pálpebras começam a pesar e eu acordo de supetão, com a sensação do copo balançando perigosamente na mão. Essa é a deixa: hora de dormir. Pouso o copo

— esvaziado, por sorte, goela abaixo, em vez de no sofá da casa alugada dos meus pais — na pia. No caminho, tropeço na quina do balcão.

— Acho que deveríamos dormir.

Damos boa-noite, vagamente. Estamos todos na ociosidade noturna agora; não fui a única a adormecer no sofá.

Quando saímos no ar frio, percebo que Eric está agarrando meu braço, o que me deixa zangada, embora eu possa usar o apoio quando tropeçar no chão irregular.

— O que foi?

Ele segura com força meu braço, como se apenas isso me impedisse de escorregar no chão frio. Robert anda ao nosso lado, distraído, ocasionalmente comendo um pouco de neve.

— Por que você tem de ser tão descuidada?

— O que foi que eu fiz? O quê? Por que você está tão irritado?

— Esqueça. Não importa. Vou levá-la para casa.

Percorremos o caminho de volta ao meu apartamento, no frio, subimos a escada escura e caímos na cama, depois que Eric me faz tomar um copo de água e uma aspirina.

Mas, quando o efeito da bebida passa, a dor volta. Por volta das 3 horas estou acordada. Como diz uma canção de Kris Kristofferson, não há um modo de segurar a minha mão que não machuque. Meus pensamentos voam desordenados, entre a dor latejante, reconstituições obsessivas da técnica de corte e a preocupação com o desejo físico generalizado, que é a minha posição inicial. Por volta das 7 horas, Robert começa a se espreguiçar e bocejar para seu passeio, meus olhos estão vermelhos e irritados e meu estômago piorou com a insônia. Meu pulso ainda dói como nunca. Levanto da cama me sentindo velha e decrépita. Um passeio curto na manhã gelada com o cachorro, uma Pepsi Diet, dentre as que eu conservo na geladeira, um banho quente; não tomei banho ontem à noite, passei a noite inteira suja de carne. Eu já nem noto mais, principalmente, depois de alguns copos de vinho. Queria saber se Eric se acostumou a isso ou se ele é educado demais para dizer algo. Então, estou pronta para ir.

Eric mal consegue falar um "Te vejo esta noite, amor" quando dou um beijinho no seu ombro para me despedir.

— O que há com você?

Deixo a faca cair no chão, e ela quase atinge a minha perna. Estou resmungando baixinho, enquanto massageio a mão esquerda com o polegar direito.

— Não é nada. A minha mão... minha mão está um pouco dolorida. Vai passar.

Josh agarra minha mão.

— Deixa eu ver.

Novamente estou me submetendo à inspeção, novamente meu pulso está sendo virado para a frente e para trás, sob um olhar examinador.

— Cara, a tua mão está fodida.

— Um pouco — admito. — Não é nada. Já tinha melhorado. Só estou um pouco cansada.

— Bem, então sente-se e descanse, ouça a voz da experiência.

— Estou quase acabando...

Jessica, que sempre ouve por acaso, se aproximou e está olhando o meu pulso também.

— Faz muito tempo que está assim? Você tentou uma massagem? Acupuntura realmente ajuda, também.

— Não tentei nada. Vai melhorar.

— Bem, se você nos processar...

— Ah, por favor, eu não vou *processar* vocês.

— Não, eu sei, mas você sabe o que estou dizendo. Sente-se. Tome uma sopa. Ponha gelo nisso.

Josh quase me joga em uma cadeira.

— Hoje você não vai fazer mais nada.

— Tudo bem. Olhe, não são nem 2 da tarde, e vocês vão precisar de ajuda com o...

— Você acha que vai ganhar esta discussão? — pergunta Josh, seus olhos azuis tremulando. — Que *amor*.

Suspirando, submeto-me à versão experiente de Josh e Jessica de preocupação. Pego uma caneca de sopa, sento-me à mesa, sinto vontade de voltar ao meu membro estropiado, mas eles têm razão, todos têm razão. A minha mão está dando um sinal de alerta.

— Olhe, você deveria passar o dia com a família. Decorar a árvore de natal, beber alguma coisa, fazer o que os seus familiares costumam fazer.

A resistência, agora percebo, é inútil. Além disso, talvez Josh tenha razão. Não deveria estar me escondendo na antevéspera do Natal.

Espere. Não estou me escondendo. Estou trabalhando. Eu não deveria *estar trabalhando*, é o que eu quis dizer.

— Tudo bem. Tudo bem. Vocês vão passar lá para jantar amanhã?

— Não tenho nada melhor para fazer, realmente. O que devemos levar?

— Ah, o de costume. Bebida. Petiscos.

— Perfeito. E Steph e Matt podem ir? Não tem problema?

Stephanie e Matt são velhos amigos de Josh e Jess; um casal que tem uma casa próxima daqui e vem da cidade todo fim de semana. Como normalmente estou aqui durante a semana, os nossos horários ficam completamente opostos, portanto, só os vi umas duas ou três vezes.

— Claro. Quanto mais gente, melhor. Jesse já disse que vai com certeza.

Eu convidei todo mundo do açougue. Já fiz um mapa com as instruções, em uma folha de papel parafinado com caneta vermelha, e o prendi na parede com fita crepe.

— E você, Juan? — chamo, em voz alta, para conseguir ser ouvida na cozinha. — Você vai?

— Aonde?

— À minha casa? Amanhã?

Juan esfrega as mãos em uma toalha de pano branca. Ele está até o pescoço de louça para lavar.

— Vou tentar.

— Você pode pegar uma carona conosco — oferece Josh.

— Ou comigo — acrescenta Jesse, do balcão. — Sua casa fica bem no meu caminho.

— Está bem. Vou tentar. Obrigado.

Volto para o meu apartamento com o enorme porco assado embrulhado e 3 quilos de guisado de cordeiro. Rob me recebe no topo da escada, com o seu habitual interesse casual, mas um "Olá?" revela que Eric não está em casa. Sem dúvida, está ajudando meus pais com compras, árvore ou coisas do tipo. Enviei uma ou duas mensagens para ele, mas não recebi resposta. Com dificuldade, coloco a carne na geladeira, encho uma bolsa de gelo e me deito para descansar. Robert pula na cama, aos meus pés, como sempre faz quando está com frio. Eu deveria fazê-lo descer, mas não faço.

— Julie? Está em casa?

Quando abro os olhos novamente, um pouco assustada, já estava escuro. Naturalmente, o sol está se pondo cedo nestes dias, mas devo ter dormido, não sei, três horas, pelo menos. O meu pacote de gelo derreteu e virou um Ziploc de água fresca. Levanto cheia de culpa, como faço toda manhã depois de perder a consciência e não conseguir lembrar como a noite terminou ou se fiz algo estúpido, como ligar bêbada para o meu ex-amante, ou ainda se comecei uma briga com meu marido.

— Estou aqui.

Eric entra no quarto, embrulhado no casaco.

— Estava dormindo? Não sabíamos onde você estava.

— Desculpe. Eu mandei uma mensagem para você.

— Ah. O telefone parou de funcionar. O sinal aqui é uma merda mesmo.

— É, eu percebi.

Rob e eu descemos da cama, os dois rangendo. Meu pulso continua estalando.

— Compramos a árvore e os ingredientes para a ceia. Podemos sair esta noite.

— Sair? Para onde?

— Pensei que você teria algumas sugestões.

— Não tem porra nenhuma por aqui. Mal se consegue que se entregue uma pizza.

— Vamos dar um jeito. De qualquer maneira, precisamos ir lá, decorar a árvore e preparar as bebidas.

— Sim, é verdade... — Ainda estou com a roupa do trabalho, camiseta e calça pegajosas, fedorentas. — Acho que não vai dar tempo de tomar um banho. Que horas são?

— Tome um banho se quiser. São 17h30. Temos de organizar a ceia, eu acho.

Eric se agacha para acariciar a barriga de Robert. Às vezes, completamente sem razão, eu fico aborrecida com a atenção que Eric dá ao nosso cachorro e tento transformar isso em irritação carinhosa.

— Você estraga esse cachorro...

— Todo mundo precisa de um bom carinho na barriga. Eles não precisam de carinho na barriga? Eles não precisam de um carinho na barriga? Hein? — diz Eric para Rob, com o nariz colado no focinho do cachorro, que rosna feliz.

— Devemos dar comida para ele aqui ou lá?

— Eu ponho a comida dele. Você vai para o banho.

— Nãããoo. Tudo bem. Aff.

Eric finalmente se levanta e bate o pelo do cachorro da sua calça.

— De onde você tirou este termo: "aff"? Você diz isso o tempo todo. É esquisito.

Caramba, casamento é uma coisa estranha. Tudo claro, nada dito.

— Não sei. Aprendi em algum lugar.

Sei exatamente por que Eric está me perguntando isso. Ele sabe que eu sei. O meu tom, vagamente desafiador, é o mais próximo que chegaremos de uma discussão por ele achar que eu aprendi isso com D. (E, na verdade, eu não aprendi com ele, mas todo o vocabulário novo, que não faz parte do jargão do casamento oficial, é imediatamente suspeito.)

— Bem, vou dar comida a Rob. Um banho vai fazer você se sentir melhor, talvez.

— Talvez — respondo, enquanto me dispo, jogando a roupa suja na sacola de pano cujos itens eu utilizo quando estou aqui. Eric e eu sempre ficamos nus perto um do outro, dormimos nus e andamos nus pela casa. Há muito tempo, eu achava que era uma marca da nossa união sensual e adulta. Agora, temo que sejamos completamente imunes à visão do corpo um do outro. Eu nem mereço uma segunda olhada; Eric vai para a cozinha, Robert o segue com as orelhas para cima, enquanto eu entro no banheiro.

Leva um tempão até a água esquentar.

O jantar é massa, com molho comprado pronto, que encontramos na despensa. A árvore é algo assustador, com espaços vazios e um tronco torcido, do jeito que nos gostamos, na nossa família. A minha mãe decidiu que não quer folhas de pinheiro espalhadas pelo carpete — não sei por que não pensamos nisso antes — portanto, acabamos colocando a árvore na varanda da frente, enfeitando-a com as luzes, ouropel e os poucos enfeites que eu retirei de onde eles normalmente ficam, na nossa unidade de armazenamento, na cidade. Estamos encolhidos nos agasalhos e nos espremamos entre os ramos da árvore e a parede da casa, para pendurar os enfeites. Quando acabamos, está bem bonitinha, embora esquisita. Dez minutos depois, quando nos sentamos para jantar, ela cai com o vento, e papai e meu irmão passam outros vinte minutos amarrando-a com cordão nas traves e corrimão da varanda.

Passamos a véspera de Natal, eu e minha mãe, na cozinha, como sempre. Enquanto os rapazes — papai, meu irmão, Eric e Robert — jogam futebol no jardim da frente, eu asso a pimenta poblano no fogão e douro o guisado de cordeiro em bacon e azeite. Mamãe torra nozes-pecã no forno, esmigalha o pão de milho, que precisa ficar completamente seco até amanhã, para rechear a coroa assada. Mantenho o gelo no pulso, que novamente me manteve acordada durante a noite, quando fiquei olhando para o teto, ouvindo os roncos contrapontísticos de Eric e Rob, enquanto as lágrimas desciam até minhas orelhas, por nenhuma razão determinada imediata.

Jesse é o primeiro a chegar.

— Gostei da árvore! Há muitos anos eu não tenho uma árvore de Natal.

— Bem, teremos sorte se ela não cair novamente. Onde está Juan?

— Ele não estava atendendo o telefone.

Para ser honesta, eu realmente não achei que ele viesse, mas ainda assim é uma decepção. Não expressei isso a ninguém, mas eu esperava que todo o pessoal do Fleisher viesse.

— Oi, entre. Quer beber alguma coisa? Temos vinho, *eggnog*, bebida de todo tipo... água?

— Acho que vou querer um *eggnog*. E um pouco de água também.

— Venha. Ainda estamos cozinhando, claro.

— Claro.

Jesse está exatamente como ele é na loja — um pouco lento, tranquilo e encantador. Ele oferece ajuda, e em poucos minutos minha mãe já está pedindo para ele cortar fatias de pão e conversando com ele sobre política e as chances dos democratas para a eleição de 2008.

Até o anoitecer, o restante do grupo — Josh e Jessica com Stephanie e Matt, e mais um dos seus amigos, Jordan — conseguiu achar nossa casa, depois de procurar bastante e protagonizar um desagradável incidente, ao fazer um retorno errado em um trecho coberto de gelo e, consequentemente, espirrar lama no gramado dianteiro de um desconhecido. O guisado de cordeiro, feito com pimenta-malagueta e um pouco de vinho quente, está cozinhando, enchendo a casa com seus aromas. Robert está atrás do banco, na escada, e a pequena casa está tão cheia que há sempre alguém para lhe fazer uma carícia. Depois de muita bebida e pedidos de um monte de gente que desconhece a regra da senhoria de não admitir "nenhum animal", e de todas as hipóteses de ele pisar nos pés das pessoas e tomar mais do que a sua parte justa de espaço no mundo, Robert é posto em liberdade para andar à vontade pela casa.

O guisado está delicioso e bem condimentado. É um prato que a minha mãe e eu fazemos com frequência, embora geralmente só para a família ou para exilados do Texas, já que a maior parte dos meus amigos de Nova York é sensível à pimenta — mas eu sabia que esta gente iria gostar, e eles gostaram.

— Isso está fantástico, Kay — diz Jessica à minha mãe, e o sentimento é ecoado por um coro tão efusivo que chega a convencer minha família, sempre tão cautelosa diante de elogios, os quais costumam considerar falsos. Sei que falsa é a última coisa que esta gente é, e, sensível como sou às pequenas vibrações de humor e o pensamento secreto de cada membro da minha família, especialmente da minha mãe, não consigo relaxar diante do fato de ela não perceber isso. Meu irmão, que não é muito falante, ficou quase absolutamente em silêncio e, embora atento ao fluxo da conversa, se limita a manter um discreto sorriso e os olhos ligeiramente fechados, o que me diz que ele está com seu medidor de besteiras acionado e esquadrinhando o cenário, atento ao revelador tique-taque. Minha mãe tem uma versão da mesma sombra nos olhos, aliás, minha mãe e meu irmão são muito parecidos, embora ela nunca pare de falar. Minha mãe é uma pessoa que conversaria até com uma cabra. Além disso, é considerada encantadora, mesmo quando está com pensamentos cruéis, o que acontece de vez em quando. Fico irritada quando ela não se mostra sensível aos convidados, da mesma forma imediata e calorosa que eu.

Mas afinal, estes cinco são velhos amigos; trazem a sua história inteira com eles, uma história que os entusiasma, repleta de piadas e fatos que só eles conhecem e entendem e que precisam ser explicados. Fazem a casa parecer mais cheia do que está. Por mais que eu tivesse ansiado por esta refeição, para apresentar a minha família do açougue à minha família de sangue, posso entender por que a sintonia é um pouco desajeitada, por que os meus familiares reservados, educados e sarcásticos estão um tanto impressionados por este circo. E na véspera de Natal, um dia característico de "momento de família". Isso está deixando minha mamãe irritada, posso sentir, embora naturalmente ela jamais o demonstrasse diante de convidados. Mais tarde, quando eu perguntar a sua opinião sobre eles, ela vai dizer, como eu já suspeitava, que Jesse é o único que ela adorou totalmente. De Josh e Jessica, ela dirá: "Eles são muito bacanas. E eu gosto de qualquer um que goste de você tanto como eles obviamente gostam. Eles são um pouco, bem, nova-iorquinos."

Ela nem sabe o que o termo "nova-iorquino" envolve. Ficarei chateada, zangada, e começarei a discutir. Depois, vou acabar desistindo, porque, afinal, de que adianta? Só que o fato de minha mãe não amar o que, e quem, eu amo, e com a mesma intensidade, me incomoda mais do que deveria.

Pouco depois que D. voltou para Nova York, antes de irmos para a cama, mas, após eu começar a suspeitar de que esse será o próximo passo se eu não ficar alerta, meus pais vêm à cidade para uma visita. Como de hábito, teatro, refeições caras e muita bebida são as atividades principais. Comprei entradas para vermos Mary-Louise Parker em uma reapresentação de Reckless *e fiz reservas para o L'Impero. Acabamos com uma entrada extra, então convido D. Bastante natural, digo a mim mesma. Oficialmente falando, ele é agora amigo meu e de Eric.*

Naturalmente o que estou fazendo é apresentá-lo para aprovação. E o júri definitivamente ignora esse fato. Droga, ele chega a acionar meu marcador de besteiras, como se estivesse andando com concentrado de urânio no casaco.

— Não suporto o Scorsese. — *(Minha mãe costuma fazer declarações desse jeito. Ela é capaz de se enfurecer, por anos a fio, diante da simples menção do nome de, digamos, Nicole Kidman: "Ela parece um rato de laboratório!" De repente, a atriz passa a ser boa em algo ou é abandonada pelo seu insano primeiro marido ciborgue, e mamãe não somente muda radicalmente de opinião como também afirma nunca ter sentido nada que não fosse positivo em relação à encantadora menina. Esses comentários já viraram motivo de piada de família e são hilários, exceto quando alguém se vê diante de uma briga sobre Bill Murray ou recebe uma panelada na cabeça de alguém por causa de detalhes da teoria evolutiva.)*

— *Claro que gosta.*

— Não, realmente eu o odeio. Taxi Driver? *Aquela porcaria de* Os bons companheiros? *Não passa de uma merda superestimada de machista.*

— *Você viu* Alice não mora mais aqui? — *Na mosca!*
— *Ah, este eu adoro. Kris Kristofferson jovem... É do Scorsese?*

E ele a cativou. *Mais tarde, ele me conta que bastou olhar para minha mãe e observar meu pai — grisalho, alto e profundamente texano — que ele imediatamente soube que ela seria fã de Kristofferson.*

Como acaba acontecendo, eu decido nunca mencionar o nome de D. perto dela novamente; uma vez que nós começamos a dormir juntos, não serei capaz de me arriscar a fazê-lo. Mas, neste momento, posso ver que ele a domina, da mesma forma que faz comigo. Minha mãe e eu reconhecemos que ele é perigoso e bobo, narcisista e ligeiramente irritante, mas, de alguma forma, misteriosamente irresistível. Por dentro, estou feliz — como se minha mãe estivesse dando a sua aprovação para o que, praticamente, eu decidi fazer. Um ano depois, me emociono, mais uma vez quando, após conhecer rapidamente a mãe de D., ele me diz:

— *Minha mãe adorou você. "Eu gostei muito daquela menina", ela disse.*

O que me irrita é que eu, uma mulher de 33 anos, ainda preciso de um bilhete de permissão parental para seguir as minhas excursões emocionais.

Portanto o dia de Natal é melhor, porque podemos regressar às nossas rotinas habituais de família — cozinhando, lendo, montando quebra-cabeça e bebendo — para celebrar a data. Abrimos os nossos presentes de manhã, depois de reerguer a árvore, que caiu novamente durante a noite. Minha mãe e meu pai colocaram as meias de Eric, as do meu irmão e as minhas junto com os presentes "trazidos por Papai Noel" — isto é, aqueles que eles não quiseram embrulhar —, exatamente como fazem todo ano, desde que eu nasci. Por volta do meio-dia, estamos bebendo *eggnog* novamente, os rapazes, curvados sobre o quebra-cabeça, enquanto minha mãe e eu temperamos o assado e começamos a preparar os acompanhamentos.

— Não está lindo? Eu que fiz! — digo, apontando para a minha bela coroa assada, como uma criança apresentando uma obra-prima de pintura de têmpera, premiada. Faço uma piada de estar orgulhosa como uma criança, para disfarçar que estou orgulhosa como uma criança.

— Está magnífico, Julie. Estou surpreso de saber que você fez isso.

— Ah, não é tão difícil. — Naturalmente estou imensamente satisfeita.

O assado exige nada mais do que várias horas de cozimento, algumas espetadas com o termômetro de carne, que eu lembrei de trazer do açougue, e um pouco de ansiedade. Fico com medo de deixar a minha bela criação passar do ponto, ou de não cozinhar o suficiente. Tento evitar me tornar impertinente, mas quando vou ao banheiro, cometo o erro, o erro terrível, masoquista, impulsivo e habitual, de mandar uma mensagem para D., desejando-lhe um feliz Natal. Eu me agarro à fantasia acolhedora da sua resposta, do seu agradecimento pelo belo cachecol que ele usará, embora saiba que não deveria, porque é bonito, sua mãe o adorou e combina tão bem com o seu gorro de inverno vermelho, favorito. E então, embora o porco exale um cheiro fantástico, não consigo decidir quando está pronto. Os ossos estão escurecendo e a gordura untuosa está acumulando sob a grelha. A temperatura parece certa, mas aqueles sucos não estão ficando terrivelmente cor-de-rosa? Eric está me olhando desconfiado, captando as minhas vibrações estranhas, e eu estou sentindo os meus pulmões sendo esmagados. Estou apavorada, porque tenho a responsabilidade, com todo mundo, de estar feliz, satisfeita e de fazer uma deliciosa coroa assada e realmente não sei que decisão tomar com a maldita coisa, e vou destruí-la. De repente, caio no choro, o meu pulso se contrai em um espasmo violento e o termômetro de carne escorrega dos meus dedos.

— Julie, o que está acontecendo? — Minha mãe, como todos os outros, reconhece essa explosão de raiva, embora desconheça sua causa.

— Eu... Não sei que fazer sobre... sobre o... sobre tudo isso. Estou arruinando a ceia de Natal. Sou uma açougueira de 33 anos que não sabe usar um maldito termômetro de carne.

Todo mundo tem a sua técnica própria para lidar com estes meus ataques.

Minha mãe me dá uma bronca, até eu não ficar mais zangada e começar a chorar, arrependida. Depois, acaricia as minhas mãos e olha nos meus olhos, com profunda emoção.

— Não sei por que faz isso com você mesma.

Eric me pega pelos ombros, olha fixamente para mim com ar muito perto do terror, e fala com intensidade tranquila:

— Julie. Acalme-se. Por favor. Acalme-se.

Meu irmão revira os olhos e se afasta.

Mas eu prefiro o jeito do meu pai. Ele prende a minha cabeça e esfrega o meu cabelo com os seus dedos grandes, a versão masculina dos meus.

— Ah, Jules — ele diz, dando risadinhas. — Você é tão louca.

Isso me alegra e, de alguma forma, me tranquiliza, porque por algum tempo eu consigo respirar, sem me incomodar com a necessidade de cuidar de tudo e de todo o mundo, cada pensamento secreto e vibração percebida.

O assado passou do ponto. Mas minha família parece não notar, ou pelo menos eles são muito gentis nos elogios; sensíveis aos meus sentimentos, não há dúvida, depois do meu ataque recente. E, no entanto, está delicioso, mesmo com a textura incorreta; o porco do Fleisher é tão bom que não é preciso cozinhá-lo tanto, mas se passar do ponto, as suas cargas deliciosas de gordura permitem um resultado melhor do que a variedade padrão encontrada em supermercados. Comemos muito mais do que precisamos, e logo mamãe corta a torta que decidimos preparar e a distribui. Papai se recosta na cadeira e põe o seu guardanapo na cabeça, que é algo que ele faz depois de grandes jantares; nós nem pensamos mais nisso.

— Bem, queridos, isto tudo estava maravilhoso. Agora preciso vomitar.

— Sim, querida, estava realmente muito bom — diz Eric, apertando a minha mão e debruçando-se para me beijar. Sorrio e sinto uma espécie de angústia, por um momento penso no telefone, que não tocou, nunca tocará novamente, não pelas razões que eu quero. Por que os elogios do Eric, a sua aprovação e amor, constantemente oferecidos, não me parecem tão verdadeiros como uma única palavra, um pequeno reconhecimento da minha existência, por parte do D.? É injusto e cruel, e eu beijo Eric mais ternamente do que nos últimos meses, em um pedido de desculpas particular íntimo.

Naquela noite, quando estou na cama segurando o pulso, me lembro de algo que não pensava há muito tempo. Quando era menina, eu ia ao mesmo acampamento, todo verão, durante sete anos. Todo aquele tempo, a minha mãe me escreveu cartas, duas ou mais por semana, fielmente, enviando-as junto com pequenos pacotes de livros, fitas cassete e jogos. Com uma exceção. No dia 8 de agosto de 1988, meu pai escreveu a única carta que ele me enviaria em sete anos. No corpo da carta, ele dizia que simplesmente não conseguiu evitar, por causa da data, 8/8/88.

Tenho o maior carinho por isso, o modo casual, ocasional que o meu pai sempre demonstrava o seu afeto. Ele quase nunca diz que me ama; não precisa. Eu sei. Ele não tem que falar do seu amor por algo precioso em relação a mim. Em vez disso, ele prova que sou querida passando, de vez em quando, para mim algo com o qual ele se deleita: uma observação, um livro favorito, um filme, a visão de um pássaro no alimentador, do lado de fora da sua janela. Isso me enche de carinho. Não preciso de mais nada, além disso; não saberia o que fazer. Eu gosto das manifestações de amor repartidas, merecidas.

Meus olhos se arregalam no escuro e eu perco o fôlego. Viro a cabeça para olhar o telefone, ao lado da cama, como uma pedra. Fico olhando para ele, sentindo o latejar irritante no meu pulso e esperando, até que, em algum ponto, durante as primeiras horas da manhã, eu finalmente adormeço.

Até o osso

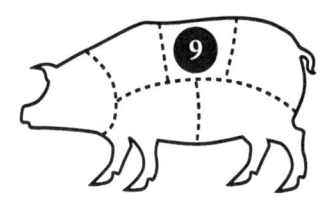

Todo novilho que vem para o açougue chega dividido em oito partes, chamadas "cortes primários". A melhor maneira de entender esses cortes é usar o seu próprio corpo como uma espécie de guia. Primeiro pendure-se de cabeça para baixo em um gancho, retire suas vísceras, remova sua cabeça e corte-se ao meio, verticalmente. O próximo corte — logo na parte mais larga da omoplata — vai retirar um corte primário do seu quarto dianteiro: um braço, um ombro e metade do seu pescoço e peito. A parte seguinte a ser removida são as suas seções de costela — tudo, exceto o lado superior da sua caixa torácica. Depois, passe para as suas seções do quadril, fazendo o corte diretamente no seu cóccix. O que resta pendurado são as suas pernas e nádegas, que são chamados "traseiros". No que se refere a cortes de carne, eu consegui, satisfatoriamente, retalhar os traseiros...

Quarto dianteiro, entretanto, é outra história. Este é o maior corte básico no animal, cheio de ossos esquisitos, vértebras nodosas que, diferente das seções de costela e quadril, têm de ser retiradas para se atingir a carne. Além disso, tem o úmero, uma batalha épica por si só. Um dia, espero, serei capaz de retalhar um quarto dianteiro em 15 minutos, e então vou me considerar uma verdadeira açougueira. Por enquanto, eu levo, sério, cerca de uma hora e meia.

— Ei, desculpe, Aaron, você pode me guiar nisso aqui? Eu já deveria estar fazendo isso sozinha, eu sei...

— Você faz um e eu faço o outro. Dê uma olhada para cá quando estiver perdida.

Fico ao lado dele com dois cortes dianteiros lado a lado, na mesa, observando, antes de começar. Aaron, como eu, é canhoto, o que torna tudo mais fácil. Com o passar dos anos, eu me acostumei à necessidade de projetar, mentalmente, qualquer atividade física que alguém esteja me ensinando a fazer, com os olhos semicruzados, enquanto imagino como fazer com que funcione do lado oposto. Mas quando observo Aaron, não preciso usar essa habilidade.

— Quantas pessoas aqui são canhotas?

— Bem, Colin. E Tom, eu acho... Hailey! — ele chama, sem tirar os olhos da mesa —, você é canhota?

— Não.

— Ah, que pena. Você bem que poderia fazer parte do time.

Hailey esfrega o rosto, fingindo estar aborrecida. Pelo menos eu acho que está fingindo.

— Jules, você sabe quem são os sete presidentes dos Estados Unidos canhotos? — pergunta Aaron em um dos seus joguinhos.

— Huuum... — Tento lembrar, enquanto puxo o quarto dianteiro na minha direção, com a mão dentro da cavidade do peito virada para cima e o topo do pescoço virado para o outro lado. Começo pela parte fácil, cortando o cordão, um cilindro de carne aninhado na espinha, subindo pelo pescoço. É como a extração do filé, só que menos estressante, porque a carne é mais ou menos sem valor, indo diretamente para o moedor, ou possivelmente deixada de lado por um dos cortadores, para levar para casa; todos nós adoramos a carne barata, que além de tudo é saborosa, e o cordão dá um excelente cozido. — Vamos ver. Clinton, eu sei. Bush...

— Qual deles, pai ou filho?

— Pai, claro. Fala sério! Como aquele idiota poderia ser canhoto? Reagan.

— Você falou três.

— Ford... Truman? — Deixei o corte de lado, pousei a faca e apanhei a serra. Cortei os ossos da costela nas duas pontas, tanto perto da espinha, onde ficava o cordão, quanto contra o esterno, que (se você quiser imaginar isso em você) é onde os dois lados da sua caixa torácica se uniam na frente, em uma cunha de cartilagem, quando você ainda estava inteiro. Do outro lado daquela cartilagem há um grande pedaço de gordura amarelada, onde ficariam os peitos, se o novilho tivesse o mesmo tipo de peito que nós temos. O corte com a serra é o mais complicado. Como o braço e o ombro estão presos embaixo, a peça inteira não fica estirada; em vez disso, ela inclina na sua direção, com a ponta superior do carré mais alta do que a parte de baixo. Esse ângulo não é o ideal, já que você não quer serrar profundamente na carne, abaixo das costelas. É preciso se agachar e alcançar as costelas por baixo para que, quando alcançar a costela inferior, você não tenha penetrado no músculo, na ponta superior.

— Está certo.

— É tudo o que sei.

Aaron se ajeita e, ainda segurando a faca, estica o polegar e o dedo indicador.

— Tem também Hoover e Garfield.

— Não chega a ser um time de estrelas, verdade seja dita. — Peguei a faca novamente, como se estivesse segurando uma pistola, e comecei a cortar a borda superior da costela, até atingir uma camada branca e grossa de gordura. Abaixo das fatias que eu fiz de ambos os lados da costela, eu procuro com a faca até encontrar a mesma gordura. — Você sabia que Barack Obama é canhoto?

— Qual é a de vocês, afinal? — grita Jesse. É um dia monótono de fevereiro e ele está limpando os balcões, apenas para ter algo para fazer. — Como se pertencer a um grupo demográfico de acidentes fatais e taxas de suicídio elevadas fosse algo para se orgulhar.

— Eeeei — diz Aaron. — Nós somos brilhantes! Somos criativos! Somos torturados!

Eu me limito a ouvir em silêncio, mas estou rindo, por dentro.

— *Eeeei. Pensei que você fosse canhoto.*

Estou sentada em frente a D. em um restaurante no Upper East Side. Ele está levando à boca um pedaço de omelete, com a mão direita. Mas isso é possível? Eu me lembro perfeitamente do momento, algumas semanas atrás, quando notei que ele fazia parte do time dos canhotos. Eu estava amarrada no momento, e tinha a mente voltada para outros assuntos, portanto não toquei no assunto, mas guardei esse detalhe no arquivo sob a categoria de Fatos Divertidos a Serem Conversados.

Ele entende imediatamente onde adquiri a ideia, e me lança um dos seus olhares maliciosos.

— *Não, só faço uma coisa com a mão esquerda.*

E agora vem a parte divertida. Esta é, de fato, uma das minhas coisas favoritas — não somente em relação ao ofício de açougueiro, mas em geral. Quer dizer, eu posso pensar em algumas coisas que superam isso. Mas quase tanto quanto saber um truque em um jogo de computador, onde o tesouro está escondido ou onde você tem de pular com a velocidade tripla no momento exato para escapar do ávido inimigo, tirar esta seção de costelas é como entrar num atalho privilegiado e secreto. Pegue o gancho de carne com a mão direita (se você for canhoto) e enfie-o na carne, atravessando a costela superior, de forma que a ponta curva apareça no meio e embaixo da segunda costela. Depois, puxe. A linha de junção que separa as costelas da gordura abaixo é espessa e robusta, e se separa com um barulho agradavelmente pegajoso, sem o uso da faca, exceto, talvez, no finalzinho. Reserve as costelas. Você pode cortá-las com a serra de fita em costelas do dianteiro, se gostar; às vezes fazemos isso. Geralmente temos mais costelas do dianteiro do que conseguimos vender, e as que são retiradas dessa parte não são tão carnudas como aquelas retiradas da parte de baixo, na seção da costela. Mas, provavelmente, eu irei separar algumas, para levar para casa, esta noite. Eu prefiro levar carne que não seja muito valiosa para o açougue.

Quando as costelas são retiradas, o peito fica evidente, uma parte adorada por texanos, para fazer churrasco, e por judeus, para o preparo de pastrami e do assado na páscoa judaica. Isso também não é difícil de retirar, embora o primeiro passo, remover a ponta protuberante de cartilagem da caixa torácica, não seja exatamente algo divertido. O osso se mistura com a cartilagem, que é facilmente cortada. Você poderia pensar que isso torna as coisas mais fáceis, mas na verdade o que é fácil, quando se raspa a faca embaixo do arco nodoso para soltá-lo da carne abaixo, é deixar inadvertidamente alguns pedaços brancos, não comestíveis, entranhados no peito, que depois terão de ser retirados.

Depois, enfie a faca logo abaixo da axila (não é chamado de axila em um novilho, eu acho, mas vou manter o nome para facilitar a visualização), abaixo do músculo do peito, e arraste-a horizontalmente em direção à espinha. Então faça outro corte vertical, a partir desse ponto, passando pelo meio de onde ficavam as costelas, até a próxima fileira de gordura. A carne do peito também pode ser solta com um forte puxão, usando-se o gancho de carne. Abaixo desse ponto, há uma camada gordurosa na qual está escondido um músculo estreito e longo, que a maioria dos açougueiros não dá valor, mas Josh exige que seja retirado, cortado em pedaços de 5 centímetros e enrolado em uma fatia de bacon caseiro, depois vendido como "*faux fieets*" a 18 dólares o quilo.

Agora chegamos à parte chata.

O mais irritante de se cortar um dianteiro é que, após todo o trabalho que se leva para retalhá-lo — e ainda não cheguei nem perto da parte resistente —, a maior parte da carne, embora seja extremamente saborosa, não tem muito valor. Acém, músculo dianteiro e peito — todos são cortes cheios de gordura e baratos que precisam ser cozidos por longo tempo em fogo baixo para ficarem macios. Uma exceção, e bem escrota, é o miolo da paleta. Esta parte fica em cima da escápula, aderindo firmemente àquele triângulo de osso que não parece com nenhum outro osso no corpo — um largo espaço cinza, em forma de pá, ao qual a carne se funde. O miolo de paleta custa caro, não tanto para o mercado no varejo quanto para o atacado; os modernos chefs de Nova York compram essa carne, cortam-na em bifes, assam, até moem para aqueles hambúrgueres sofisticados de 30 dólares que ultimamente é item obrigatório de vários cardápios. E eles querem a peça inteira, um enorme triângulo, não danificado por cortes malfeitos com a faca. É aí que a coisa se torna realmente complicada. Fico olhando o dianteiro, por um momento.

— Está certo, Aaron? Preciso de ajuda.

— Primeiro vire a peça inteira, para que a perna dianteira fique por cima.

A coisa é pesada à beça e difícil de pegar. É preciso jeito para virá-la. Quando eu consigo, Aaron se aproxima e examina a gordura e a carne com o polegar.

— Ponha o dedo aqui — ordena ele.

Como previsto, há uma fina e distinta sequência de osso que corta diretamente a carne como a barbatana de um tubarão na água — o espinhaço da escápula, alojado em um ângulo de noventa graus em relação à cunha achatada do osso, que se alarga e se afina na cartilagem, em direção ao lado do corte, de frente para nós. O espinhaço corre do ponto superior da escápula, onde ele encontra o músculo dianteiro, e desce até quase a base do triângulo, onde ele se encolhe completamente, enquanto o osso desaparece na cartilagem.

— Comece usando isso — diz Aaron, gesticulando com a faca, indicando uma forma triangular ao longo da linha até a junta e ao longo do osso do músculo dianteiro. — Esse é o corte do dinheiro. Portanto, não o destrua.

— Você tem noção de que três pessoas já me mostraram como cortar o miolo de paleta, várias vezes, e cada vez, juro por Deus, de um modo diferente?

— Isso é bom! Quando se aprende a fazer algo de modos diferentes, pode-se compreender como a coisa realmente funciona. Há uma lógica nisso. Descubra, e você será capaz de retalhar qualquer animal por conta própria. Pode esquartejar até uma pessoa.

— Enfim. Eu gosto de aprendizagem mecânica.

— Vá em frente. Você vai se lembrar como se faz, à medida que for cortando.

Começo expondo a borda superior do úmero, descendo cuidadosamente para não errar, cortando até a junta e mais à frente, ao longo da linha do músculo dianteiro. Agora eu já delineei as bordas do miolo de paleta, que eu devo arrancar. Enfio a faca no corte que eu fiz no topo do espinhaço e corto, cuidadosamente, para baixo, ao longo do lado direito. Da borda inferior do acém, de frente para mim, até a junta, eu solto a carne do osso.

Se eu fosse o Aaron, eu forçaria o meu antebraço esquerdo sob a ponta superior do miolo da paleta, manteria o úmero preso à mesa com a mão direita e arrancaria o músculo de uma só tacada, quebrando a junção apertada, deixando o úmero aparente e o músculo intacto. O brilho da camada prateada que unia as duas partes vem com a carne, deixando a superfície do miolo da paleta lisa e seca, como se estivesse coberta com papel de cera. É um daqueles pequenos milagres operados por um açougueiro, a técnica de arrancar um miolo de paleta.

Entretanto, não sou Aaron. Faço uma tentativa — um puxão forte, enquanto prendo a carne junto ao peito — mas não tenho força, ou talvez não tenha coragem para usá-la. O miolo solta alguns centímetros, mas logo fica preso, pendurado, ameaçando rasgar. Ainda aplicando pressão ascendente para poder olhar dentro da fenda que comecei a abrir, enfio a mão e empurro para a frente e para trás contra a borda apertada daquela fusão, tentando achar os pontos que estão resistindo. Com as pontas dos dedos, pressiono para eles se soltarem. Com uma faca seria mais rápido, mas muito mais confuso. Quero fazer este bem feito.

— Como está indo, Jules?
— Estou indo bem. Melhor ir devagar do que destruir.
— É todo um equilíbrio, Jules. Todo um equilíbrio.
— Como você é zen!

Com muito esforço, dou um puxão, depois cavo, puxo e cavo, soltando o músculo aos poucos. Trinta minutos até eu praticamente terminar, e só a hipotenusa cartilaginosa do úmero ainda está presa à carne. Apoio o miolo da paleta com a mão direita, e, com a esquerda, procuro a faca sem olhar, o que (se pensasse por alguns segundos eu perceberia) é algo bastante estúpido, mas já me acostumei a fazer isso. Com ela na mão, eu a uso para quebrar a última conexão — uma leve trapaça, com a qual posso viver. O osso abaixo é liso e cinza como um céu nublado.

— Deus do céu — sussurro ao jogar o miolo de paleta sobre a mesa, finalmente. Estou suando.

— Quanto tempo vai levar? Há mais quatro cortes de acém, lá nos fundos.

— Estou indo, estou *indo* — digo, cheia de marra, em um estilo Indiana Jones. Rosnando de brincadeira, para não rosnar de verdade.

Outra coisa complicada quando se cortam dianteiros é que quando se retira o miolo de paleta, uma realização gratificante porém exaustiva, ainda resta muito a se fazer, a maior parte entediante. O osso do pescoço, intrincadamente enterrado na carne, tem de se soltar para se alcançar o acém. Inevitavelmente, muita carne acaba se soltando com ele, que depois terá de ser aparado, tira a tira, entre todas as protuberâncias e fendas das vértebras, que são totalmente confusas e claramente projetadas pela natureza como uma espécie de "foda-se" póstumo, do novilho para o açougueiro.

Abrir o acém é divertido, como acontece com todos os cortes que têm uma linha de junção firme, pegajosa e fácil de seguir, mas, depois, tenho de retirar o músculo dianteiro, quebrando em uma junta realmente complicada e que às vezes parece que nunca vou conseguir penetrar. Quando consigo, e dou um puxão firme, ouço o agradável estouro da junta se abrindo, depois o gotejamento lento e obsceno de líquido sinovial claro. Mas a carne da perna, quando o osso é retirado, é entrelaçada por tendões grossos que devem ser removidos. O resto da carne — e ainda há muita — vai para o moedor. Antes, porém, os ossos restantes têm de ser arrancados, e um pedaço espesso de gordura enterrada entre músculos, que parece que pode se cortar em pedaços de qualquer maneira, tem de ser retirado, porque é cheio de glândulas. As glândulas são lindas: pedaços brilhantes e flexíveis, cinza ou cor de vinho, às vezes até verdes, mas definitivamente ninguém as quer num hambúrguer.

Finalmente termino. Levei uma hora. Aaron retalha três nesse tempo.

— Meu Deus!

— Tem mais um lá nos fundos — diz Aaron, grunhindo, enquanto retira um miolo de paleta. — Quer que eu vá buscá-lo?

— Não, pode deixar que eu vou. — Na realidade, não sei se vou conseguir. Um quarto dianteiro inteiro pesa aproximadamente 70 quilos e é difícil de ser carregado, porque não há uma maneira conveniente de segurá-lo com firmeza. Mas acabei de levar mais de uma hora para retalhar um, e não vou ficar pedindo favor depois disso. Vou até o frigorífico.

Às vezes, o dianteiro está pendurado em ganchos nas barras, o que torna a retirada um pouco mais fácil. Mas hoje não dou sorte, porque este está em uma das prateleiras de aço, quase na altura da minha coxa. Eu me agacho na frente da prateleira, posiciono os braços e começo a puxar.

Por pouco. Quase consigo; quase obtenho o peso da coisa equilibrado corretamente. Mas no último momento, quando estou prestes a ficar de pé, perco o equilíbrio, caindo de costas. A carne fica protegida do chão pelos meus quadris, no qual está se apoiando pesadamente.

Merda.

Terei de pedir ajuda, naturalmente. Mas me seguro, durante muito tempo. Permaneço lá, com os ossos sendo esmagados, contemplando o destino ridículo de morrer debaixo de uma montanha de vaca. A parte mais engraçada é que não é realmente uma posição pouco conhecida essa na qual me encontro.

— Ei... Juan?

Ninguém vai me ouvir aqui atrás desta porta de aço, a menos que eu grite. Juan é a pessoa à qual eu me sinto menos constrangida de ter de pedir ajuda, por ser completamente imune ao gene da arrogância. Além disso, compartilhamos algumas histórias envolvendo acidentes no frigorífico. Há alguns meses, eu estava aqui com ele, ajudando-o a organizar um excesso de carne. Havia quatro cabos grossos de aço em duas prateleiras superiores, levantados em cada lateral, e neles estavam penduradas diversas meias carcaças de porco, dianteiros e traseiros de boi e de cordeiro. Era um closet de carne profundamente abarrotado. Juan, mais baixo e mais forte do que eu, estava na terceira fileira, empurrando as carcaças, quando um barulho alto e apavorante fez com que olhássemos para os cabos, acima de nós. A princípio, achamos que eles estavam cedendo com o peso. Mas era pior do que isso. As prateleiras Metro — unidades de prateleiras industriais projetadas para suportar toneladas — estavam curvas, afundando, descendo, como se estivessem derretendo.

— Huuum, acho que você deveria... — Mas Juan já estava saindo de baixo das cortinas de carne que começavam a se deslocar de forma ameaçadora. Ele saiu, segundos antes de as carnes começarem a desabar: porco e boi caindo com gemidos longos e lentos. Era uma visão impressionante, como observar um veleiro afundando, depois de um desastroso conflito naval, com mastros se quebrando um por um, o casco sendo arrancado, fragmentando-se.

— O que é que está acontecendo aí? — Ouvimos o grito de Jessica. Mas ficamos em silêncio, até ela abrir a porta. Apenas olhávamos a destruição, a sua totalidade, sem ao menos começar a pensar em como iríamos recolher tudo aquilo.

— Bem, pelo menos você saiu de baixo, na hora H.

— Uau.

— É mesmo. — Olhei para a destruição com carinho. Quase com deleite. — E agora?

— Uau.

Desse modo, Juan e eu compartilhamos um momento. É a ele quem devo chamar.

— Juan? Preciso da sua ajuda.

Quando ele finalmente me tira de sob a montanha de carne, eu vejo que há costelas, já soltas dos ombros, começando a se acumular ao lado da serra de fita. Não tenho mais medo da serra. Aliás, até gosto de usá-la, gosto da eficiência e do barulho, além do cheiro elétrico de osso chamuscado. Sem que me pedissem, eu começaria a serrar as costelas em tiras de 5 centímetros, através dos ossos, para obter costelas do dianteiro.

Naturalmente, há muitas, muitas coisas que eu gosto de comer. Fígado, como acredito que já mencionei; de vez em quando, bala Skittles ou salgadinhos Cheetos, que, infelizmente, são tentadores.

Mas acho que costela do dianteiro é minha comida favorita. Talvez na mesma proporção que rabo de boi. Agora, existe favorito e favorito, naturalmente. Há um bife de contrafilé que Josh e Jess vendem no Fleisher — de animal criado comendo apenas pasto e grãos de boa qualidade, vivendo de forma agradável como deve ser a vida de um novilho, primorosamente maturado durante três semanas até que a carne esteja macia e o sabor da carne concentrado a um grau quase insuportável — que é um prazer raro (a 50 dólares o quilo, tem mesmo de ser raro), excitante e indulgente; um tanto como estar na cama com um homem que sabe o que fazer, sem precisar ser guiado.

Mas costelas do dianteiro contêm uma espécie diferente de intimidade, uma secreta "proximidade do osso". E é divertido, porque elas são meio escondidas, quer dizer, quando se come nos melhores restaurantes, percebe-se que costelas do dianteiro viraram moda nos últimos anos, portanto não posso dizer que estes pedaços untuosos, gloriosos de osso e gordura sejam meu segredo. Chefs, cozinheiros e açougueiros, ou seja, as pessoas envolvidas na venda de carne e na alimentação de pessoas, por dinheiro ou por amor, adoram costelas do dianteiro. Nós gostamos porque são baratas e porque cozinhá-las, embora demande tempo, é a coisa mais simples que se pode fazer para se obter uma grande recompensa. A um preço um pouco mais alto que o de uma música, e simplesmente deixada no forno para assar, durante horas, no vinho, caldo de carne ou cerveja, se obtém um prato delicioso. É o tipo de comida que deixa a pessoa sentir-se nutrida, não só no estômago, mas na mente. Você vai se sentir tão flutuante quanto se sente ao tomar uma taça de um bom vinho — não precisa ser um Margaux 1966, divino; basta ser um vinho apenas bom, o vinho de que você precisa para aquela determinada noite fria e especial. E, seja você um chef tentando proporcionar prazer aos clientes enquanto os faz pagar o máximo possível pelo privilégio — a um custo bem pequeno para você — ou uma dona de casa que deseja que os seus amigos e familiares desfrutem de uma boa refeição, sintam-se satisfeitos e fiquem impressionados — sem que você tenha muito trabalho —, costelas do dianteiro são a receita.

Um Modo Simples de Fazer Costelas do Dianteiro

2 kg de costelas do dianteiro
Sal e pimenta a gosto

2 colheres de chá de alecrim desidratado
3 colheres de sopa de gordura de bacon
3 dentes de alho ligeiramente amassados
1 cebola pequena cortada em meias rodelas
1 xícara de vinho tinto seco
1 xícara de caldo de carne

Preaqueça o forno a 160º C.

Seque a carne com papel absorvente e retire o excesso de gordura. Eu, particularmente, prefiro não retirar a gordura da carne, como regra geral, mas acho que, neste caso, isso é permitido, possível e até aconselhável. Depois de fazer isso, a seu gosto, tempere generosamente com sal, pimenta e alecrim.

Aqueça a gordura em fogo de médio a alto, em um caldeirão refratário até começar a fumegar. Doure a carne rapidamente de todos os lados, em pedaços, colocando-os em um prato, quando estiverem prontos. Depois que todos os pedaços estiverem dourados, remova a gordura, deixando três colheres de sopa na panela, e acrescente o alho e a cebola, mexendo por alguns minutos até o alho começar a exalar seu aroma e a cebola começar a dourar. Acrescente o vinho e o caldo de carne, o que fará chiar e, quase imediatamente, ferver. Leve a carne novamente à panela, junto com todo o caldo que ficou no prato.

Tampe e leve ao forno. Asse até que a carne se desprenda facilmente do osso, pelo menos duas horas. Sirva de quatro a seis amigos, com o caldo da panela e purê de batatas.

E rabo de boi? Rabo de boi é um segredo mais bem-guardado ainda. É o nome que o camufla tão bem. Rabo de boi. É um dos cinco pedaços repugnantes mas, ao mesmo tempo, perfeito. Os rabos de boi vêm na caixa em que chega cada novilho, contendo todos os pedaços extras, que Josh costuma aproveitar. Tem o fígado, o coração — que também é delicioso, e nem um pouco assustador, quando você se esquiva de todas as metáforas e imagens. Afinal, coração é apenas um músculo; eu deveria me lembrar disso com mais frequência. A língua. O timo, ocasionalmente, se tivermos sorte. (O timo é uma glândula, que é um saco para ser removida; geralmente não vale a pena, a menos que você esteja trabalhando com um grande número de animais abatidos, de uma vez.) E o rabo, que parece um... um rabo. Pouco mais de 30 centímetros de comprimento, 5 ou 6 centímetros de diâmetro na base, ligado pelos últimos ossos das vértebras, diminuindo até o final.

Arrumar os rabos de boi para serem colocados na vitrine, prontos para serem cozidos, requer o corte entre cada vértebra, que é algo divertido de se fazer, porque é muito mais fácil do que se imagina. Neste ponto, cada uma é unida à seguinte pela cartilagem, que é simples de se cortar com uma faca de desossar, quando se encontra o ponto certo. E embora os ossos se tornem mais estreitos no diâmetro, eles têm o mesmo comprimento. Assim, quando se encontra o primeiro ponto de abertura é moleza adivinhar onde fica o próximo. Isso me faz sentir poderosa e inteligente e, também, um pouco sexy, por cortar rabos de boi. Quando termino, eu tenho, aproximadamente, dez cilindros de carne e osso, todos do mesmo tamanho, o mais grosso com rosetas viçosas de carne e centros brancos brilhantes; os menores, do tamanho de um dedo, quase inteiramente brancos, e quase sem carne. Arrumados em um prato para ser levado para a vitrine, eles parecem ajustar-se naturalmente em um círculo floral, a coisa mais bonita no balcão. Entretanto, ninguém os compra. São o meu segredo. Eu os levo para casa e cozinho para mim. E para Eric, naturalmente.

Passei muito tempo pensando em D., na tristeza que a falta dele me causa. Acordo pensando nele, vou dormir com ele na cabeça e bebo para tentar esquecê-lo. O aprendizado no açougue, aquela distração abençoada, aquele modo de pegar uma faca e fazer algo novo; o ato de quebrar algo para fazer uma coisa mais bonita, entender um corpo, suas partes, sua lógica — afasta a lembrança do meu amante, a saudade dele, mas não a apaga. Ele está sempre lá quando encerro o expediente, lavo a louça, volto para a cidade ou ao meu pequeno apartamento alugado. No escuro, com o meu iPod como companhia (todas as músicas fazendo eu me lembrar dele), é como assistir a um incêndio extinguindo-se na selva, à noite, arrastando-se, pairando na extremidade da luz.

Pensei muito nisso. No entanto, às vezes acho que não pensei nem um pouco no meu casamento de 10 anos, no homem que conheci e amei desde os 18 anos, quando era apenas uma criança. O homem que me moldou, não como um escultor, não com poder e alguma finalidade, mas como uma muda de planta criando raízes muito próximas a outra, para que elas crescessem lentamente até, anos depois, se pensar que eram uma única árvore, com os seus galhos tão entrelaçados, suas cascas sobrepostas e seus troncos unidos. Agora que elas são essencialmente uma coisa só, matar uma significaria matar a ambas. Não me dei ao trabalho de pensar muito a esse respeito. Eric diria — na verdade, diz — que isso acontece porque não tenho mais um cantinho para ele na minha mente confusa e infantil, e que D. me dominou, seduziu, diminuiu, e que o meu amor por ele, meu desejo, é tudo que eu sinto. Há certa verdade na versão dele, mas também uma falha gigantesca.

D. realmente me consome — ainda. Quando alguém come um belo bife maturado, a pessoa se lembra daquela experiência, deseja comer novamente. Esse desejo não desaparece. Pelo menos, por enquanto, ainda não desapareceu, e não acho que irá desaparecer.

Mas esta não é a razão por não ter escrito a respeito de Eric. O negócio é o seguinte: é fácil escrever a respeito de ânsia, amor, atração, todas essas palavras com A. Posso pensar no modo como D. transou comigo, no modo como seu cabelo sedoso passava pelos meus dedos, no sinal do seu dedo indicador, ou no carocinho no lóbulo da orelha — e experimento tudo de novo, vivo aquilo tudo novamente. Fico me lembrando de algo que tinha e não tenho mais, algo de que não tenho que temer a perda, porque já perdi. Posso chorar depois pela perda, mas há prazer nisso, também.

Mas pensar no Eric, agora, depois desses anos de dor, significa imaginar algo incompreensível para mim: separação.

Naturalmente pensei nisso. Ambos pensamos. Chegamos até a torná-la real. Mas o fato de ter mencionado, ter vivido longe dele durante um período, não significa que eu entenda essa situação. Eric tem razão, eu não penso muito no nosso casamento, não da maneira que eu penso em estar na cama com D. Mas é pela mesma razão por que não fico refletindo a respeito das minhas veias ou do chão da minha sala. Não reflito sobre isso, porque não vejo o mundo sem essas coisas. São muito importantes, ou estão enterradas muito profundamente, com bordas que se diluem quase totalmente, unindo-se a todo o resto. Estão impregnadas na minha carne escura e preciosa.

Gwen fala, solidária, de uma "separação completa". Ela vê a dor na qual temos vivido, e diz que não consegue compreender por que infligimos tal tortura a nós mesmos, por que ainda nos comportamos como boxeadores que não podem mais dar socos mas têm a vantagem invencível de não cair. "Uma separação completa." (Divórcio, uma palavra que eu não aceito nem levo a sério.) Como se estivéssemos apenas quebrando uma junta. Como se pudéssemos aplicar bastante pressão, empurrar com força e nos soltarmos um do outro com um gratificante estalo e um gotejamento lento e harmonioso. Ela, nossa amiga mais chegada, não percebe que somos uma coisa só, Eric e eu. Não se trata daquela besteira de "uma só carne", da cerimônia de casamento, mas um osso. Não se pode quebrar um osso ao meio, com um estalo delicioso. É preciso cortar, serrar, destruir.

Enquanto corto os ossos de costela, cozidos lentamente, a fim de levar para casa para um jantar de domingo, a serra de fita faz barulho e o agradável cheiro de osso queimado penetra nas minhas narinas. Eles darão um cozido para aquecer uma noite fria. Coloco tudo na sacola, junto com os rabos de boi, me despeço do pessoal e vou para casa, em uma viagem de duas horas, de volta à cidade. No caminho, meus pensamentos, previsivelmente, se voltam para D. Uma parte de mim imagina ir ao seu apartamento, bater na porta, fazendo-o deixar-me entrar. Mas não faço isso. Vou para casa, onde o meu universo me espera, para fazer sopa de rabo de boi.

Por mais doloroso que seja, eu consigo imaginar a possibilidade de viver sem costelas do dianteiro, sexo, Fleisher e D. Mas não consigo imaginar o mesmo em relação a Eric, o que significa, de um modo estranho, que eu realmente não posso vê-lo.

Mas estou chegando lá, me aproximando disso. Ou talvez eu possa sentir sua ausência tornando-se cada vez mais próxima. Outra coisa que avança lentamente junto com o círculo de luz da fogueira. Essa possibilidade. E isso me assusta. Parece horrível que, para ver o meu querido marido, eu precise imaginar meu mundo sem ele. Mas talvez eu não devesse ter tanto medo. Sonhar com isso não significa torná-lo real. Posso pensar em uma vida sem costelas do dianteiro, mas isso não significa que tenho de passar por isso.

Talvez, somente talvez, nos ver pelo que realmente somos, tanto juntos como separados, fará os nossos mundos obscuros um pouco menos assustadores.

Maturação

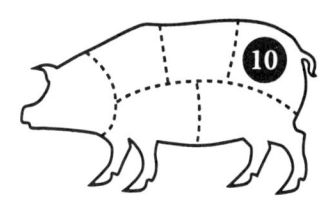

Tudo se transformou em inverno frio, cinza e monótono. Nada parece mudar — eu, Eric, esta necessidade e tristeza paralisantes. Até o açougue se tornou uma rotina, uma rotina bastante agradável, assim como o meu casamento se tornou uma rotina agradável, às vezes, estragada apenas pela ocasional sessão noturna de choro ou por um comentário insinuativo.

Um belo dia, do nada, enquanto estava estocando o congelador na frente da loja — embalagens sortidas de pato, pacotes de carne para cachorro, iogurte feito na região — sinto o telefone vibrar no bolso.

E aí, está dormindo com alguém? Só curiosidade.

Fico vermelha. Conscientemente, viro o rosto para a porta aberta do freezer, enquanto quebro a cabeça tentando descobrir o que eu fiz dessa vez. Além da Jessica e, eu acho, Josh, ninguém aqui sabe muito a respeito disso, e não quero que eles saibam, agora. De costas para o balcão, eu respondo:

O quê?!! Não! Por quê?

Eu pensei... Enfim. Faça o que você tem que fazer.

Não estou FAZENDO nada!

E não estou. Houve uma época, não faz muito tempo, em que eu estava. Tentei atenuar a dor com alguns encontros anônimos, brutos e desagradáveis. Mas não deu certo; só acabei magoada e entediada. Entediada automaticamente em relação a qualquer outro homem que me quisesse, aquela voz ofegante, o indignado senso de obrigação que o desejo deles me fazia sentir, a falta de imaginação e inteligência — evidente tanto ao falarem errado como na ânsia com a qual eles queriam transar comigo. Como eles me davam atenção por mixaria, não se incomodavam muito em valorizar essa atenção.

Tudo isso é somente a pequena ponta do iceberg fatal de tudo que eu posso aguentar falar com Eric, embora ele saiba de tudo, ou de uma boa parte, pelo menos. O medo que eu sinto diante da perspectiva de mencionar essas coisas é parecido com o pavor de ser espancada, embora meu gentil marido, jamais, nem em um milhão de anos, faria tal coisa. Eu suporto a tristeza da incapacidade de falar com o meu melhor amigo, porque isso dói menos do que imaginar o medo completo de falar com ele.

Às vezes, entretanto, a vontade surge, rapidamente, no meio de uma noite de insônia. Quatro da manhã é sempre uma hora perigosa.

— Me dá raiva o fato de você amar aquele babaca!

Eu contei a Jessica que nós não brigamos, e isso é praticamente verdade. Não sei se deveria chamar tais explosões noturnas de "brigas", porque isso sugere uma reciprocidade, ou um campo comum de batalha. Em vez disso, é o desmembramento da colcha de retalhos da defesa que Eric construiu para conseguir viver comigo em paz. Seus olhos se abrem de repente; ele acorda de súbito. Suspira alto, fica inquieto, resmunga. Imediatamente eu me vejo acordada, mas fico com os olhos fechados e tento, com todas as forças, manter a respiração regular e lenta, como se, ao me fazer de desentendida, de maneira convincente, ele não fosse descarregar a sua raiva em mim. Quanto mais ele se agita, mais parada eu fico. E às vezes dá certo. Às vezes, algumas manhãs, ele volta a dormir, lá pelas 6h30 ou 7 horas, sem ter dito nada além de um resmungado *Ah, Julie*, que eu finjo não ter ouvido. Outras noites, ele me agarra, de repente, pelos ombros, me sacode e faz a única declaração que ficou perturbando sua mente, nas últimas horas; o terrível, doloroso, zangado e justificado lamento:

— Por que você simplesmente não pede para que eu vá embora?

— Não quero... Não sei... Eu... — Eu tento falar, mas só há uma palavra que eu posso dizer que seja verdadeira e não tão danosa a ponto de ser fatal para nós dois. Então, tremendo, eu falo, soluçando e colocando para fora toda a minha culpa, amor, sofrimento e tristeza: — Perdão, perdão, perdão...

E nós choramos até dormir. Acordamos às 8h30, sonolentos e com os olhos inchados, com os gatos miando zangados — o miado de uma mestiça siamesa com um problema de tireoide não dá para ser ignorado — e com o mais afável, mas cada vez mais cheio de espirro, pedido de um cachorro, com profunda necessidade de um passeio matinal. Com cautela, trocamos algumas palavras, enquanto iniciamos as nossas rotinas da manhã, como se ambos tivéssemos passado a noite sendo espancados.

Despido, no banheiro, esperando a água esquentar, ele diz:

— Estamos levando isso por tempo demais.

Estou abrindo uma lata de comida de gato Wellness.

— Você acha que eu gosto dessa situação?

Ele faz uma pausa na porta, com a mochila por cima do ombro e a mão na maçaneta:

— Você vai estar em casa à noite? — Temendo que a resposta seja "não", mas também desejando, em algum lugar secreto, o golpe agudo que a resposta "não", traria.

— Não há outro lugar onde eu poderia estar.

— Nem eu.

— Talvez na terapia de casal. — Eu sufoco a timidez diante da sugestão. Não sei por que a perspectiva de aconselhamento parece uma sentença de prisão perpétua.

— Te amo.

— Te amo.

O dia é preenchido por e-mails e mensagens de texto, carinhosos e longos e, por não serem impregnados dos horrores da discussão cara a cara, são mais diretos. Nossas conversas mais profundas são no ciberespaço. E, na maioria das vezes, são a respeito da necessidade de se conversar, e então, por volta das 16 horas, eu digo que não posso conversar, pelo menos esta noite, e que vou comprar vinho, em vez disso. E ele é gentil, e diz: *Cuide-se*. O tapete se levanta facilmente para esconder a poeira, e ficamos bem durante algum tempo.

Embora Eric, o que grita e acusa, não seja o único a ter suspeitas. Eu acho que ele não está sendo totalmente honesto quando diz que não tem para onde ir. Sei que há outra mulher ainda pensando nele. Ela escreveu e-mails apaixonados e demonstrando saudade (eu bisbilhoto também, não sou nenhuma inocente, sou apenas menos habilitada tecnologicamente); ela não só o levou para a cama como continua, depois de todo esse tempo, falando com ele, possivelmente frustrada mas também com afeto, paciência e doçura. Não estou zangada com ele por isso; nem com a mulher, que, afinal, não pode ser acusada de nada, além de saber escolher homens melhor do que eu. Não estou zangada, embora eu tenha certeza de que Eric preferiria que eu estivesse. Apenas tenho inveja.

De muitos modos, penso de forma amarga, ele está muito menos sozinho do que eu. De vez em quando, pelo menos, ele ainda pode "acidentalmente" dar uns amassos em um táxi depois de uma festa. Pelo menos de vez em quando ele ouve que é desejado. Não tenho ninguém com quem dar uns amassos em um táxi. Eu queria somente ser beijada.

Mas também não é verdade que não tenho nenhum lugar para ir. Posso não ter o consolo do sexo, mas tenho o Fleisher. E tento escapar para lá, sempre que posso. A minha desculpa para justificar a presença cada vez mais demorada é a carne. Eric tornou-se um apreciador de carne. Mas o fato é que Eric e eu usamos as minhas idas até o açougue como uma desculpa a mais, além dos rios de vinho que bebemos, para nos escondermos um do outro.

Eu vou para o açougue, corto carne e bebo, tanto com meus amigos como, mais frequentemente, sozinha. Leio e assisto a filmes no laptop, à noite. Não fico buscando sexo, não tento pegar no sono, quase nem choro mais, e quando isso acontece, é de forma tranquila. Como muita carne. De vez em quando, Josh até me dá um bife maturado.

Esse bife é algo incrível, quando se retira a parte enegrecida, que é o resultado inevitável do processo de maturação — aliás, o segredo da maturação. É por isso que carne maturada custa caro.

Um bife maturado não é apreciado pela mesma razão que, digamos, o filé-mignon. Um filé-mignon é caro logo depois de ser cortado do animal. Quando se aprende a técnica para retirá-lo, um filé-mignon é praticamente o dinheiro mais fácil que se pode ganhar como açougueiro. Leva aproximadamente um minuto para retirá-lo, e nem precisa ser limpo, remover a gordura ou a membrana. Só precisa enfiá-lo em um saco Cryovac e despachá-lo para algum restaurante de cidade grande, onde algum chef vai prepará-lo sem muito trabalho e acompanhado de um molho que ele pode fazer facilmente, cobrando bem caro por esta carne macia e insípida, que os seus clientes tanto pedem; um músculo que o animal literalmente nunca usa, de forma que nunca experimenta o esforço e a luta que proporcionam rigidez e sabor.

Mas um bife maturado custa caro pelo que é necessário para ele chegar a ser o que é. E, mais especificamente, pelo que se tira dele. Entre o momento que uma seção de costela chega ao açougue até quando, após três semanas de maturação, é cortada na serra de fita e fatiada em bife, ela perde cinquenta por cento do peso. Uma parte, com a perda da umidade: os músculos ressecam, literalmente. Um pouco mais se perde com a degradação. As bordas da seção de costela ficam escuras, até enegrecidas e viscosas. Em condições apropriadas, e Josh é meticuloso quanto a isso na câmara frigorífica, a degradação — e é no que isso consiste — continua em um ritmo controlado e regular. Nada de larvas, nem bolor, apenas a lenta decomposição da carne, o inevitável destino reservado às coisas mortas, na melhor das circunstâncias. Enquanto o sabor do interior do músculo se intensifica à quintessência e se torna cada vez mais tenro, as bordas protetoras vão simplesmente ficando ressecadas, "passadas", começando a apodrecer. Não é para se comer e precisam ser descartadas.

O resultado é a melhor carne que se pode comprar. Mas o que sobra é bem menos.

Então, uma noite, estou preparando um dos bifes que Josh me deu apesar das minhas fortes objeções. Ele quase teve de usar de força, o que eu não duvidaria nem um pouco que ele fizesse.

Preparar esses bifes é algo um tanto estressante, porque eles são muito caros, e, embora fiquem deliciosos mesmo se passarem um pouco do ponto, é uma pena desperdiçar a maciez suculenta de um bife maturado malpassado, preparado da maneira ideal. Portanto, sigo as instruções de Josh à risca.

BIFE PERFEITO DO JOSH

1 *New York strip steak** com 4 cm de espessura, maturado durante 21 dias, com osso, de boi cem por cento criado a pasto
1 colher de sopa de óleo de canola ou de açafrão (opcional) para refogar
Sal marinho grosso ou sal kosher a gosto
Pimenta grosseiramente moída a gosto
1 colher de chá de manteiga derretida (Josh sugere manteiga produzida a partir do leite de vaca criada a pasto)
2 colheres de chá de azeite extravirgem

Preaqueça o forno a 180° C.

Retire o bife da geladeira e deixe-o fora da embalagem, de vinte a trinta minutos, antes de prepará-lo. Seque a carne com papel absorvente para retirar o excesso de umidade.

Leve uma panela refratária grande, de preferência de aço inox ou de ferro, ao fogo alto. Se a panela não for antiaderente, ponha uma colher de sopa de óleo de canola ou de açafrão. (Use apenas panelas refratárias!!! "Nada de panela com cabo plástico!", Jessica sempre avisa aos clientes, embora sempre haja algum idiota, irado ou arrependido, com histórias de utensílios destruídos, plástico queimado, aquele horrível cheiro tóxico...)

---

* Corte especial de contrafilé. (*N. da T.*)

Tempere generosamente o bife com sal e pimenta imediatamente antes de levá-lo à panela. Doure um lado do bife até que uma crosta marrom comece a se formar, por aproximadamente dois minutos. Não aperte o bife nem o esfregue na panela. Depois, sacuda-o rapidamente, usando pinça (nunca fure o bife com um garfo!), e doure do outro lado.

Retire a panela do fogão, cubra o bife com a manteiga e azeite, e leve a panela ao forno. Depois de cinco minutos, verifique a temperatura do bife com um termômetro de carne. Para um bife malpassado, retire-o do forno em 45 a 50º C. A carne de boi criado a pasto, por ser magra, cozinhará muito mais rapidamente do que a carne convencional. (Para não arruinar os seus nervos ainda mais.) Coloque o bife em uma tábua de corte ou travessa e deixe-o descansar durante cinco minutos. A temperatura interna do bife continuará aumentando. Após cinco minutos, corte o bife e arrume as fatias em uma travessa aquecida. Um *New York strip* dá, sem dúvida, para duas pessoas, mas muitas vezes eu como tudo.

Nem me incomodei com uma salada. Esse bife dará conta do que preciso.

Então, fiz o bife. Enquanto estou aguardando, com a taça de vinho na mão, apenas olhando a carne descansar, dourada e cheirosa, em uma travessa, ao lado do fogão, sonho em como ela vai derreter suculenta na minha boca, me fazer jogar a cabeça para trás com o prazer, e, enquanto estou imaginando isso, algo me vem à mente. Um pensamento que imediatamente reconheço como atormentado, embora seja, de alguma maneira, irresistível, uma casquinha de ferida pedindo pata ser retirada.

O que mais estou fazendo aqui, perdendo tempo, sozinha, a não ser maturando a mim mesma? E se esse é o caso, o que é que vai acabar apodrecendo e sendo removido? Será que é o meu casamento que deve sucumbir? Ou talvez, todo o resto seja supérfluo, a parte a ser descartada. Os casos amorosos, o sofrimento, D., tudo jogado fora para dar lugar à suavidade de um casamento renovado, mais feliz.

Ou talvez até eu mesma, o meu ser inteiro, que deve ser afastado de alguma coisa ou de alguém. Eu sou a parte que deve ser descartada, para dar lugar a algo maravilhoso, no qual não terei nenhuma participação.

Estou me debulhando em lágrimas agora, com a pinça na mão, olhando uma poça de suco cor-de-rosa que se formou na travessa. Talvez, quando eu estiver assentada nos meus sucos, por tempo o bastante, tudo ficará mais claro, eu não vou querer a parte apodrecida, o que seja, e passarei a considerá-la como algo inútil, não mais necessário. Existe alguma coisa que não faça parte do universo de cortes de carne, ou da metáfora, que seja tão óbvia?

O bife ficou perfeito. Levo dois para Nova York no dia seguinte, para dividir com Eric. Não compartilho meus pensamentos com ele. Ele não entenderia, ou melhor, entenderia muito bem. E por enquanto, isso é o bastante, somente o prazer de proporcionar-lhe aquele sabor, talvez explicando um pouco sobre o processo de maturação, sobre o que é desprezado. Da umidade, isto é, da carne e da gordura.

Dois dias depois, estou na Union Square, no lado leste do parque, saindo da aula de ioga, e vejo D.

Não é exatamente uma surpresa. A única surpresa é que faz muito tempo. Eu venho à Union Square pelo menos três ou quatro vezes por semana, é o centro da minha vida na cidade. Isso é comum a nova-iorquinos, eu acho — períodos da vida definidos aqui, algumas quadras em volta, alguns arredores. Embora Eric e eu vivêssemos no Brooklyn quando estávamos casados pela primeira vez, a maior parte das nossas vidas, durante aqueles anos, se desenrolou em algumas quadras do East Village, entre a First e a Avenue C, entre a 7th e a 10th Street. Mais recentemente, tenho frequentado o West Village, Bleecker entre a Sixth e a Seventh Avenue, Carmine e Bedford. Nos últimos anos, Union Square. Quando Gwen ou outra amiga qualquer pergunta por que isso acontece, eu explico que é onde fica o meu terapeuta, o estúdio de ioga que eu frequento, o mercado Whole Foods, a feira e o Republic, onde o atendente me conhece e serve o meu vinho Riesling, antes mesmo de eu me sentar no banco do bar. E tudo isso é verdade. Mas tudo começou com D. Ele trabalha por aqui. O nosso namoro começou aqui, aconteceu aqui — encontros na Barnes & Noble, sessões de agarramento na entrada do metrô ou no gramado da praça. Também terminou aqui. E a verdade é que eu tenho andado por aqui, desde então, tentando vê-lo novamente. O único verdadeiro ponto de interesse — e se não for apenas a minha mente supersticiosa, isso pode fazer uma espécie de sentido cósmico — é que isso acontece justamente agora, quando, pela primeira vez, exausta e talvez um pouco relaxada após uma hora e meia de posições de ioga executadas sem a menor habilidade, não estou pensando nele.

Eu pensei se o reconheceria se o visse andando pela rua, mas, em um instante, eu o avisto na outra quadra, com uma multidão passando entre nós, somente o topo da sua cabeça com aquele gorro vermelho e um breve vislumbre do seu corpo. Ele está vindo bem na minha direção. Não o vejo há meses, e de repente não consigo respirar e sinto um zumbido no ouvido.

Fico olhando desesperadamente para a tela do celular, até ele passar. Não tento chamar a sua atenção, e ele não me vê ou então finge não me ver.

Ele está vivendo no mundo, no mesmo mundo que estou vivendo, só que eu estou neste redemoinho infinito e ele, leve como uma pluma. Ele está livre. Eu, lançada ao mar. Estou passando mal.

Meu irmão escreveu outro poema de ímã de geladeira, quando tinha 19 ou 20 anos:

> *Quando a inundação vier*
> *Nadarei até uma sinfonia*
> *Vou de barco assistir a um filme*
> *e talvez esqueça você*

Dezenove anos. Como ele sabia, já naquela época? Como é que eu só descobri isso agora?

Pendurando a faca

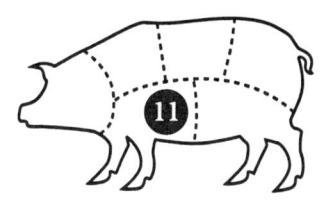

— Enquanto estas velas estiverem queimando, sentiremos sua falta aqui no Fleisher... Isto é, aproximadamente de 24 a 26 horas.

— Engraçadinho...

Estamos reunidos no açougue, meia hora depois de fechado, bebendo champanhe em canecas lascadas de cerâmica. A mesa foi limpa, nossos aventais estão no cesto de roupa suja, o meu chapéu de couro em cima da minha bolsa. É o meu último dia no açougue; eu tinha combinado de treinar por seis meses, e cumpri o prazo. A sublocação do apartamento acabou; meu marido está me esperando em casa.

A vela é um dos últimos desafios de Aaron, uma coluna dourada de aproximadamente 15 centímetros de altura. É feita do sebo de vaca que eu o ajudei a separar. Ele me entrega o presente com um floreio. Seu bigode, a esta altura, se parece com o do Alfred Molina, do desenho *Polícia desmontada*, enrolado na ponta. Colin agora ostenta longas costeletas. Josh, naturalmente, ainda tem o seu pelo facial pornográfico. (Em uma das suas camisetas favoritas está escrito: armas não matam. pessoas com bigodes matam.) O Grande Confronto de Pelo Facial está se aproximando. As pessoas estão começando a fazer apostas, e Aaron está pensando nos prêmios.

Recebi outros presentes hoje. De Jesse, que decidiu não participar no concurso de bigode, ganhei um ovo de mármore, com veios em tons de rosa e preto, e um pequeno suporte para pousá-lo.

— Eu achei que isso poderia ajudar quando estiver escrevendo. Como uma espécie de objeto de meditação ou algo assim.

Josh me dá um CD em uma caixa em que está escrito: um mix de adeus para julie — com ♥, juan.

— Ele esteve aqui no outro dia. Eu disse a ele que você ia imitá-lo, voltar para o velho mundo mau. Ele deixou isso para você.

— Como ele está? Sinto falta dele.

— Somos dois. Mas ele está indo bem. O novo emprego na delicatéssen paga mais do que eu poderia pagar. Ele teria sido louco de deixar escapar uma oportunidade dessas. Para o alto e avante, sabe como é.

— É, acho que sim.

Na noite passada, eu sonhei que estava a meio caminho do topo de uma montanha íngreme, infinitamente alta. À minha frente, pelo menos parecia, estava todo mundo que eu conheço: o pessoal do açougue, a minha família, Gwen, Eric e D. Estavam me ultrapassando, subindo rápido, deixando-me para trás. Tentei gritar, mas descobri que não tinha voz, que as minhas palavras eram incompreensíveis e sumiam dentro da minha boca.

Eu não podia ser ouvida. Acordei de supetão, incapaz de gritar. Sempre tenho esse sonho.

Além da vela, Aaron também me presenteou com um pequeno porta-retratos dourado e decorado, no qual ele colocou a foto de uma vaca e acima, o mesmo ditado, que, de acordo com ele, está na parede do escritório no matadouro, onde ele fez treinamento nos últimos meses: "Se não é para come animais, por que eles são feitos de carne?"

— Levei um tempão para escrever assim, como está no escritório do John. O corretor ortográfico ficou trocando "come" por "comer". Mas eu quis copiar igualzinho.

— Bem típico de você. Bem, é lindo. Obrigada. Vai ficar na minha escrivaninha.

A minha escrivaninha em casa, quero dizer, que se transformou em um altar entulhado com pelo menos uma das minhas obsessões. Acima dela, há um antigo cartaz espanhol — um anúncio com uma imagem de Dom Quixote montado em um cerdo, com um pernil de porco espetado na lança. Sobre a escrivaninha estão empilhados manuais de abate, livros de receitas e montes de papéis sob uma pedra escura, cuidadosamente modelada, redonda e côncava dos dois lados. É uma "pedra discoidal".

— *Vamos lá. Deve haver umas mil delas naquele armário.*
Eric permaneceu firme.

— *Novecentas e setenta e sete, na realidade. Sabe como eu sei?*

— *Ninguém vai dar falta de um artefato antigo tão pequenininho. Seria muito romântico...*

— *Julie. Não posso.*

— *Não pode, ou não quer?*

— *Não posso porque não quero.*

— *Um disco de hóquei primitivo indígena americano. Não acho que seja pedir muito.*

Era o seu primeiro emprego na cidade, no Museu de História Natural; ele catalogava a coleção arqueológica da América do Norte. Muitas contas, muitas pedras discoidais, que são na verdade, exatamente o que eu estou dizendo — discos de hóquei primitivo. Assim que as vi, me enchi de cobiça; adorei segurá-las e sentir como são pesadas e frias.

Eric acabou contratando um profissional que trabalha com pedras para fazer uma para mim, o que foi um gesto bonito e gentil. Entretanto, parte de mim ainda lamenta que ele não tenha roubado a original.

Adorei todos os presentes que ganhei hoje, mas o melhor veio há algumas horas.

Eu tinha passado a manhã inteira "ajudando" Aaron a preparar uma *porchetta* (carne de porco assada à moda italiana) que ele levaria para a festa de casamento de uns amigos. Um porco inteiro, desossado, temperado e recheado de uma mistura insana: alho, cebola, trufa e vários pedaços de lombinho na salmoura enrolados em bacon — tudo isso em volta de um enorme espeto enfiado na boca aberta do animal, atravessando toda a criatura.

Eu não tinha feito praticamente nada além de ajudar a picar alho e observar, ansiosa, ele retirar todos os ossos, exceto o crânio do animal, mantendo-o inteiro, até restar uma gigantesca e flexível manta de porco. A bem da verdade, eu também ajudei a enrolar os lombinhos no bacon e enfileirá-los de ponta a ponta, dentro da carcaça, e a jogar, por cima, as fatias de trufa e alho; também ajudei a puxar o porco para colocar o espeto e amarrá-lo bem firme com um arame resistente, no lugar do cordão habitual, a cada 15 centímetros, até formar um longo cilindro de 1,80 metro de cerdo; a cabeça em uma ponta era a única variação ao que seria um tubo de carne rosa amarelado

completamente uniforme. Era tão parecido com um pênis que não havia como se fazer uma piada do óbvio. Tudo o que restava a ser feito era erguer as sobrancelhas diante daquilo, e falar bem alto como faria o Josh:
— *Okeeeeeei...*
Aaron tinha ido à câmara frigorífica, nos fundos do açougue, a fim de tentar achar um espaço para guardar a gigantesca coisa, um problema difícil, já que a câmara estava repleta de carne. Levou um tempinho até ele sair de lá, e, quando saiu, apenas colocou a cabeça para fora da porta de aço e chamou:
— Ei, Jules, venha até aqui um minuto. Preciso de ajuda.
Então, fui até os fundos, onde estavam Aaron, Josh e Jessica, todos reunidos entre as prateleiras de carne ensacada, montões enormes de coxão duro e miolo de paleta. Os três na expectativa.
— Feche os olhos.
Obedeci. Esperei.
— Muito bem, agora pode abrir.
Quando abri os olhos, Josh estava com os braços estendidos, segurando um estojo de lona preta, de facas, com uma alça para pendurar no ombro, do tipo que todo estudante de culinária possui, tão necessário quanto o avental de um chef.
— Ah, obrigada, pessoal!
— Abra.
Eu abri o fecho e desdobrei o estojo na mesa. Havia três facas: uma faca de desossa de 12 centímetros, uma cimitarra longa e um cutelo bem pesado.
— Nossa! Que legal!
Josh está praticamente pulando de alegria.
— Leia a inscrição.
Cada uma das facas tinha os dizeres gravados na lâmina, em letras delicadas: *Julie Powell, Loufoque.*

— É *louchébem*. Lembra que o Aaron uma vez falou a respeito, da língua do P de açougueiro francês? Significa "garota louca".

Comecei a chorar.

— Ah não. Você não vai começar a chorar agora como uma putinha dengosa — diz Josh se afastando.

— É um babaca — diz Jessica baixinho.

— Jules! — grita Aaron me puxando em um abraço. — Agora você é uma açougueira! O aprendizado acabou.

— Obrigada, pessoal, muito, muito obrigada!

— E olhe isso! — diz Aaron, apontando para o outro lado da lâmina do cutelo, onde está gravada a marca da faca.

— Legal. Exatamente o que eu sempre quis, o meu próprio *Dick*,* grandão!

— Essa é boa.

— Obrigada, se precisar, estou aqui a semana inteira.

— Bem que eu gostaria.

Eu chorei novamente.

— É, eu também.

— Muito bem, muito bem — diz Jessica. — Já chega. De volta ao trabalho, pessoal. Não são nem 15 horas, ainda.

Agora são quase 20 horas e praticamente acabamos o champanhe. Olho a garrafa que se esvazia rapidamente, sabendo que não conseguirei escapar do inevitável: o discurso de despedida, a ida para casa, o momento quando reconheço que não tenho mais um lugar nesta mesa. Acho que vou acabar chorando novamente. Para falar a verdade, eu sei que vou; só espero poder segurar, até chegar no carro.

---

* A autora faz uma brincadeira com a palavra *dick*, pênis em inglês. (*N. da T.*)

— Julie, foi muito bom ter você aqui conosco — diz Jessica. Está chegando a hora do brinde. Jessica ergue sua caneca.

— Só de ter outra mulher por aqui foi maravilhoso, porque a sobrecarga de testosterona por aqui... às vezes... não é fácil.

Ela me dá um abraço apertado.

— É sério. Vamos sentir sua falta.

— Aaaah, ela vai voltar. Ela não consegue ficar longe daqui — diz Josh enchendo meu copo. O champanhe é barato e rosado, e eu gostaria de poder ficar aqui a noite toda bebendo. Queria não ter que ir para casa. — E aí, Jules, o que você aprendeu hoje?

— Huum... que o Josh é um fracote e perde o controle diante de algumas lágrimas?

— E o que mais?

— E... ah, a *porchetta*. Mas eu não aprendi realmente como prepará-la. Apenas fiquei prestando atenção.

— Eu prometo que, da próxima vez que tiver que desossar um porco inteiro e prendê-lo em um espeto, você vai entender melhor.

— Acho que sim. Cara, eu vi algumas coisas bem fálicas por aqui, mas essa, devo admitir, ganhou disparado.

— Às vezes um tubo de 1,80 metro de comprimento de porco é apenas um tubo de 1,80 metro de porco.

— Aham. E às vezes não.

Hailey, a doce loirinha Hailey, beberica o vinho com responsável prudência, já que é muito jovem para beber legalmente.

— Quer dizer que você vai voltar, certo?

— Se vocês me aceitarem, sim. Não tenho mais nenhum lugar para ficar, mas virei visitar.

Josh sacudiu a mão com desdém.

— Sempre tem o sofá que dá para dormir, até você comprar um apartamento.

— Comprar o meu próprio apartamento?

— Da próxima vez que você vier, vamos dar uma olhada em alguns imóveis. E sabe o que mais, senhora açougueira louca? — pergunta Josh apontando para o registro de horas trabalhadas pendurado na parede, logo atrás do balcão. — De agora em diante, você está no relógio de ponto.

— Ah, por favor.

— Não tem essa de "Ah, por favor". Não vou manter gente preguiçosa sem receber salário, na minha mesa. Vou colocá-la para trabalhar de verdade. Nada dessa merda de levar uma hora para retalhar uma paleta.

— Muito bem, muito bem... — digo, finalmente, erguendo o meu copo, com relutância. — Pessoal, muito obrigada por me aceitarem aqui. Eu... isso foi simplesmente o maior... Eu...

Não vou começar a chorar, não vou.

— Eu não quero ir embora.

Josh faz uma careta forçando os lábios para baixo e as sobrancelhas para cima, como um palhaço triste, de brincadeira, mas também expressando um pouco de sentimento verdadeiro, quase como se estivesse chorando.

— Olha... se você chorar de novo, eu vou bater em você com a *porchetta* do Aaron.

Está completamente escuro lá fora. Tenho nas mãos a mochila, o pacote de carne, a vela e o ovo de mármore, o porta-retrato e as facas. Está ficando tarde. Eric está esperando. Tenho que ir para casa. Sinto um nó na garganta.

Sento no carro, coloco uma das mãos no volante e com a outra enfio a chave na ignição, no estacionamento que fica na esquina do Fleisher. Quando viro a chave, meus olhos se enchem de lágrimas, e eu me permito chorar, com a testa no volante, e puxando os ombros para trás, para poder respirar. Choro muito.

Alguém bate na janela do carona, e eu levo um susto. É Jessica. Limpando as lágrimas rapidamente, eu me estico para abrir a porta, e ela pula para dentro do carro.

— Não acredito. Você está chorando no estacionamento porque é o seu último dia?

— Aham. Quer dizer... não. Não sei. É que... não consigo... Eu só queria poder fugir, eu acho — digo, constrangida diante dessa confissão, estupidamente cruel.

— Então fuja.

— Não, não posso. Na verdade, não quero. Eu... — Não consigo terminar a frase e caio no choro novamente, envergonhada por estar agindo assim. — Sinto como se estivesse espancando a mim mesma.

— Julie, sei que não falamos sobre isso desde aquele jantar. Mas talvez você devesse, não sei...

Surpreendo-me balançando a cabeça, sem deixar Jessica terminar de dizer o que eu sei que ela tem em mente, interrompendo-a, falando rapidamente algumas palavras entrecortadas:

— Não! Quer dizer... é, talvez... mas... eu não quero... eu não sei... perder... alguém. Não quero ficar perdida. Isto é tão ridículo, meu Deus.

A minha testa cai sobre o volante e logo eu sinto a mão de Jessica nas minhas costas.

— Por que você não faz uma viagem? Sozinha. Sabia que eu passei uns seis meses no Japão? Foi a melhor coisa que eu já fiz. Ficar em um hotel barato. Posso te garantir, é uma *experiência* e tanto.

Tentando me recompor, eu fungo e pergunto:

— Um hotel barato?

— Ah, sim. São ótimos. Esses hotéis em que se pode ficar durante uma hora ou a noite inteira. Você escolhe o quarto em um painel, como uma máquina de refrigerantes ou algo assim. E os quartos são todos decorados com aquelas bolas espelhadas de discoteca, animação japonesa, essas merdas.

Ainda tentando controlar a respiração, eu digo:

— Sabe que eu nunca viajei sozinha para fora do país?

— Bem, esta é a sua chance! Isso vai resolver. Eu sei do que você precisa. Você tem que fazer uma Grande Viagem de Carne. Vá ao Japão. Experimente sashimi de cavalo ou… misture cerveja com carne de Kobe ou alguma loucura desse tipo. Vá a Vancouver, Josh conhece um cara lá, que faz iguarias deliciosas, ou... espere! Argentina! Um dos chefs para quem nós fornecemos carne, o Ignacio, se eu não me engano, morou na Argentina. Ele pode te dar todas as dicas de lá. Que lugar você sempre desejou conhecer?

— Não sei. Europa Oriental? África? Vários lugares.

— Bem, acho que esse é o momento. Você vai sentir falta do açougue? Então, vá em busca de outros!

Eu dou de ombros e limpo o rosto.

— Não posso deixar Eric.

— Julie! Você já o deixou. Acha que ele não sente isso?

Depois que eu me recomponho e nos despedimos com um abraço, Jessica vai embora. Finalmente, ligo o carro. A viagem transcorre rápida e monótona, como sempre, na escuridão. Passo pela Tappan Zee, na neblina do Bronx e pela Triborough, onde, em vez de entrar para Queens, como deveria, eu viro à direita, para Manhattan. Passo na porta do edifício de D. e dou uma olhada na entrada. Paro o carro um momento, sem desligá-lo. É um consolo torturante ficar ali, em parte ansiosa em avistá-lo, ou em ser vista por ele, imaginando um mundo no qual eu me apodero do que eu bem quero, onde eu posso fazer mais do que apenas desejar, onde posso entrar por aquela porta, interfonar para o seu apartamento e encontrá-lo lá, à minha espera, com um laço em volta do pescoço, como um cachorrinho.

Após um momento, vou embora. Vinte minutos depois, estou subindo as escadas até o meu apartamento. Meus olhos agora não estão mais inchados, a ponto do Eric notar que eu chorei; ele apenas grita a sua saudação habitual:

— Mamãe chegou!
— Finalmente.

Robert me dá uma fungada forte e se deita. Maxine, o gato, estende a pata da sua caminha na cozinha, para pedir carinho. Eric está bebendo Charles de Fère, o mesmo champanhe rosa e barato que eu trouxe do açougue. Ele é conhecido na loja de vinho local como "Suco da Julie", porque eu o compro, com frequência. Assim que entro na sala, ele pousa o copo e me abraça. Não é um abraço forte, apenas longo, com o queixo apoiado na minha cabeça.

— Até que enfim.

Ele não faz comentário a respeito do cheiro de carne, e agora acho que não vai fazer por um bom tempo.

Fingir gestos de satisfação pode, às vezes, dar a sensação quase real da satisfação verdadeira, algo que aprendi nos dois últimos anos. Então, eu me ocupo, assando um frango, enquanto Eric me serve um copo de bebida.

— Estou muito feliz por você estar em casa.
— Eu sei. Estou feliz também.

E não é que eu esteja mentindo, não que o fato de assar um frango não me dê a impressão de estar em casa, que o gato ronronando na bancada da cozinha não proporcione a sensação de conforto, que o abraço do meu marido não demonstre amor. Não é isso, de jeito nenhum. É que o mundo parecia maior para mim, e aqui, às vezes, ele começa a parecer pequeno.

Frango "Finalmente em Casa"

4 batatas Asterix com casca, grosseiramente cortadas
1 cebola média, grosseiramente cortada
Azeite extravirgem
Sal

Pimenta
1 frango inteiro, aproximadamente 1 ½ kg, lavado e seco
Páprica
Meio limão

Preaqueça o forno a 200° C.

Coloque as batatas cortadas e as cebolas em uma vasilha. Jogue o azeite por cima, tempere com sal e pimenta e misture com as mãos ou com uma colher. Em uma assadeira, disponha os vegetais em volta e sob a grelha.

Unte a pele do frango com mais azeite e tempere, generosamente, por dentro e por fora, com sal, pimenta e páprica. Enfie a metade do limão na abertura e coloque o frango sobre a grelha. Se quiser se assegurar de que o peito ficará suculento, ponha-o virado para baixo. (Eric e eu gostamos de carne escura, portanto não nos preocupamos tanto com a carne do peito — para nós, a pele crocante é mais importante. Portanto, assamos o frango com o peito virado para cima.)

Calcule trinta minutos para cada quilo de ave, mais uns dez minutos para o assado se expandir. Abra a sua primeira garrafa de vinho e assista algo na televisão, enquanto espera — nada demasiado carregado de emoções fortes ou que desperte lembranças ou situações pouco confortáveis. Nada dos anos 1970, como *Um dia de cão* ou *O bebê de Rosemary*. Algo mais "família", com um diálogo inteligente, de que você e seu marido gostam em particular, e, mais ainda, gostam de assistir quando estão juntos. Algo na linha de Joss Whedon, para acalmar a alma. Pause uma ou duas vezes, para se levantar do sofá e mexer as batatas e as cebolas e evitar que elas grudem no fundo.

O frango estará pronto quando as sobrecoxas se soltarem facilmente. Corte as sobrecoxas e coxas, juntas, o membro inteiro, e sirva com as batatas e cebolas, e com uma salada comprada pronta. Dá para seis pessoas, mas um casal esfomeado pode comer quase tudo.

Coma em frente da televisão, com mais vinho — algo barato, cor-de-rosa e confiável — até cair no sono. No dia seguinte, tente retomar sua vida, naturalmente.

PARTE II

Viajante

As duas almas, que são uma só,
Embora eu deva ir, não sofrerão
Um rompimento, mas uma expansão,
Como ouro reduzido a aéreo pó.

— John Donne,
"Em Despedida: Proibindo o Pranto"
(tradução de Augusto de Campos)

Este é o mundo que fizemos. Não é maravilhoso?
— Anya, o Demônio da Vingança,
em *Buffy, a caça-vampiros*

Carnicería

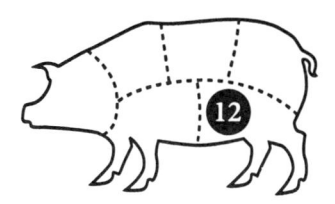

Estou em uma esquina deserta em Congreso, Buenos Aires, antes do amanhecer. Faz muito frio e quando respiro sai fumaça da minha boca. Eu não esperava que fizesse tanto frio no norte da Argentina, principalmente porque quase nunca faz muito frio nesta região. Vesti as roupas mais pesadas que trouxe comigo: uma camiseta de mangas compridas por baixo de um suéter, por baixo de um casaco, mas ainda não é o suficiente para bloquear este frio. Estou esperando por um homem. Meu coração está disparado.

— *Você precisa fazer isso. Você nunca viajou sozinha. É uma daquelas inesperadas consequências de se estar com a mesma pessoa a vida toda.*

Com exceção de D., embora ele não diga, uma exceção como a de um meteoro que atinge e destrói 2 mil quilômetros quadrados da floresta boreal russa.

— Você viajou. — *Estou de frente para a tela do laptop, onde uma reserva de voo para Buenos Aires no Mobissimo.com espera um simples clique do meu dedo hesitante para ser confirmada.*

— Você esteve em vários lugares.

— Exatamente. Já tive a minha cota. Você merece uma chance. É um vasto mundo perverso.

— É o que todo mundo vive me dizendo.

Realmente quero ir. Posso sentir a necessidade de me lançar no espaço, um mundo que parece agora maior e mais assustador do que antes de D., antes do açougue, antes de a palavra separação *ser sedutora e ameaçadora.*

— Mas eu já deixei você sozinho por muito tempo...

— E eu sobrevivi. E vou sobreviver. Se for o que você quer, vá em frente.

— *Tudo bem. Obrigada.*

Cliquei o botão. Confirmei a reserva.

Enquanto espero, na semiescuridão antes do amanhecer, estudo atentamente um mapa de Buenos Aires que estava preso a um quadro de cortiça, na entrada do apartamento que aluguei para passar um mês. A filha do proprietário gentilmente assinalou os melhores restaurantes locais, cafés e casas de tango. Como eu sabia que ficaria perdida no instante em que colocasse os pés na rua, eu tirei o mapa, dobrei-o e o enfiei no bolso, junto com a chave do apartamento, grande e antiquada, como uma chave de uma sala secreta na história de Harry Potter. Mantenho nas mãos a ponta da chave, como eu seguraria um gancho de carne. É um velho truque de autodefesa que aprendi, há muito tempo, em uma revista feminina boba, e, embora eu não ache que vá sofrer algum tipo de ataque, isso se tornou um hábito quando estou sozinha em algum lugar onde eu não me sinta segura — o que normalmente significa o East Village depois da meia-noite ou algum estacionamento escuro em um posto de gasolina. Mas agora se trata de uma cidade completamente desconhecida em um continente totalmente desconhecido, ou seja, eu nunca estive tão sozinha.

Estou esperando na Plaza del Congreso, um vasto gramado com estátuas na ponta da avenida de Mayo, tendo, em uma extremidade, o edifício do Congresso Nacional. O objetivo era a grandiosidade, quando foi construído, mas, em vez disso, acabou se tornando um prédio com aparência frágil e incompleta. Sob uma árvore, perto de uma estátua, há um grupo de rapazes com casacos pesados, em volta de uma fogueira feita em uma lata de óleo. Eles não me notam nem parecem ameaçadores, mas, naturalmente, uma americana sozinha tem, incorporado no seu DNA, o reflexo de evitar homens reunidos em volta de fogueiras feitas com lata de óleo. Há também na praça alguns cachorros aparentemente bem alimentados e de pelo brilhante, a maioria da cor de Rottweilers, mas pequenos e basicamente na forma de terrier, que parecem muito o tipo "minha casa é o meu castelo". Eles conseguem se mover em meio a calçadas quebradas, latas de lixo — de onde catam restos de comida —, tráfego congestionado apesar da hora e o barulho das buzinas de táxis, aproximadamente dez vezes mais alto do que eu já ouvi em toda a minha vida. Eles olham para ambos os lados, antes de atravessar a rua, sabem quando o sinal está verde, nunca se perdem, e sempre sabem para onde estão indo.

Apesar de toda essa evidência de fragilidade, os edifícios, as avenidas e as pessoas que andam por elas transparecem uma elegância ligeiramente cansada, europeia. A algumas quadras ao sul, se eu estiver lendo o mapa corretamente, fica a avenida Corrientes, uma longa faixa de cafés e livrarias onde poetas, estudantes e revolucionários políticos costumavam beber, discutir e escrever, antes de serem presos por ditadores, drogados, e jogados de aviões no rio da Prata. É algo quase impossível de se imaginar, aqui nesta cidade, que hoje lembra mais Paris do que qualquer outro lugar. Suponho que os turistas em Paris por volta de, digamos, 1965, devessem ter a mesma impressão, antes de a Ocupação ser uma coisa antiga, quando era uma atrocidade mais inacreditável e pavorosamente recente.

Santiago aparece em um táxi e eu entro no veículo e sento ao seu lado. Ele é um homem bastante atraente, talvez possa dizer até maravilhoso: alto e magro, com a cabeça raspada (o escasso cabelo eriçado é escuro), grandes olhos castanhos, e um sorriso ligeiramente tímido. Eu já tinha me encontrado com ele uma vez, no seu restaurante, Standard, um bistrô elegante nos arredores de Palermo, e já tinha me interessado por ele. Ele não fala inglês muito bem, e o meu espanhol é quase nulo. Não importa. O taxista arranca com o carro.

— Está pronta? — pergunta Santiago enquanto se inclina para me beijar o rosto.

Arregalo os olhos e dou de ombros com um sorriso malicioso.

— Mais pronta do que nunca.

Falo com uma voz animada, que me peguei usando desde que cheguei à Argentina; um tom insinuativo e bem-humorado de uma "dama americana". Viajar sozinha está me lembrando, por enquanto, as brincadeiras de criança de trocar de roupa. Posso ser quem eu quiser aqui, pois ninguém sabe nada sobre mim. E eu decidi ser só alegria e assumir uma postura sem papas na língua, sobrancelhas arqueadas, negligente, que bebe com descontração. Gostaria de ter um elegante conjuntinho de blazer, estilo Katharine Hepburn, com ombreiras, uma cigarreira, um cachorrinho para levar na bolsa. Talvez um tapa-olho.

Quando nos encontramos pela primeira vez, eu disse a Santiago que era, ou gostaria de ser, açougueira, e que desejava aprender tudo sobre carne na Argentina. E com uma inexplicável dedicação para realizar o capricho da amiga de um amigo — ele é amigo de Ignacio, o chef em Nova York com quem

Jessica e Josh trabalham — ele se prontificou a me mostrar todo o tipo de coisas. Esta manhã, fomos ao Mercado de Liniers, o maior mercado bovino da Argentina, um país de mercados bovinos. O Mercado de Liniers é tão famoso que todo o bairro — um lugar de classe trabalhadora, bem diferente dos lugares elegantes do centro de Buenos Aires, repleto de *carnicerías* e *salumerías* desonestos e clandestinos — recebeu este nome. O bairro do Mercado. É famoso assim como Wall Street; o que acontece nas primeiras horas da manhã no Mercado de Liniers determina quanto a carne irá custar em cada restaurante e mercado no país e na Europa também, onde a carne argentina é uma importação cobiçada. Santiago, um conhecido chef, concordou em me levar em um tour.

Ainda não clareou o dia quando o táxi chega à rua de pedras de perto do mercado. Fico pulando de frio, enquanto Santiago fala com um cara, vestido com um daqueles casacos que se usa para esquiar, em um posto de guarda. Ele não parece muito feliz em me ver, embora talvez eu esteja sendo paranoica e ainda seja muito cedo. Não sei bem onde começa a minha sensação de que não tenho nada a fazer aqui, se é somente uma falsa impressão ou se estou percebendo uma indecisão verdadeira, porque sou mulher, ou americana ou escritora, ou por ter uma aparência engraçada.

Mas após um momento de indefinição, em que Santiago acena com a cabeça respeitosamente e lança seus olhos castanhos na minha direção, o cara dá de ombros, aponta para um local além da cerca e nos deixa passar pela catraca. Do lado de dentro, há uma rua larga e suja, com cheiro de bosta de vaca, alinhada de ambos os lados por grades metálicas com alguns portões que se abrem para os currais. Os cães refestelam-se; não são cachorros criados em casa e que gostam de receber um carinho atrás da orelha, mas trabalhadores esperando para começar o expediente. Juro por Deus! Tem até vaqueiro montado em cavalo — não os chamados "caubóis", naturalmente, mas gaúchos — de calça jeans, casacos, tênis ou galochas, e boinas características, vermelhas ou pretas.

Há prédios pré-fabricados aqui e acolá, ao longo dos portões, que são os escritórios de vários vendedores de carne. Além disso, há escadarias até uma interseção sinuosa de passarelas estreitas, cobertas com telhados de estanho simples. Quando subimos até a primeira passarela, eu me dou conta do quanto esse lugar é grande, um imenso labirinto de rampas e cercados de animais, do qual não se vê o fim, e iluminado por lâmpadas de sódio nesta hora em que o céu ainda está escuro. Cada centímetro do lugar é repleto, ao que parece, de vacas, sem muito espaço, mugindo, chicoteando rabos e se movendo, cagando, bebendo água em imensas gamelas.

Na verdade, não é cada centímetro. Debruçando-se na grade, ao meu lado, Santiago explica:

— O Mercado pode manter 30 mil cabeças. Talvez tenha 10 mil, hoje. Não está tão cheio.

Estamos esperando por um telefonema do amigo de Santiago, um dos fornecedores que comanda o mercado. Sem que tivesse passado muito tempo, quando o sol está finalmente começando a substituir a desagradável e desnecessária luz, seu celular toca, e ele atende:

— Tudo bem, vamos.

Descemos as escadas e atravessamos o caminho pavimentado que corta o centro do mercado até um dos prédios pré-fabricados, onde um cara de peito largo, usando uma parca e botas pesadas, nos espera junto à porta. Cumprimentamo-nos com apertos de mão e beijinhos no rosto, como se estivéssemos do lado de fora de um restaurante, e não no meio de um enorme curral cheirando a estrume. Depois, ele nos convida a entrar no seu escritório.

Recebo uma breve lição a respeito da venda de carne bovina e de como ela é feita no Mercado de Liniers. Ele fala sobre os formulários de venda a serem preenchidos, o curral, o número e tipo de animais — *norcilla, vacilla, tornero* —, todos ordenados por preços diferentes, dependendo da qualidade, naturalmente, da proporção de gordura e da conformação. Ele fala sobre a história cheia de altos e baixos do mercado, um passado tipo "velho oeste", envolvendo fazendeiros trapaceiros e intermediários inescrupulosos. Ele mesmo é intermediário, embora não seja inescrupuloso. Ele está, na realidade, orgulhoso do bom nome que manteve na indústria. Santiago lhe dá um tapinha nas costas, com um largo sorriso.

— Só compro carne dele. Ele é o *melhor*.

Do lado de fora, um sino está tocando. É o sinal para irmos. O sol saiu completamente, agora. É uma clara manhã de outono. Subimos nas passarelas que passam em volta de cada curral. Há agora uma pequena multidão — homens, na verdade, só homens; acho que sou a única mulher por aqui — andando em fila, atrás de um cara usando um colete de lã e uma boina do Mercado de Liniers. Ele está carregando, debaixo do braço, um alto-falante portátil, com uma espécie de conector CB, na ponta de um fio enrolado em espiral, no qual ele fala. Na outra mão, segura um pequeno martelo metálico, algo parecido com o objeto com o qual o detetive bisbilhoteiro poderia ser golpeado na cabeça, em um filme noir antigo. Ele está acompanhado por um homem com um bloco de notas.

Diante de cada cercado, abarrotado de gado de vendedores diferentes, o homem para, bate o martelo contra a grade, duas vezes e começa a falar números em espanhol:

— *Ocho cinco, ocho cinco, nueve? Nueve, nueve cinco? Nueve cinco. Diez? Diez?* — Os homens estão falando, levantando as mãos para chamar sua atenção. Então a licitação acaba e o leiloeiro bate o martelo, mais uma vez, na grade e grita: — *Diez*.

O cara com o bloco de notas escreve algo, e todos se dirigem ao próximo curral. O processo inteiro leva aproximadamente trinta segundos, o que é bom, porque há muito gado para ser vendido. Quando a oferta mais alta é aceita, o comprador vitorioso faz um gesto para um dos seus gaúchos, que mergulha o que parece um ferro de marcar em um dos baldes de tinta branca presos às grades dos cercados e começa a marcar cada animal no lote que acabou de ser comprado. Então o gado é retirado do curral e levado para alguma outra parte para ser posto em caminhões. Há um súbito barulho de cascos nas pedras e gritos de gaúchos, que acentuam o relativo silêncio do procedimento do leilão. Tudo transcorre com rapidez, eficiência e seriedade. Não há piadinha, gracejo, nenhuma conversa irrelevante.

A maior parte dos compradores fica na parte de cima, nas passarelas, mas alguns preferem descer entre o gado e os gaúchos. Santiago aponta para um homem mais velho e muito bonito, montado em um belo cavalo marrom; ele está usando uma boina, um poncho de lã e óculos sobre o nariz redondo, além de um telefone celular pendurado no pescoço.

— Está vendo aquele homem? — ele pergunta, falando baixo para não interromper a licitação. — Ele é o comprador da maior e mais antiga rede de supermercados da Argentina. É como o prefeito por aqui. Quando vê algo de que gosta, dá um telefonema e o seu empregado aqui — diz ele acariciando a grade da passarela — compra para ele.

Como não entendo a maior parte do que está sendo dito no decorrer do leilão, os meus pensamentos se concentram nos animais. O gado é... bonitinho. Realmente bonitinho. Eles levantam os olhos para nós, piscando com adorável estupidez. Não é a primeira vez que eu juro a mim mesma que um dia vou comprar uma vaca e, até o dia em que ela morrer, vou alimentá-la com cenouras ou tudo de que uma vaca goste.

Mas meu sentimentalismo, aqui, faz com que eu me sinta uma idiota.

O leilão acaba por volta das 10 horas.

— Os matadouros fecham às 16 horas. Há talvez uns trinta? Talvez haja trinta matadouros no espaço de 50 quilômetros daqui. Todos estes animais vão para esses lugares agora, e por volta das 16h30 eles terão sido abatidos e cortados.

— Caramba!

Isso dá 10 mil animais, transportados de caminhão, abatidos e processados em seis horas. Eu conseguiria retalhar, talvez, seis dianteiros nesse espaço de tempo, e precisaria de um analgésico, logo depois.

Saímos e andamos pelos arredores do Mercado: ruas largas empoeiradas, fábricas e trilhos de trem. *Carnicerías* com piso de linóleo encardido e cheiro de azedo, vendendo carne barata a pessoas pobres. Caminhões de carga passando, com carrocerias abarrotadas de ossos limpos e cortados. O sol finalmente está aquecendo o dia. Santiago me leva a uma *salumería,* onde ele reservou um horário para nossa visita.

A *salumería* é algo extraordinário. Josh perderia o controle, se pudesse ver este lugar, honestamente. Sua adoração por carne e maquinário pesado e assustador atingiria a quintessência, algo como estar de frente para Deus, que poderia enlouquecê-lo. Ao final de longos corredores, portas levam a vários galpões, escuros e com um aroma penetrante de carne curada, tetos de 6 metros de altura, repletos de fileiras e mais fileiras de andaimes bem altos, dos quais pendem milhares e milhares de linguiças curadas. Em outro galpão, presunto *prosciutto,* milhares de pernas de cerdo penduradas. Observo homens vestidos de branco e chapéus, como Oompa Loompas na Sala de Televisão de Wonka recheando as bexigas com carne de porco finamente moída para preparar mortadela bolonhesa, usando uma máquina de três metros de altura. No seu escritório apertado, que fica nos fundos e dá vista para o chão da *salumería*, o proprietário nos oferece oito variedades de linguiça, retirando fatias com um canivete e colocando-as em um saco de papel enrugado.

A essa altura, é hora do almoço. Santiago me leva a Parrilla de los Corrales, o seu restaurante favorito na redondeza. O local está cheio. Seguindo as recomendações de Santiago, pedimos duas porções de costelas, timos de vitela grelhados, uma salada de feijão branco, uma garrafa de vinho e dois cafés. Custa aproximadamente 27 dólares para os dois e é maravilhoso. O vinho é apropriado, a comida, simples e boa, mas a conversa, um tanto afetada, por causa do problema com o idioma. Eu me pego encenando a "dama americana", mas Santiago não parece estar muito emocionado com isso, como eu gostaria. Ah, talvez seja melhor assim. Esta dama ainda vai me meter em encrenca, qualquer dia. Faz pouco mais de uma semana que estou na Argentina, e ela já quase fez isso. Graças a Deus ela é muito boa em se livrar de desgraças.

— *Ah, que droga — diz a "dama americana", fazendo uma Rosalind Russell malvada.*

O gorducho, grisalho e bem-intencionado cavalheiro brasileiro está mais bêbado do que ela. A "dama americana" é capaz de beber mais que homens com o dobro do seu tamanho e ficar sóbria. Ele recosta na porta do lindo apartamento dela em Buenos Aires, praticamente ofegante na sua ânsia de entrar. Ele está louco para arrancar a sua calcinha, tal qual uma criança de 6 anos quer o maior urso de pelúcia da loja.

A "dama americana" para de brincar com as chaves e dá seu sorriso mais brilhante.

— *Acabei de me lembrar. Eu ia comprar cigarros. Você sabe onde posso achar cigarro a esta hora da noite? Marlboro Light?*

A "dama americana" tremula as pestanas. O cavalheiro está encantado demais para se deixar vencer pelo pedido subentendido.

— *Vou comprar. Marlboro* — *diz ele com um largo sorriso.*
— *Ah, não poderia pedir isso... mas, obrigada.* — A "dama americana" vasculha a bolsa, fingindo procurar alguns pesos.
— *De quanto vai precisar?*
O cavalheiro ergue as mãos.
— *Por favor, seria um insulto. Vou trazer o cigarro.*
— *Obrigada!* — A "dama americana" pisca os olhos, beijando a face barbuda. — *Nos vemos daqui a pouco!*

Enquanto ele cambaleia escada abaixo, a "dama americana" abre a porta e entra no aconchegante apartamento, tira os sapatos com os próprios pés, atirando-os longe, e se joga sobre uma das suas duas camas de solteiro, e, simplesmente, "apaga". O que é conveniente, porque, embora às vezes goste da sua encenação, deixando um homem velho o bastante para ser seu pai pagar-lhe uma bebida ou um jantar elegante, levá-la para casa e talvez dar uns beijinhos na rua, em frente ao seu apartamento, ela nem sempre quer cumprir promessas feitas precocemente.

Na manhã seguinte, há um maço de Marlboro Light e uma caixinha de fósforos no peitoril da janela, do lado de fora do apartamento. A "dama americana" sorri timidamente, abre o maço e acende um cigarro, jogando a fumaça para fora da janela, observando as crianças gritando em espanhol, felizes, no pátio da escola.

Mas a "dama americana" certamente não irá empreender nenhuma encenação hoje, a menos que ela literalmente empurre Santiago contra uma parede e violente o pobre homem. Em vez disso, ele e eu terminamos o almoço com xícaras de café, e nos encaminhamos para a nossa última visita do dia, um centro de processamento de um distribuidor de carne chamado Fura. Estamos encostados na parede de uma sala alta, fria, branca, revestida de azulejos, onde uma dúzia de açougueiros argentinos desmembra uma fileira infinita de meias-carcaças de boi.

Açougueiros, ao que parece, são açougueiros em qualquer lugar. Em todo lugar, o mesmo cheiro, os mesmos ambientes, a mesma lógica, os mesmos tipos de homens. Naturalmente estes caras fazem parte de uma operação comercial, trabalham rápido, e muito raramente fazem piadas — bem, pelo menos é o que me parece. Estão sempre em movimento. Mas há algo no modo como eles sorriem para mim — não é exatamente um sorriso de boas-vindas, parece mais uma aceitação alegre da inconveniência da minha presença. E há algo no modo como eles olham para mim, ou não me olham, algo no modo como eles movem seus ombros enquanto cortam estas carcaças. Eu os reconheceria em qualquer lugar.

Nunca tinha visto uma meia-carcaça sendo retalhada desse jeito, diretamente do gancho. No Fleisher, a carne já chega cortada nos oito cortes primários. O que esses caras estão fazendo, pelo menos alguns deles, é o trabalho que é feito para Josh, ainda no matadouro. Ele adoraria fazê-lo, tanto pelo fator da emoção masculina quanto pela economia, mas não tem espaço suficiente no açougue. O teto lá não é alto o bastante e não suportaria o peso. Meias-carcaças de carne bovina penduradas têm 2 metros ou mais de comprimento. Elas ficam em ganchos que deslizam em um carril preso ao teto, bem alto em relação ao chão, de forma que os homens possam trabalhar sem prejudicar as costas e sem deixar os cortes primários caírem, quando se soltam da carcaça.

E é fácil esquecer isso, já que todo mundo se movimenta tão rapidamente, e há tanta carne, mas essas coisas são *pesadas*; bem pesadas. Cada meia-carcaça pesa aproximadamente 180 quilos, e há pelo menos uma dúzia delas penduradas nesse momento. Isso dá mais de 2 *toneladas* de carne. Daria para encher meu Subaru Outback de carne e ainda sobrar uma quantidade considerável. Se o teto cedesse, haveria uma avalanche mortal de carne.

Os açougueiros responsáveis pela tarefa de retirar os maiores pedaços do gancho são mais jovens do que os homens que trabalham na mesa de corte. Devem ter uns 20 anos e são, presumivelmente, mais fortes e menos experientes em relação aos encarregados do corte. Mas realizam suas tarefas com confiança. Fico satisfeita por identificar a maior parte do que eles estão fazendo, ou pelo menos reconhecer os resultados do corte rápido. Mas há uma coisa que eu não identifico.

— Santiago? — chamo, inclinando-me para ele poder me ouvir na sala fria, entre o barulho de ganchos deslizando pelos trilhos e carne batendo nas mesas. — O que é aquela aba de carne que ele está cortando, perto da perna traseira?

— É matambre. É bem popular na Argentina e muito, muito bom.

— É mesmo? — pergunto admirada. O matambre é uma parte gordurosa, irregular e de aparência bruta. Posso ver de onde ela vem no animal, basicamente o exterior do lombo, talvez incluindo a fraldinha, mas também muito gordurosa, dura, ou seja, lixo, em termos de corte americano. — Nós costumamos moer essa parte para fazer hambúrgueres — acrescento, para a admiração de Santiago.

— Não! Jura?

— É sério.

— Ah, não, que horror. Você tem que experimentar matambre. La Brigada é o melhor *parrilla* em Buenos Aires. Já foi a San Telmo?

— Ainda não.

San Telmo é conhecida como uma das áreas mais pitorescas da cidade, mais moderna e mais pobre que Palermo — aonde os jovens, ricos e antenados vêm para se divertir — mas com um toque rebuscado e parisiense, com antiquários, casas de tango e ruas estreitas e curvas.

— Vou dar o endereço a você, quando sairmos daqui.

Diante da ausência do convite para irmos juntos, fico ligeiramente decepcionada.

Mas agora estou observando os açougueiros mais experientes, trabalhando na mesa, como o açougueiro da nossa imaginação, com enormes bíceps, ganchos e facas que eles manejam como extensões dos próprios dedos, o que, de certa maneira, são. Estes homens conseguem executar, em 15 *segundos* — remover o osso de pescoço do acém, por exemplo —, o que eu levo 15 minutos para fazer. Incrível.

A cada semana que eu fico sem praticar, sinto que estou perdendo a habilidade. Os arranhões e as cicatrizes nas minhas mãos e braços praticamente já nem existem mais; eu observo isso no espelho com a mesma tristeza que senti ao notar a última marca do D. desaparecer da minha pele. Eu tinha a ilusão de vir aqui, ir a uma *carnicería*, pegar as facas e me juntar aos meus companheiros de ofício, atravessando as diferenças de idioma, cultura e sexo pela nossa habilidade comum. Mas tudo que posso fazer é me manter fora do caminho deles.

Santiago e eu andamos pelo local, de braços cruzados, tentando passar o mais despercebidos possível e observar, até eu não aguentar de frio, mesmo estando vestida com o casaco que o gerente me cedeu, com o logotipo Fura impresso nas costas; um silkscreen de uma mulher nua em pose sensual, alguma atriz, ao que parece, conhecida como a "Brigitte Bardot da Argentina". Voltamos ao escritório e bebemos mais Nescafé (argentinos adoram essa porcaria), enquanto Santiago fala de negócios, em espanhol, com um loiro simpático que, de vez em quando, tenta falar em inglês comigo. Eu, por minha vez, tento acompanhar o fluxo da conversa, mas algumas lições de áudio do Michel Thomas não dão fluência para falar espanhol — nem entender. Pelo menos no meu caso. Sou péssima em línguas, sempre fui. Portanto fico quieta, tomo o café e tento manter um ar de quem está entendendo. Finalmente, o gerente, cujo nome não entendi e tenho vergonha de perguntar novamente, se oferece para nos levar de volta ao centro da cidade, uma oferta prontamente aceita.

Santiago desce primeiro. São quase 16 horas e ele precisa trocar de roupa e ir para o restaurante. O resto da viagem é praticamente em silêncio, simplesmente por causa da barreira do idioma, embora o rapaz mostre alguns pontos turísticos, ao longo do caminho — um restaurante para o qual ele fornece aqui, um parque maravilhoso acolá, o autódromo, lojas e edifícios importantes. Ele me deixa na porta do meu edifício, com um alegre *"Ciao!"* e um beijo no rosto. Quando entro no hall, aceno com a cabeça, murmurando *"Buenos días"* ao porteiro e subo no elevador barulhento, eu me vejo, depois de um dia na companhia de várias pessoas, solitária novamente. Estou cheirando a carne pela primeira vez depois de algum tempo, o odor realçado, como eu o considero, por um leve cheiro de poeira e cocô de vaca.

Agora é a hora do trabalho árduo de um jantar argentino. Todo mundo aqui janta às 22 ou 22h30. Ir a um restaurante às 21 horas, principalmente sozinha, principalmente uma mulher, chama uma atenção indevida e interessada dos garçons e daquela outra pessoa que está comendo tão cedo.

Desde que cheguei a Buenos Aires, neste apartamento pequeno e confortável, desenvolvi uma rotina: tomo meu banho costumeiro, com a costumeira mas não muito apreciada água morna, e depois tiro a costumeira soneca. Quando acordo, abro a costumeira garrafa de vinho, bebo as duas costumeiras taças, depois, embaixo do edredom da minha cama de solteiro, tento distrair os pensamentos, do meu jeito costumeiro. Tento trazer de volta a sensação física de acordar nos braços de D., com seu rosto apoiado no meu ombro e sua infalível ereção matinal pressionando minha coxa...

Willow é uma personagem de *Buffy*, uma bruxa que, quando fica triste por ter perdido a amiga, lança um feitiço para preencher algumas roupas deixadas para trás, como se elas estivessem vestindo um corpo invisível e querido, capaz de abraçá-la. O que eu faço é um pouco parecido, só que não tenho poderes mágicos, e acontece o resultado inevitável. Um estúpido incômodo, esta necessidade relacionada a este determinado desejo, esta pessoa. Acabo sem conseguir atingir o que eu quero, ou, se conseguir, é só para descobrir que nenhum alívio vem com o espasmo e o tremor — apenas lágrimas e uma amarga sensação de vazio.

Não consigo imaginar D. enfrentando esse tipo de problema em relação a sexo. Embora, talvez, a forma silenciosa e completa como ele sumiu do meu mundo, como um pica-pau bico-de-marfim pelo qual observadores de pássaros levam suas vidas solitárias inteiras procurando, seja um sintoma da sua própria dificuldade. Eu gostaria de acreditar nisso.

Jogo uma água no rosto e assisto um pouco à TV, indiferente, bebendo o resto do vinho com a sólida eficiência de um bom açougueiro. Finalmente, são 21h30. Visto uma roupa bonita, desço, pego um táxi e consigo comunicar o endereço que Santiago escreveu para mim.

O restaurante está cheio e barulhento. As paredes são repletas de bandeiras, fotos e camisas de time de futebol. Sou a única pessoa sozinha, e tanto os garçons como os outros clientes procuram não olhar muito para mim, como se eu fosse uma criatura exótica, condenada, um animal em extinção ou algo assim. Eu peço *o matambre* como entrada, naturalmente. Ele chega à minha mesa mais ou menos como na receita a seguir. Eu mesma a criei, mas acho que se assemelha bastante:

Matambre à la Pizza

1 matambre, aproximadamente 2,5 quilos
 (Isso será quase impossível de se encontrar em Nova York. Ligue para Josh, como eu fiz; ou use fraldinha, que realmente não surtirá o mesmo efeito.)
2 litros de leite
2 litros de água
Sal e pimenta
1 ½ xícara de molho de tomate
2 xícaras de queijo mussarela
Cobertura de pizza a sua escolha

Ponha o matambre em uma tábua de corte, com o lado gordo virado para cima. Retire um pouco da gordura, mas não toda.

Ferva o leite e a água em uma panela grande o suficiente para caber a carne. Quando estiver fervendo, acrescente a carne e abaixe o fogo. Deixe cozinhar por trinta minutos.

Enquanto isso, prepare uma grelha de carvão bem quente.

Depois de trinta minutos, retire o matambre da panela e seque com um pano ou papel absorvente. Tempere com sal e pimenta. Coloque a carne na grelha, com o lado gordo virado para baixo, e asse até que a gordura fique dourada, aproximadamente dez minutos. Vire o matambre e asse por mais dez minutos.

Enquanto assa o outro lado, cubra o lado gordo com molho de tomate, mussarela, e qualquer outra cobertura de pizza que quiser — pimentão, cebolas, pepperoni, o diabo. Se fizer tudo direitinho, no final vai descobrir que

Deus existe, e é italiano. Esta receita serve o mesmo número de pessoas que uma pizza grande, independentemente do que isso signifique para você.

E há mais comida por vir. Especialmente carne. Há seis ou sete tipos diferentes no cardápio, como o mais tradicional *parrillas*. Li um pouco a respeito desse prato, portanto sei no que estou me metendo — *bife de chorizo*, o clássico *strip steak* argentino. Os turistas, como já pude observar, geralmente pedem *lomo*, mais caro, ou filé-mignon, mas eu mantenho o desprezo arbitrário por esta carne tão insípida.

O garçom é um jovem com um bigode fino que pergunta, com seu inglês fraco, de onde eu sou e se estou amando Buenos Aires como a cidade merece ser amada. Como eu pude perceber, ele mantém uma atenção específica, o que é parte intrínseca da experiência de uma mulher jantando sozinha neste país. É uma reversão estranha: o modo como ele me trata me lembra o modo como D. tratava as garçonetes atraentes em restaurantes caros, com um eventual galanteio, o que me fazia sentir uma ponta de ciúme, mas, ao mesmo tempo, um certo orgulho. (É uma das coisas que me vem à memória, quando estou na cama — eu mereço aquela dor, trago-a para mim. Mas, droga, porque o meu cérebro me impinge esse tipo de lembranças quando estou no meio de uma refeição tão agradável, sendo galanteada por um garçom tão fisicamente atraente?) Quando peço o bife *jugosa* ele parece cético, ou como se não tivesse entendido corretamente, da mesma maneira que me olhou quando pedi uma garrafa inteira de vinho. Já me acostumei com isso. Na primeira vez que eu vim aqui, pedi o bife *a punto* ("ao ponto", ou de médio a bem passado). Mas por alguma razão, porque sou turista ou mulher, os garçons parecem não querer acreditar que eu quero um bife que não seja muito bem passado. O que é estranho, já que eles nem piscam diante do meu pedido de *criadillas* — que seriam testículos de cordeiro.

Repito o meu pedido.

— *Sí, jugosa, por favor.* — O garçom dá de ombros, sorri, escreve algo no bloco, enche novamente o meu copo de Malbec e se afasta para providenciar meu prato.

O bife está divino — profundamente saboroso, ligeiramente duro, com uma camada crocante de gordura dourada em uma borda que, depois de devorar cada pedacinho da carne, eu como, satisfeita.

Quando estou bebendo o que sobrou do vinho e um café expresso duplo para ir para casa, o restaurante está um pouco mais tranquilo. Finalmente, completei meu jantar argentino padrão, com sucesso. A diferença é que todos estes argentinos magníficos, depois de se entupirem de quantidades extraordinárias de proteína, irão para clubes, casas de tango e boates, que mantêm as pessoas nas ruas de Buenos Aires até o amanhecer; ao passo que eu estou indo para casa, para a cama, um pouco bêbada (embora não tanto quanto alguns pudessem esperar depois de duas garrafas de vinho em uma noite — em termos de genes irlandeses e alcoolismo) e exausta após um dia de turismo de carne. O garçom que me atendeu, cujo nome eu aprendi, é Marco, demora-se à minha mesa.

Ele diz que é de La Boca, um bairro de classe operária, na parte sul da cidade, centro da cultura fanática argentina de futebol, onde fica o estádio e onde existe a tradição de se pintar as casas com as cores extravagantes dos times favoritos. Disseram-me que eu não poderia deixar a Argentina sem ir a um jogo de futebol, mas devido à minha fobia por esportes, duvido que eu vá. Entretanto, aceno com a cabeça de forma entusiástica diante da sua explicação semicoerente sobre times e jogadores, prometo que irei a um jogo quando puder, não faço muita objeção quando ele se oferece a me levar a alguns lugares — "os locais mais bonitos do meu bairro".

Junto à conta, ele entrega um cartão de visitas de La Brigada com o seu nome impresso de um lado, e, do outro lado, escrito à mão: "Tango", com um número de telefone.

— Eu também dou aulas. Conhece o tango?

A "dama americana" dá um sorriso discreto.

— *Conheço*. Mas não sei dançar.

— Vou ensinar a você. Ligue para mim, está bem, Julie? — Guardo o cartão com um sorriso e digo que sim, embora eu saiba que não vou ligar.

É uma longa viagem de táxi até em casa. O taxista é um homem tranquilo, com jeito de avô, usando uma boina de estilo gaúcho. Não conversamos durante o trajeto. Olhando para fora da janela, enquanto descemos a larga avenida 9 de Julio, talvez deleitada com a refeição, eu me vejo em um devaneio, uma discreta sensação de autopiedade e melancolia que não é inteiramente desagradável, um leve sentimento de culpa por não desejar que o Eric estivesse aqui, combinado com um prazer furtivo de estar sozinha, e até solitária. Não que eu não sinta falta dele; eu sinto. Mas percebo que gosto mais desta contradição. Sinto-me como uma bruxa que mandou um familiar para longe, para obedecer às suas ordens, mas ainda sabe exatamente onde ele está. Algo um tanto doloroso, e ao mesmo tempo, um alívio.

É claro que passar um tempo com outro homem, qualquer outro homem — normalmente D., mas nem sempre —, me faz lembrar que eu amo o meu marido com todas as forças. ("Até as entranhas, querida", é o que Spike diria, e Spike pode ter sido um vampiro em um seriado de televisão cult com cabelo oxigenado, mas conhecia o amor.) Brasileiros rechonchudos e ridículos garçons dançarinos de tango, até mesmo

Santiago, reforçam a evidência, em retrospecto ou no momento, de que Eric é alguém que está acima de tudo e de todos, alguém único.

Uso essa palavra com cautela. Não quero dizer somente "especial", como sempre se considera a pessoa que se ama. Acho que Eric é especial porque ele sempre tem estas ideias insanas de projetos que ele quer realizar, que parecem totalmente malucos até você pensar a respeito por dez minutos e de repente descobrir que eles são maravilhosos. Acho que ele é especial porque odeia as próprias sobrancelhas, embora elas sejam lindas, e por não ter ideia do quanto é bonito. A sua obsessão vai desde a paixão nacional, a atriz Fran Drescher, a teorias de conspiração sobre falsificações de museu. E acho que D. é especial também por causa da forma voraz com que transa comigo, porque se masturba com a mão esquerda e come com a direita, porque eu simplesmente adoro o seu senso de humor obsceno, dissimulado, e seu sorriso malicioso, além do modo como ele é capaz de fazer rir, mesmo quando está enchendo o saco, falando por horas sobre algum diretor desconhecido, programas de televisão ou bandas *hair metal* dos anos 1980, e porque sempre usa os mesmos dois suéteres e anda daquele seu jeito sem pressa, como se estivesse deslizando sobre trilhos.

Mas não é sobre isso que estou falando. Estou falando sobre o reconhecimento objetivo de uma pessoa realmente extraordinária, o tipo de pessoa que qualquer um com um cérebro e um coração percebe tratar-se de alguém a quem se tem sorte de conhecer. Não porque ele é mais inteligente, mais puro, mais generoso ou mais atencioso do que todos os outros — embora o Eric seja, muitas vezes, todas essas coisas — mas porque ele... se destaca. Eu não gosto muito de ficar falando sobre almas e coisas desse tipo, mas o Eric emana um brilho. Ele vive a vida de forma tão natural — não como uma pessoa audaciosa, mais como um ramo de uma planta, transparente e sensível... Esta também não é a melhor descrição. Ele não é frágil, nem alguém que precise ser mimado, embora desperte em mim uma atitude protetora que provavelmente não seja bom para nenhum de nós. Ah, Deus, o que é então? Ele é *honesto*. Não do modo idiota de sempre dizer a verdade, não enganar ninguém ou algo assim. Simplesmente não há idiotice em relação a ele. Ele tem seus problemas emocionais, ilusões e questões de autoestima como qualquer pessoa, mas ao mesmo tempo possui essa pureza da qual eu me orgulho tanto. Fico orgulhosa como se fosse a minha pureza. Como se ele fosse minha alma substituta.

Mas algo não está certo. Se eu tiver uma alma, ela deve ser a minha própria alma, da qual eu devo me orgulhar ou me envergonhar. Só que é tão mais fácil usar a dele...

Talvez seja isso. Por que eu não quero Eric aqui. Talvez eu queira me sentir sem alma, durante algum tempo. Talvez não sem alma, mas com minha alma longe de mim, longe do meu corpo e mente errantes. Talvez não queira ficar sobrecarregada.

É quase meia-noite e o taxista está ouvindo o jogo de futebol. No momento em que a voz da transmissão começa a ficar mais empolgada, passamos por um café muito iluminado, quando, de repente, vários homens pulam e gritam, ao mesmo tempo.

— O que está acontecendo?

O homem sorri no espelho retrovisor.

— Foi um gol.

Armando sai da academia, na manhã do nosso encontro, falando no celular, sem parar nem um minuto além do tempo que leva para me acenar e mandar um beijo de longe, antes de me pedir, com um gesto, para segui-lo até o seu carro no estacionamento. Ele é baixo e ágil, o oposto da constituição magra e alta e da leve aparência melancólica de Santiago. Seu rosto é largo, bronzeado, a testa pequena e os dentes da frente separados, cabelo crespo cortado bem rente, e uma barba mirrada e descuidada. Armando é amigo de Santiago. Ele cria búfalos asiáticos e hoje vai me levar para ver seu rebanho.

Enquanto vamos para o sul e oeste, ele passa a metade do tempo no telefone e a outra metade explicando sua atividade, seu plano de expandir as vendas de búfalos asiáticos no mercado interno, o que é algo difícil porque, ao passo que os europeus se interessam por comida saudável e apreciam a carne magra e limpa do búfalo, os argentinos só querem saber de carne gorda e farta.

Ao ultrapassarmos os limites da cidade, a paisagem rapidamente se torna deserta e vasta, os campos de gado separados por estradas sujas alinhadas por árvores baixas: os pampas, eu suponho. Parece o sul do Texas, a terra dos meus pais, empoeirada, sem cor e monótona. Terra de gado.

Armando pergunta o que estou querendo ver, ao que eu respondo:

— Tudo o que você puder mostrar.

Ele explica que vamos a um curral onde um dos seus rebanhos está sendo mantido. Acontece que o verão e a primavera foram muito úmidos. A terra dele é mais pantanosa do que a maioria dos outros lugares, o que o levou a escolher búfalos asiáticos. Ele diz que é o primeiro no país a fazer essa escolha. Mas este ano foi úmido demais até para os seus animais que amam lama, então ele precisou mudá-los para um local de confinamento para mantê-los fortes e saudáveis. O problema é que pelas regulações de importação da Europa nenhum animal que passou um dia em confinamento pode ser comercializado lá. Portanto, agora resta a Armando a proposição arriscada e imprevisível de vender sua carne no próprio país, o que não é um negócio lucrativo nem certo. Entretanto, ele mantém uma atitude positiva, otimista, seguro de que pode superar esse problema, que os argentinos podem modificar o seu estilo de vida, tornando-se mais preocupados com a saúde e com a origem da sua comida. Ele me lembra Josh, sempre em busca da Grande Ideia, sempre cheio de planos que pareceriam grandiosos se não acabassem dando certo com tanta frequência.

— Você jantou no La Brigada?

— Ah, sim, e adorei!

— O La Brigada serve a minha carne de búfalo.

— É mesmo? Vou experimentar — digo, sem realmente acreditar que serei capaz de resistir a pedir outro *strip steak* da próxima vez que for lá.

— E no outro restaurante de Santiago, já esteve lá?

Santiago também administra um restaurante asiático, uma espécie de casa de massas, em frente ao Standard.

— Ainda não.

— Ele também serve búfalo da minha criação. É muito gostoso.

Depois de aproximadamente uma hora, chegamos ao curral. Armando sai do carro para abrir uma cancela e entramos em uma estrada esburacada. De ambos os lados há pastagens lamacentas e revolvidas. Os frangos procuram comida na mistura de estrume e feno. Paramos em um complexo de celeiros e currais e um prédio baixo, que imagino ser o escritório. Ambos pisamos na lama. Enquanto faço festa nos cães que vêm nos receber, Armando cumprimenta, com um aperto de mão, alguns homens vestidos com casacos e galochas enlameados. Alguns desses homens trabalham no curral; outros são compradores com os quais Armando está tentando fechar negócios. Ele tem muito a fazer hoje, portanto, depois de me apresentar a todo mundo, por educação, eu me mantenho afastada, seguindo o grupo alguns passos atrás, enquanto passamos por uma série de portões até um cercado, onde os búfalos-asiáticos misturam-se em uma grande massa preta e reluzente de pelo lustroso, olhos escuros e chifres brilhantes e largos curvados por cima da cabeça, parecendo um cabelo empastado de brilhantina e repartido ao meio — um bando de dândis dos anos 1920.

Alguns homens começam a arrebanhar os búfalos para um embarcadouro inclinado, em uma extremidade do curral. Os animais parecem terrivelmente nervosos, mas também extremamente obedientes. A maior causa de pânico em um búfalo deve ser a de ficar sozinho. Quando os homens levam os primeiros para o embarcadouro, os outros parecem satisfeitos em simplesmente segui-los, enfiam o focinho no rabo do da frente, sem protestar, exceto por alguns relances mudos e suplicantes por cima da cerca de madeira. Armando me pede para ficar ao lado, a uma distância segura, e embora eu não consiga ver como estes animais possam representar alguma espécie de perigo para mim, faço o que ele diz.

Em um cercado vizinho, uma vaca acabou de dar à luz um bezerro. *Acabou* de acabar. Como acontece no caso de um bezerro, uma criatura branca bonitinha, com duas listras pretas paralelas no focinho, como a cicatriz curada de um encontro com um puma, ele ainda está molhado e não consegue ficar de pé, e, portanto, está cochilando enroscadinho, e a vaca ainda está eliminando a placenta. Como diria Aaron, você aprende algo novo a cada dia, porque agora eu sei o que as vacas fazem com a placenta. Eca. Ela deve ser fã de Tom Cruise. Um cachorro do curral, um vira-lata preto, pega um pouco do material, ou pelo menos lambe um pouco do sangue, o que me deixa enojada. Mas é uma cadela mansinha, e quando ela vem para junto de mim, depois de pegar o que conseguiu do cenário do parto, não posso afugentá-la, embora ela ainda tenha respingos vermelhos e grossos no focinho.

Enquanto isso, com a ajuda de dois assistentes, Armando está colocando os búfalos, um após o outro, na balança no final do embarcadouro. O equipamento é uma caixa suspensa, do tamanho de uma vaca, com portas dos dois lados, que deslizam para cima e para baixo, como uma guilhotina. De vez em quando, um animal tenta forçar e entrar na caixa com o anterior. Eu imagino que, em se tratando de gado, claustrofobia não supera o medo de ser deixado para trás. Os funcionários do curral fazem-nos recuar com chicotadas e gritos e fecham o portão. O ponteiro da balança se move para um lado e outro até parar em um peso. Se o número for alto o bastante, o búfalo, pesado o bastante, Armando marca o animal com uma faixa de tinta branca, passando a mão pelos espaços estreitos entre as pranchas com um pincel preso em um pino de 90 centímetros. Então a porta do outro lado da caixa é erguida e a criatura desce a rampa rapidamente, com os cascos batendo no concreto enquanto ela corre para o canto mais distante do cercado. Um por um, os búfalos claudicam no embarcadouro e saem novamente, meio apavorados, alguns escorregando de maneira alarmante, caindo sobre os joelhos, ou até de lado, levantando-se amedrontados, apressando-se para se espremer junto a outro. Uma vez lá, eles nos fitam como se soubessem que estamos prestes a pegá-los e abatê-los como um leão atacando um gnu. É bem provável que, em milênios, eles tenham desenvolvido a noção de que essa é a morte mais provável para eles, mas é terrivelmente inútil a esta altura. Fico imaginando que tipo de salto evolutivo seria suficiente para libertar os rebanhos, ensinar-lhes a se libertarem. Todos aos meus olhos parecem idênticos, exceto por suas marcas brancas. Nesse determinado caso, os que têm uma estrela na barriga ou no flanco, são os Sneetches* que vão escapar mais rápido. Mas não por enquanto.

Demora aproximadamente 45 minutos para Armando pesar o seu rebanho e escolher os que estão prontos para o abate. Estou com um pé em uma trave da cerca, às vezes olhando o bezerro, branco, de pernas compridas e delgadas e pelo encaracolado lambido, recebendo todo o cuidado da mãe, enquanto tenta ficar de pé. E, às vezes, observo a massa preta brilhante e vigilante de búfalo, que se desloca nervosamente, com seus cascos batendo no asfalto, o bafo fazendo fumaça e o rabo agitado. Quando a família está reunida novamente, por enquanto, os portões são abertos e todos se arrastam para uma colina em direção a um celeiro, 18 metros acima, em um caminho lamacento. Os animais são seguidos por um homem de galocha e um cachorro, mas o rebanho sabe aonde está indo e não precisa de nenhum encorajamento. Depois, retornamos à cidade, e eu volto ao meu apartamento, novamente com cheiro de gado.

Naquela noite, como que por um milagre, está passando o meu episódio favorito de *Buffy*. "O desejo". É dublado em espanhol, mas não importa; eu vi esse episódio tantas vezes que sei praticamente todas as falas. A história é a seguinte: Cordelia Chase, rainha da escola que dedicou todo o seu amor a um *geek* e o perdeu, bem como a todos os seus amigos, quando ele se apaixonou por outra, decide que Buffy Summers, a caça-vampiros, é a fonte de todos os seus problemas. Tudo ia bem no mundo de Cordy, até Buffy chegar à cidade. Infelizmente,

---

* Personagens da história infantil de Theodor Seuss. Nesse conto, os Sneetches são um povo de aves amarelas. Aqueles que possuem uma estrela na barriga acham-se superiores aos outros. (*N. da T.*)

tudo o que ela deseja é que Buffy nunca tivesse vindo a Sunnydale, e isso acontece na frente de um demônio de vingança, que imediatamente concede o seu pedido. No início, parece que ele teve um grande êxito. A sua vida social é recuperada: os rapazes convidam-na para sair, em vez de tratá-la como vagabunda. Mas acaba que um mundo sem Buffy não é um mundo bom.

Queria saber: este mundo novo é bom? Parece que sim, às vezes, quando estou acariciando um cachorro mansinho com o focinho sujo de placenta, neste belo lugar estrangeiro rodeado de gado. Mas então há outros momentos, os momentos pós-soneca, antes do jantar. O que eu deveria estar fazendo agora que estou aqui?

No dia seguinte, 9 de julho, *Día de la Independencia*, está nevando em Buenos Aires. Pela primeira vez em cem anos.

Não é muita neve. E se torna neve derretida, no fim do dia. Mas toda a manhã ela cai, globos de neve, flocos de conto de fadas, e o efeito disso nas pessoas é mágico. Saio de casa depois de admirar essa cena pela janela, e na rua tudo está parado. Ninguém está fazendo compras nas lojas ou comendo nos cafés. Os táxis pretos, buzinando furiosamente, desapareceram. Todo mundo está na calçada, olhando para cima, sorrindo. Crianças e adultos, de forma igual, erguem os olhos, boquiabertos. Eles riem incrédulos, se beijam, tiram fotos. Não há acúmulo de neve no chão, em nenhum lugar perto o bastante, para se fazer bola de neve, mas todos estão brincando de guerra de bola de neve imaginária. Todos se comportam como se houvesse uma manta de dois metros de neve brilhante no chão e ninguém tivesse nada esperando em casa, exceto uma garrafa de vinho ou uma caneca de chocolate quente, uma lareira e um amante ou a mãe, o que for apropriado para a idade e a situação, para compartilhar esta noite.

Não tenho ninguém com quem compartilhar uma lareira agora. Mas acho que estou bem em relação a isso, porque quantas mulheres podem dizer que viram neve em Buenos Aires, e em um mundo que elas conseguiram desbravar, como uma serra de ossos expondo o tutano?

Ainda não está no ponto

É POSSÍVEL que eu não tenha considerado todos os aspectos desta situação.

Quer dizer, a Argentina fez sentido. Afinal de contas, é tradição — no Fleisher, pelo menos — açougueiros viajarem depois de aprender o ofício para conhecer algumas capitais mundiais de carne. Aaron foi à Espanha; Josh, a Vancouver; Colin está planejando uma viagem à Itália. Mas agora, aqui estou eu: deitada nos quatro assentos do corredor central, no Voo W132 da Aerosvit, direto para Kiev. Tenho uma enorme coleção de histórias de Isaac Babel no meu colo. Acabei de tomar um remédio para dormir, engolido com o pior vinho que já tomei na vida. A escrita cirílica na garrafa deveria ter servido como pista; talvez tivesse, se eu entendesse uma palavra de cirílico.

Apague isso, eu não considerei todos os aspectos desta situação.

Falando sério, por que estou indo à Ucrânia ocidental? Se me perguntassem, eu não seria capaz de responder. Não é como se fosse a renomada meca da cozinha, com muita carne ou não. Eu sempre quis ir aos Cárpatos, acho que é isso.

Apesar de ser famoso por sua beleza, essa não é, realmente, a raiz do meu fascínio pelo país. Talvez seja uma ressaca de *Buffy*, ou, mais provavelmente, um desejo mais profundo de conhecer o lugar de onde surgem todas as histórias misteriosas, como Vlad Drácula, holocaustos e ditadores, injustamente chamados de "açougueiros"; além de castelos transilvanos escuros, em noites de tempestade. (Teri Garr vestida com uma saia de camponesa, jogando-se na parte de trás de uma carroça, cantando: *Roll, roll, roll in ze hay* provavelmente tenha alguma coisa a ver com isso também.)

Mas essa não é uma razão boa o bastante para viajar novamente, não o bastante para comprar outra passagem quase imediatamente depois de chegar a Nova York. Acho que a razão é que, quando cheguei ao meu apartamento, percebi que não estava pronta para voltar. Não era Eric, não era D., Robert, o cachorro ou a própria cidade. Era eu. Eu me sentia insuficientemente cozida, com muito líquido internamente. Passei alguns meses desviando entre uma frustração enjaulada em casa e uma selvagem autorrepugnância, mas sabia que tinha que viajar novamente. A tristeza nos olhos de Eric, quando tentei explicar isso, quase me fez desistir, mas havia um pânico mais profundo, pela primeira vez, do que o pânico de fazê-lo sofrer. Para falar a verdade, não importava muito para onde eu estava indo. Eu justifiquei a minha ausência como uma continuação da prática do ofício de açougueira. Mas, na realidade, eu poderia também ter lançado alguns dardos em um mapa. Estou indo aos lugares que eu quis ir, no momento em que comprei a passagem: Ucrânia, Tanzânia, uma breve parada no Japão. Nomes em um itinerário, escolhidos aleatoriamente.

Um amigo do meu irmão trabalhou na Ucrânia como consultor de políticos que, quase definitivamente, não tinham nada a ver com a misteriosa decapitação dos seus rivais. Ele me arranjou um contato com uma jovem, Oksana, que estudara nos Estados Unidos, falava inglês fluentemente e, de acordo com ele, era uma pessoa fantástica, que aceitara ser minha guia. Um dia depois de chegar a Kiev, vou me encontrar com ela e pegaremos o trem para Kolimya, sua cidade natal na parte ocidental do país. Tudo o que tenho de fazer sozinha é ir do aeroporto até o hotel Tourist, perto da estação de metrô Livoberejna, na margem esquerda da cidade, comer alguma coisa e dar uma volta durante um dia e uma noite em Kiev, sem ser assaltada, atropelada ou cair em um bueiro.

O comprimido não parece estar dando resultado; qualquer um acharia que a combinação do remédio e uma torre de Babel acertariam em cheio, mas eu continuo sem sono e agitada. Pego o telefone no bolso; a reserva de conversa está aumentando, e não tenho nenhuma perspectiva de aliviar a pressão tão cedo. Queria que o meu médico tivesse prescrito algo mais forte, do tipo... sei lá, OxyContin ou algo assim. Infelizmente, ele conhece muito bem meus vícios para saber que não deve lançar mão de armas pesadas. Pego um dos cadernos que trouxe comigo; para esta viagem, resolvi não usar muita tecnologia. Não trouxe o meu laptop e, embora tenha trazido o celular para alguma emergência, vou me esforçar para não usá-lo. Em primeiro lugar, porque o telefone se tornou algo perigoso para mim, uma falsa corda de segurança que, em vez de me impedir de naufragar, ameaça me puxar para o mar. Em segundo lugar, porque não posso nem imaginar a conta telefônica. Portanto, vou me comunicar à moda antiga: escrever uma carta.

* * *

Querido Eric,

Bem, estou no ar, com toda a minha coleção de Babel e um monte de remédio para dormir que não está ajudando. Estou pensando no quanto estou arrependida de estar tão apressada para chegar ao aeroporto que nem nos despedimos direito. Quer dizer, sofrendo com isso durante o tempo de voo, duas horas. É assim que Julie se autodestrói, não com uma choradeira, mas violentamente.

Em poucos minutos, sinto câimbras na mão pela falta de hábito de escrever, e me recosto na poltrona, mas sem conseguir dormir, realmente. Dez horas depois de correr freneticamente pela rampa de embarque do JFK, estou me arrastando em outra, no Aeroporto Internacional de Borispol. É um lugar ligeiramente pobre, difícil para um turista se situar, ou talvez seja apenas o cansaço e a grafia cirílica. Mas consigo achar um táxi, comunicar meu destino e chegar ao hotel. Depois de me instalar, ando pelas ruas, observando as pessoas e sentindo o lugar, mas essa coisa de não entender o alfabeto aumenta a sensação de incompreensão. Eu não consigo nem correlacionar os endereços do guia de viagem com as ruas. Este profundo nível de ignorância faz coisas engraçadas ao meu cérebro, me deixa tonta, como se estivesse bêbada e paranoica. Entro no metrô, após conseguir comprar os bilhetes e transpor a catraca, mas primeiro pego um trem errado, que vai para o subúrbio, antes de voltar e pegar outro, do outro lado do rio, para o centro da cidade. Aqui, os edifícios são antigos e as estações de metrô, profundas e magníficas, imaculadamente brancas e levemente iluminadas. O trajeto na escada rolante que dá para a rua leva uns cinco minutos. As pessoas chegam a sentar nos degraus. Os adolescentes aproveitam para ficarem se beijando. Não acho que vou aguentar isso, as lembranças da Union Square, os bancos traseiros dos táxis... Olho para o outro lado.

Antes do anoitecer, eu consegui, pelo menos, voltar ao meu hotel deteriorado, da era soviética, com uma garrafa de água (não é aconselhável beber água da torneira), uma tira de linguiça curada, que eu comprei de uma senhora, perto da estação, e um pedaço de pão. Fico no quarto, com a caneta e o caderno, e continuo a carta que eu estava escrevendo para Eric. Discorro sobre o tom cinzento da cidade, as botas de salto alto e os extravagantes casacos de pele das mulheres carrancudas, até cair no sono.

Por sorte, descubro, quando a encontro no dia seguinte, que Oksana não é uma daquelas mulheres. Ela tem 22 anos, é baixinha, sem dúvida esclarecida, e assimilou um modo americano de se vestir: jeans e sapatos práticos. Uma das primeiras coisas que ela me diz naquele dia é:

— Não consigo me imaginar vestida como uma ucraniana. Com aqueles saltos!

Mas ela é uma ucraniana de 22 anos, o que significa dizer que, essencialmente, é mais madura e bem-resolvida do que eu.

Visitamos inúmeras igrejas: Santa Sophia, Santo Andrei, São Miguel. Elas são pintadas de dourado, branco e azul-celeste, e a mais antiga delas data do século XI. Na frente de cada uma, há uma dúzia ou mais de festas de casamento, vestidos brancos esvoaçantes, damas de honra em vestidos multicoloridos, smokings, flores, limusines e fotógrafos. Ao que parece, é o último dia favorável da estação, o Dia de Um Santo Qualquer. Portanto, todos os casais se casam ao mesmo tempo, antes do inverno. Atrás da igreja de São Miguel, há uma pequena fonte sob uma cúpula onde algumas pessoas estão reunidas. Há uma superstição sobre a fonte que, mais tarde no trem para Kolimya, acaba se transformando em uma enorme tentação para minha alma apaixonada por cartas:

* * *

Esta fonte tem uma espécie de coluna de mármore que se ergue no centro e, de acordo com a lenda, se você conseguir que uma moeda fique presa na lateral da coluna, seu desejo se torna realidade. E eu consegui na primeira tentativa. Se eu acreditasse que você leria isto, sei que você não precisaria de três tentativas para descobrir qual foi o meu desejo...

Também passamos por uma casa famosa, chamada "Casa dos Demônios", um extravagante edifício barroco, cinza, sem ângulos retos, incrustado de rãs, rinocerontes, fadas, monstros do mar e elefantes de pedra. Oksana disse que há uma triste história de amor ligada a ele, e envolve o arquiteto que o construiu. Eu acredito. O edifício parece o trabalho de alguém que perdeu alguém.

Não sei se é o movimento e o barulho do trem — um movimento estimulante e sexual, como ser embalada no berço ou nos braços de um amante, com o ruído constante dos trilhos que acalma com a sua regularidade, mas também sugere outros ritmos — ou se é apenas a minha crescente convicção de que D. está fora do meu alcance — que ele me bloqueou da sua conta de e-mail, que ele joga fora as minhas mensagens —, mas, na carta que começo a escrever para ele, eu me permito esta observação sentimental e lamentos angustiados.

Nunca tinha viajado em um trem noturno. Estamos em um vagão conhecido como "cupê", um vagão-leito para quatro pessoas, e no momento, sou a única ainda acordada. Não consigo dormir, mas não estou aborrecida com isso. Eu gosto deste trem. Me dá tesão. Por você.

A carta que eu escrevo para Eric é mais meiga, mais sobre o detalhe da narração. Para D., escrevo ensaios persuasivos; para o Eric escrevo como eu escreveria no meu diário, como eu escreveria para mim mesma:

Oksana fica com a parte de cima do beliche, enquanto eu fico com a de baixo; no outro beliche, uma mulher loira de meia-idade ocupa a parte de baixo, e um homem moreno, a parte de cima. Não conversamos com estas pessoas — os ucranianos são um tanto carrancudos... Os corredores dos vagões são acarpetados e as janelas têm cortinas antigas e empoeiradas. Ao passar no corredor, de um vagão ao outro, as portas de cabines abertas despertam a curiosidade, como espreitar em dioramas. Há velhos jogando cartas, uma cabine cheia de adolescentes barulhentos com uniformes de futebol azul e branco, um casal mais velho, em silêncio, observando uma jovem bebendo chá. Passar entre os vagões é uma dificuldade — uma porta que dá para um espaço pequeno, ensurdecedor, escuro como breu, de aproximadamente 30 centímetros quadrados, sem nenhum tipo de apoio, chão instável, um vento frio e os trilhos correndo logo abaixo... tudo para beber uma cerveja quente no vagão-restaurante e o prazer de receber um sorriso da mulher atrás do balcão, quando pronuncio "dyakooya" ("obrigado" em ucraniano — Oksana me aconselhou a usar esse termo, em vez de "spasibo". Ao que parece, os russos não são muito apreciados na Ucrânia ocidental). Ela sorriu como se eu fosse um cachorrinho bassê pisando nas próprias orelhas.

O trem partiu de Kiev às 19 horas; chegaremos em Kolimya às 7 da manhã. Passo a maior parte do meu tempo escrevendo cartas, sob a luz solitária acima do meu beliche, até a mão ficar manchada do azul da tinta e da dor.

... um cara com dentes muito brancos, 70 anos no mínimo, descaradamente passou a mão na minha bunda, quando eu estava voltando do vagão restaurante. É sério, Eric, foi muito esquisito.

* * *

... mas acho que a saudade que eu sinto de você está começando, finalmente, a assumir uma forma diferente. Está ficando mais suportável, mais meiga, quase agradável. Uma espécie de paz na desesperança, talvez.

Saltamos do trem antes do amanhecer, ainda meio confusas, pegamos um ônibus e depois um trem, para chegar à House on the Corner, uma agradável pensão administrada por Vitaly — um louro impetuoso com inglês fluente, consciência ocidental e grande ambição — e sua mãe, Ira — uma mulher baixinha, de cabelo curto, olhos enrugados ao sorrir, que não fala uma palavra de inglês e me faz comer um omelete delicioso assim que chego à sua casa.

Este lugar é espaçoso, limpo e moderno. A mãe de Vitaly é uma excelente *cozinheira.* O banheiro, que deveria ser compartilhado se houvesse outros hóspedes mas que por enquanto é só meu, é uma visão ocidentalizada de azulejo branco, peças modernas e água quente. Eric, que visitou este lugar há dez anos, me avisou que eu ficaria chocada com os banheiros turcos e um padrão deprimente de higiene pessoal, mas por enquanto não encontrei nada disso. Estou quase desapontada. Onde está o desafio?

Hoje, vou descansar e escrever e, talvez, ser atacada por um ucraniano velho quando for à cidade tomar um café. Talvez não, isso certamente vai acontecer.

Desse modo, meu querido interlocutor silencioso, uma coisa que eu notei tanto aqui quanto na Argentina é que uma mulher por volta dos 30 anos sem nenhum atrativo extraordinário, ao viajar sozinha para o exterior, será assediada, repetida e exclusivamente, por homens de 55 anos. E a abordagem sempre será a mesma:
1) Eles perguntarão a religião. Como se isso fosse profundamente essencial para o que eles querem. Eu aprendi

a dizer o seguinte: "Fui criada na igreja episcopal, que é parecida com a católica", para evitar discursos de conversão ou ofensa, que poderia haver se eu falasse o que eu penso: "Sou ateísta, o que deve deixá-lo feliz, já que ouvi falar que garotas católicas não costumam entregar-se a um sexo casual com velhos que elas conhecem em cafés."
2) *Eles comentarão o quanto pareço jovem. A idade média que me dão é 25 anos, o que é evidentemente absurdo.*
3) *Quando descobrem a minha idade, eles perguntarão quantos filhos eu tenho, e quando não digo "nenhum, ainda" (aprendi rapidamente que "ainda" é a palavra-chave), eles vão, muito seriamente, sondar as razões por trás dessa estratégia, insistir para que eu tenha vários imediatamente e, muitas vezes, insinuar que o que eu preciso é de um homem de verdade, um argentino/ucraniano/ou outro qualquer, para me engravidar.*

E eu darei um riso debochado de um peixe que delicadamente escapa de um anzol e direi: "Muito obrigada, mas na minha vida homem é o que não falta, que pena. Acho que vou ficar com os que já tenho."

E amanhã, irei ver linguiças.

Quando falei com Oksana sobre esta viagem, eu lhe disse que minha intenção era ver tudo relacionado a carne, se fosse possível. Ela nem pestanejou — o que, francamente, achei estranho — e imediatamente começou a determinar alguns lugares, especialmente para vermos de perto a fabricação de linguiça; ucranianos ocidentais têm grande orgulho das suas linguiças. Esta manhã, iremos visitar uma fábrica, um pouco afastada da cidade, em uma pequena aldeia, descendo uma estrada tortuosa e esburacada, com fazendas de ovelhas e gado.

Os proprietários, Katerina e Myroslav, vêm nos receber na modesta porta principal. — *Vitayu, vitayu — budlaska!* — Bem-vindos! Ambos devem ter uns 50 anos, são atraentes e exibem sorrisos largos e hospitaleiros. Eles nos cumprimentam com apertos de mão e nos convidam, entusiasticamente, a entrar. Oksana e eu colocamos chapéus de papel branco e jalecos de açougueiro, iguais aos que Katerina e Myroslav estão usando, e eles nos levam para conhecer a fábrica, que é bem menor do que a que eu visitei na Argentina — algo na escala do Fleisher. Questões de tamanho à parte, o local é praticamente igual a todas as fábricas de processamento de carne que eu visitei — a mesma carne salgada em caixas plásticas, as mesmas paredes revestidas de azulejo branco e chão lavável; o mesmo aroma forte de cura misturado a um leve cheiro de cloro; os mesmos cepos de corte e recheadores de linguiça e defumados. Em volta da mesa, os cortadores desmembram paletas de vaca, cortando a carne em pedaços que possam ir para o moedor. Há, entretanto, uma diferença importante: a maior parte dos açougueiros na mesa são mulheres, jovens e loiras. Esta é praticamente a primeira vez, com exceção do Fleisher, que eu vi, de fato, uma mulher exercendo esta atividade. Mesmo lá, uma mulher que não fosse eu era um fenômeno raro. Mas aqui, parece que esse ofício não é exclusivo para homens; frutos do comunismo, talvez. Elas sorriem para Oksana e eu, quando nos aproximamos da mesa para olhar, mas não param, nem um momento, de trabalhar.

No escritório, depois da visita, Myroslav abre uma garrafa de conhaque, enquanto Katerina nos serve uma montanha de comida: pão de centeio, queijo, azeitonas e pelo menos dez tipos de linguiça, representando um quarto da variedade que eles produzem na fábrica. Dentre as variedades, tem o queijo de porco, que é muito popular na Ucrânia, em parte por ser barato; *cervelat,* uma linguiça magra feita basicamente da carne de alta qualidade com um pouquinho de gordura de porco e que é a favorita de Myroslav; *tsyhanska,* ou "linguiça *gipsy*", que é um pouco mais gordurosa, com setenta por cento de carne e trinta por cento de gordura de porco (Katerina é capaz de repetir as proporções de cor, rapidamente, e Oksana traduz tudo para mim); *drohobytska,* uma linguiça tradicionalmente feita inteiramente só com porco, mas que agora mistura carne de vitela na sua fabricação. Myroslav explica que a sua *drohobytska* é, de fato, feita principalmente com carne de boi, porque na Ucrânia carne de porco é a carne mais cara.

— Há um provérbio sobre os hutsuls — traduz Oksana enquanto Katerina fala. Na realidade, Katerina fala um pouco de inglês. Ela tem uma filha e netos que moram em Nova Jersey e está tentando aprender o idioma, mas ainda se sente mais segura com a ajuda de Oksana.

— O que é um hutsul?

— Nós somos hutsuls, as pessoas das montanhas daqui, na Ucrânia ocidental. Verdadeiros ucranianos. As pessoas da parte leste do país são russas, não ucranianas.

— Ah, sim. E quanto ao provérbio?

Katerina olha para mim com ansiedade. Ela tem um sorriso pronto e uma auréola de cabelo loiro avermelhado, e eu me vejo querendo falar-lhe diretamente. Uma tradutora hábil como Oksana é rápida e sutil, e eu percebo que gostaria de falar com essas pessoas sem um filtro. Deve ser a irmandade internacional de açougueiros, suponho. Somos pessoas que compartilham os mesmos interesses.

— Os hutsuls preferem uma boa linguiça a pão. Os ucranianos orientais querem pão; eles não se preocupam se a linguiça é boa.

— Nesse caso, eu fico do lado hutsul.

Myroslav e Katerina riem, concordando com um gesto de cabeça, antes de Oksana traduzir. É engraçado: sempre que estamos falando sobre comida, parecemos entender o idioma um do outro.

Domashnia é feita de carne de boi, porco e vitela. "*Doctor's sausage*", *likar-ska*, é feita de carne de porco, leite, ovos e temperos. "*Children's sausage*" é bem amassada em purê para uma consistência macia e é feita sem qualquer conservante. *Krovianka* é linguiça de sangue de boi, que Myroslav e Katerina recebem diretamente do matadouro, junto com a carne. Estou começando a me sentir perigosamente cheia e a garrafa de conhaque está quase vazia, graças a Katerina, Myroslav e eu, já que Oksana é praticamente abstêmia, como é possível na Ucrânia. Brindamos a nós, a irmandade internacional de fabricantes de linguiça, e aos nossos países. Estou levemente embriagada e ficando sentimental da maneira ucraniana, ou irlandesa, qualquer uma.

— Você tem que me visitar nos Estados Unidos. Vou levá-la ao meu açougue. Você vai adorar. E eles vão adorar você!

— Da próxima vez que eu for lá, irei visitá-la também! — diz Katerina, cujo inglês parece ter melhorado com o conhaque. Ela pega uma foto recortada de uma revista, que ela prendera na borda de um porta-retrato, na sua escrivaninha. — Minha neta — diz, mostrando a foto de uma modelo adolescente maravilhosa, de cabelo louro comprido e batom brilhante. — É da revista *Seventeen*!

— Ela é linda!

— É mesmo! Obrigada!

— Por favor, ligue para mim quando for lá. Eu a levarei ao meu açougue.

Escrevo o meu nome, número de telefone e endereço de e-mail. Isso lembra aquelas reuniões de colégio, de dez anos de formatura, quando se encontra alguém de quem se tinha esquecido completamente e, sob a influência de salgadinhos e muito licor, conclui-se que vocês nasceram para serem almas gêmeas, e trocam-se números de telefones e expressões surpresas com o reconhecimento mútuo, e há abraços entre lágrimas e despedidas sorridentes. E muito frequentemente, os números são perdidos e o encontro das almas gêmeas não se concretiza. Mas às vezes acontece.

Finalmente, chegou a hora de partirmos. Nós nos despedimos com abraços e beijos no rosto, no estacionamento em frente à porta do escritório.

— Muito obrigada! Venha novamente!
— *Dyakuyu!* Pode deixar!

Katerina nos entrega uma sacola cheia de linguiças.

Oksana dirige devagar para evitar os buracos realmente imensos, cheios da água que, na luz da primeira tarde ensolarada que eu vi na Ucrânia, refletem vivamente as folhas amarelas das árvores de outono que alinham o caminho. É bem encantador, ou talvez seja o efeito do conhaque e um pouco de sentimentalismo...

Quando voltamos à pensão, Vitaly está mostrando a cozinha a uma jovem americana, que se apresenta como Andrea. Ao nos ver descarregar a sacola de carne que ganhamos, ela geme e diz:

— Que horror!

Esse comentário, naturalmente, não é um bom começo para nós, porque eu mesma não consigo imaginar nada mais horroroso do que uma vegetariana na Ucrânia. Mas ela é voluntária do Corpo de Paz, portanto acho que alguns estilos liberais mal-orientados fazem parte do pacote. Entrego a bolsa a Ira, que fica mais do que apropriadamente agradecida. Ela retira algumas *cervelat* e as corta em fatias finas, dispondo tudo sobre a mesinha da cozinha junto com algumas fatias de pão. Oksana e eu nos sentamos e, embora já tenhamos comido bastante linguiça, beliscamos mais um pouco.

Ficamos batendo papo durante algumas horas, Oksana, Vitaly, Andrea e eu, enquanto Ira não para de trabalhar. Na noite passada, ela fez, só para mim, rolinhos de repolho recheados de carne, que deveriam ser indigestos e com sabor apropriado para o gosto soviético, mas, ao contrário, estavam deliciosos, leves e temperados na dose certa. Eles definitivamente contribuíram com o modo que eu comecei a me sentir como a senhorita Havisham, com seu vestido de noiva pútrido, sentada à mesa sozinha, sendo servida por uma mulher com a qual eu não podia conversar, comendo bem devagar para adiar o momento em que eu terminaria a minha refeição e não haveria nada mais para fazer, naquela noite. E, nesta manhã, comi oito panquecas leves, crocantes, frescas, bem pequenas, com geleia. Ira está fazendo a limpeza, embora a cozinha pareça bem limpa; ela é daquele tipo de mulher que não sossega enquanto não acaba de limpar e oferecer a cada hóspede todo agrado possível.

Imediatamente, fica claro que Andrea passa *muito* tempo aqui. Ela está se aproximando do final do seu período de dois anos em Kolimya, trabalhando na mesma escola em que trabalha o namorado de Oksana. E ela não poderia estar mais pronta e ansiosa para ir embora. Ela não gosta da Ucrânia, não gosta das pessoas daqui, como ela mesma diz: "As mulheres são todas feias e os homens têm aparência nojenta, são misóginos, exceto vocês, claro!" Ela não gosta da comida: "Tudo é tão pesado, e *tudo* leva carne. A *única* coisa que eu gosto é da batata *varenyky* que Ira faz. É do que eu *vivo*."

Oksana e Ira se entreolham por cima da cabeça de Andrea e só eu percebo. Ira fala algumas palavras em ucraniano. Com um gesto de cabeça irônico, Oksana traduz para mim:

— Depois — diz ela, com um sorriso afetado. — Ira lhe mostrará como se faz *varenyky*. É um prato delicioso.

No dia seguinte, Oksana e eu visitamos alguns museus e lojas de Kolimya. No almoço, em uma cervejaria ao ar livre que é uma graça mesmo sob o frio cortante e que Oksana me assegura que é o point do verão, eu pedi borche, um prato à base de beterraba, enquanto ela preferiu algo chamado *banosh,* um prato tradicional da Ucrânia ocidental que lembra um pouco *grits* de queijo e alho, aquele produto estimulante do Texas que eu não como há quase uma década. Quando Oksana me oferece um pedaço, eu juro a mim mesma que não descansarei até aprender a prepará-lo.

Finalmente consegui. E aqui está!

Banosh Ucraniano

2 xícaras ou mais de creme de leite azedo
1 xícara de farinha de milho branca ou amarela
2 colheres de sopa de manteiga
Sal a gosto
¼ de xícara de queijo feta (opcional)

Coloque as duas xícaras de creme de leite azedo em uma panela pequena e leve ao fogo de médio a baixo, mexendo sempre até esquentar, sem deixar ferver.

Acrescente aos poucos a farinha de milho, mexendo sem parar, ainda sem deixar a mistura ferver. Cozinhe por aproximadamente 15 minutos. A consistência deve permanecer um pouco líquida; se começar a ficar muito densa, acrescente mais creme de leite azedo, uma colher de sopa de cada vez.

Quando achar que está quase pronto, adicione a manteiga e sal a gosto e apague o fogo. Deixe descansar, coberto, durante cinco minutos.

Sirva em quatro cumbucas com o queijo esmigalhado por cima, se desejar. Este prato é como uma versão ucraniana do seu prato favorito na infância. É um bom modo de nos lembrar de que, na maioria das vezes, somos mais parecidos do que imaginamos.

Enquanto saboreamos nossa refeição, a minha língua fica frouxa, de um modo que sempre lamento depois. Como escreverei naquela noite, na cama:

O que é isso que eu insisto em fazer, de me mostrar abertamente para pessoas que eu mal conheço, em todo o mundo? Curtir lembranças vulgares e dolorosas suas e de Eric? Detalhes íntimos e propensões, brigas e carinho, tudo analisado em detalhes por doses inapropriadas de bebida com estranhos. Não acho que sejam somente os campos inexplorados da compaixão, não. Não é conforto o que estou procurando. É como arrancar uma crosta de ferida antes da hora, ou apertar um corte para extrair algumas gotas a mais de sangue. E talvez, também, isso faça a distância forçada parecer menos patética do que romântica. Eu gosto de me imaginar como a personagem de um romance trágico do século XIX, em vez de uma personagem dos filmes do Adrian Lyne, sobre um homem e seu caçador à espreita.

— Acho que é um problema típico da América — diz Oksana decididamente. Ela come o seu *banosh* com delicadeza, bem mais devagar do que eu tracei o meu borche condimentado.
— O quê? Casos obsessivos de amor?
— Infidelidade. E a confusão que isso envolve. Na Ucrânia, as pessoas casam-se e permanecem casadas. Não criamos tanta expectativa, talvez. Ou somos mais felizes porque sabemos o que queremos.
— Talvez — digo, tomando um gole da minha segunda cerveja tcheca. Queria saber se isso realmente pode ser verdade. Oksana é somente uma jovem, com a segurança inerente aos jovens? Ou pode haver, de fato, alguma circunstância determi-

nada de diferença de países, de história, tradição, religião e perseguição, que poderia resultar em uma população mais inclinada, no todo, ao contentamento? Parece duvidoso, mas quem sabe? É uma explicação tão válida para a doação caprichosa da felicidade como qualquer outra.

Fico imaginando como estão as coisas com você, Robert e os gatos. "Quais são as novidades em Rialto?", citando Buffy, quando cita O mercador de Veneza. *Desse modo, continuando este livro — Deus do céu, esta carta está ficando imensa — depois do almoço, Oksana me levou ao Museu do Ovo de Páscoa, que tem, realmente, o formato de um ovo de Páscoa gigantesco. No interior, há apenas dezenas de milhares de cascas de ovo intricadamente enfeitadas — são chamados de pysanka; você sabe como eles são, não é? Desenhos sombreados, faixas e redemoinhos, em amarelo, vermelho e preto. Por todo o canto do país, há ovos, estilos tradicionais diferentes de regiões diferentes. Há um ovo pintado por Raisa Gorbachev; outro por Yulia Tymoshenko. Fomos também ao Museu Hutsul, um tipo de museu etnográfico padrão que você teria adorado, mas que me cansou um pouco. Depois, fomos à casa dos pais de Oksana, onde estava seu namorado, um voluntário do Corpo de Paz americano chamado Nathan.*

Oksana tem uma cachorrinha, que fica no apartamento dos pais dela: um spaniel japonês chamado Onka, o que significa, ao que parece, "espertinha". Ela é uma gracinha e adora buscar um bichinho de pelúcia, quase do tamanho dela. A mãe de Oksana também é uma gracinha: alegre, baixinha e de cabelos escuros, como Oksana. Assim que chega do trabalho, ela vai para a cozinha preparar o jantar, com sobras e coisas compradas prontas, pedaços de frango fritos, batatas, salada de tomate e pimentão, cogumelos, queijo, picles — uma tabela aparentemente infinita de misturas, saboreada com a garrafa de champanhe que Oksana e eu compramos no caminho.

Brincamos com Onka durante uns vinte minutos, até a campainha tocar e Oksana correr para receber Nathan. O período de Nathan no Corpo de Paz na Ucrânia também está quase no fim. Ele e Oksana formam um casal hilário e triste. Ela não para de provocá-lo, é sorridente mas irritadiça, afetuosa, além de um pouco reservada. Depois de um copo e meio de champanhe, ela fica também um pouco corada.

— Amanhã, Nathan vai... como se chama o corte de cabelo?

Nathan está sorrindo, abraçado a ela.

— Moicano.

— Moicano — repete ela, virando-se para a mãe e falando em ucraniano, passando a mão no topo da cabeça, para ilustrar a explicação. — Eu disse a ele que estou feliz por ele estar indo embora, assim não tenho de vê-lo com esse cabelo ridículo.

Ele sorri mais ainda e tenta beijá-la, mas ela o afasta, rindo. Talvez ela seja exatamente desse jeito, mas nunca, desde que a conheci, observei um comportamento tão mordaz, e me pergunto se é por que Nathan está prestes a partir. Tenho pena dele. Conheço bem a sensação de rejeição, por mais que seja de brincadeira, e, permita-me dizer, não é nada agradável.

No dia seguinte, Oksana me leva a Sheshory, um resort nas montanhas.

— É um dos meus lugares favoritos — diz ela, ao subirmos no ônibus que nos levará até lá. — Uma verdadeira aldeia hutsul tradicional. No verão, há um ótimo festival de música, que atrai muita gente. Velhos, crianças, gente de cabelo comprido, quer dizer, hippies. Todo mundo acampa ou aluga uma cabana, e nadamos no rio, o rio Pistynka, e ficamos acordados a noite toda.

O ônibus está cheio e lento, como imagino que são todos os ônibus públicos, em qualquer parte do mundo. A viagem leva mais de uma hora. Do vale onde fica Kolimya, passamos por campos e pequenas aldeias, ao longo de estradas sinuosas, nos Cárpatos. A paisagem aqui é mais exuberante e mais fria. Não que seja realmente fria, é, na verdade, fresca e com aquele ar de montanha, apenas extremamente úmido — e verde. Saltamos em uma estrada estreita, ao lado de um restaurante e o pequeno grupo de lojas que compõem o "centro" da cidade. Atrás do restaurante, em frente a uma ponte para pedestres, um caminho empoeirado sobe uma encosta, sobre a qual estão agrupadas pequenas casas revestidas de madeira, pintadas de branco ou em tons pastéis brilhantes, com as calhas enfeitadas com estanho martelado. Um outro caminho leva até o rio.

Passamos a tarde vagando pela margem, balançando os pés na água fria das corredeiras rochosas. Fico imaginando como deve ser durante o verão; agora a cidade parece quase inteiramente deserta. Comemos, em um restaurante, um suculento guisado de porco grelhado, e, quando terminamos, a luz está começando a assumir a forma da noite.

— Acho melhor voltarmos. Marquei um encontro esta noite na sauna do meu amigo. Não devemos nos atrasar.

Vamos para a estrada, que parece tão deserta quanto o resto da cidade.

— Deve levar um tempinho até o ônibus chegar. Ele demora um pouco a passar. Vamos andar e quando ele surgir, a gente acena para ele parar. Ou encontraremos alguém que nos dê uma carona.

— Tudo bem.

— Você vai adorar a sauna. É muito bom para a saúde. Previne doenças. Mas não usaremos o *veniki*.

— *Veniki?*

— Ã-hã. — Ela dá um sorriso e faz um vigoroso movimento de chicote. — Ramos de árvore. Vara. Você tem de bater nas próprias costas.

— Huum. E para que serve isso?

— É muito bom para a saúde. Deixa você forte. Mas não se preocupe, não vamos fazer isso.

— Talvez seja melhor.

Andamos durante 25 minutos. O ônibus não aparece, e poucos carros passam por nós. Oksana tenta fazer sinal para alguns, sem êxito. Finalmente, entretanto, quando começávamos a achar que não iríamos chegar a Kolimya a tempo, um Mercedes azul para bem ao nosso lado, e a janela começa a abrir, revelando um velho com uma pança enorme, uma jaqueta de couro aparentemente cara e o cabelo grisalho. Oksana enfia a cabeça na janela, sorrindo de um jeito que, no caso de uma jovem americana pegando carona, pareceria um gesto arriscadamente sedutor, mas que aqui significa apenas uma mulher que conseguiu algo. Ela troca umas palavras com ele, dá uma olhada sobre o ombro, para mim, e diz:

— Entre. Ele vai nos levar.

O homem inclina-se para a frente, olhando por cima do ombro de Oksana, gesticulando com a mão.

— Sim, sim. Entre! — Abro a porta de trás e entro no carro.

O nome do homem é Misha. Ele e Oksana conversam em ucraniano durante alguns minutos. Como uma idiota, eu assumo um ar atento, de olhos arregalados, como se entendesse alguma coisa. Então, Oksana toma fôlego, dá uma risada e se vira para me olhar.

— Misha cria porcos! Não... não são porcos. Huum... — Ela hesita e pergunta algo a Misha.

— Porco-do-mato — diz ele, no meu idioma. — Como nas florestas.

— É mesmo? Para abate?

— Não, não, não... são meus bichinhos de estimação.

— Mas... — Oksana parece muito entusiasmada. — Ele faz linguiça. Tem uma fábrica de linguiça!

— É mesmo?!

Nunca pedi carona na vida, a menos que se considere uma vez, quando eu tinha 9 anos e meu irmão, 6, e eu coloquei ele e a nossa vizinha, Misty McNair, com aquele laço perfeito no longo cabelo louro, do lado de fora, ao lado da estrada, ensinei-lhes como posicionar o polegar e os deixei lá, enquanto ia à cozinha fazer um lanche. E agora, a primeira vez que pego uma carona, nos arredores de um pequeno resort na Ucrânia ocidental, a quilômetros de distância da minha vida, do Fleisher, é justamente com um fabricante de linguiça.

Fazemos planos de visitar sua fábrica, na manhã seguinte.

Chegamos à sauna, que não passa de um pequeno anexo de madeira no quintal do amigo de Oksana, ainda em tempo do horário marcado. Eu estava esperando uma daquelas imensas banheiras públicas, revestidas de azulejo, cheia de mulheres de meia-idade nuas e com uma iluminação fraca, no estilo soviético. Mas, em vez disso, encontro apenas uma suíte muito pequena para mim e Oksana — um banheiro com cubículos para a nossa roupa, uma pilha de toalhas, sandálias de plástico, uma área de descanso com algumas garrafas de água, uma pequena geladeira, uma mesa com quatro cadeiras e a sauna, propriamente dita. É, mais ou menos, do tamanho de um espaçoso closet em Nova York, coberto de madeira, com duas fileiras de bancos e um forno em um canto. É mais quente do que qualquer outro lugar que eu já estive na vida. O calor é insuportável. Enroladas nas toalhas, sentamos nos bancos, deitamos ou encostamo-nos à parede, tentando conversar, sem muito êxito. Há um balde de água com uma concha dentro, para que possamos verter um pouco no topo do forno, mas ao fazermos isso uma vez, sentimos que poderíamos morrer com o vapor, portanto, depois disso, nos limitamos a ficar quietas e suar.

O termostato indica 110 graus... centígrados. Saudável? Isso? Não pode ser. Mas meus genes de demonstração de superioridade não arredam pé, porque enquanto Oksana permanecer lá, eu não movo um dedo. Ficamos durante uns 35 minutos, nossa primeira rodada. Finalmente, ela diz:

— Agora vou fazer um intervalo.

Ao ouvir isso, eu quase pulo para fora da sauna, junto com ela. O simples ato de levantar me deixa tonta e um pouco enjoada. Retiramo-nos para a outra sala, onde bebemos água durante cinco minutos e limpamos um pouco do suor. Quando consigo falar, pergunto o que vem a seguir.

— Voltamos para a sauna. Temos que continuar voltando, até pararmos de suar. É quando saberemos que todas as toxinas foram retiradas dos nossos corpos.

— Ah, tá. Bem, veremos. Vou logo avisando, se esse for o objetivo podemos ficar aqui a noite toda. Eu nunca paro de suar, como uma regra geral. Muita energia, talvez.

Repetimos o processo de entrar e sair da sauna, por períodos ligeiramente mais curtos a cada vez, por quase duas horas. No final, minhas pernas estão bambas e tenho a sensação de que poderia dormir por vários dias. É verdade, embora eu esteja suando muito pouco. Tomamos uma chuveirada, nos vestimos, e entramos no táxi que o amigo de Oksana chamou para nós.

De volta à pensão, Oksana e eu cumprimentamos, com um simples aceno, quem estava na cozinha: Ira e Vitaly. Ira acende a luz, quando entramos.

— Minha mãe vai ensinar como se faz *varenyky* — diz Vitaly. — Eles parecem — acrescenta ele, juntando o polegar e o dedo indicador — pequenos bolinhos de massa de batatas.

Eu chego a pensar que poderia, literalmente, dormir em pé. A minha pele está estranha, anestesiada, sob a roupa. Mas vou embora de Kolimya muito em breve.

Leavin' on a jet plane, don't know when I'll be back again.*
— Ah! Ótimo, obrigada!

Oksana, que deve estar exausta, fica para traduzir, enquanto Ira, com eficiência, delicadeza e um senso de incentivo extremo, que nunca vi igual entre cozinheiros domésticos, me mostra, passo a passo, como fazer:

Varenyky de Batatas

2 batatas Asterix médias
⅛ de xícara de toucinho salgado bem picado
½ xícara de cebola bem picada
1 ¾ de xícara de farinha de trigo (ou mais, se necessário)
2 ovos grandes
Uma pitada de sal

Descasque as batatas, corte-as, e leve-as para cozinhar em água com sal, até ficarem macias; mais ou menos, meia hora. Enquanto isso, aqueça o toucinho em uma panela e, quando a gordura soltar, levante a parte crocante dourada com uma espátula e reserve em um prato. Doure a cebola na gordura que ficou na panela. Reserve.

Escorra e amasse as batatas completamente, acrescentando o purê à mistura de cebola.

(Neste ponto da explicação, Oksana ergue suas sobrancelhas, finas e arcadas, e diz algo a Ira, em ucraniano, que a faz dar uma gargalhada.

---

* Julie lembra um trecho da música "Leaving on a Jet Plane", de John Denver, que fala de alguém que está indo embora e não sabe quando vai voltar. (*N. da T.*)

— Eu disse a Ira que ela tem enganado Andrea há dois anos.

— Adorei. "Querida? Sabe o que faz os *varenyky* da Ira tão gostosos? Uma dica: não são as batatas.")

Reserve até estar pronto para rechear os bolinhos de massa.

Com as mãos, misture a farinha, os ovos e uma pitada de sal com aproximadamente uma xícara de água, acrescentando mais farinha se a massa estiver muito pegajosa. Coloque a mistura sobre uma superfície enfarinhada e, acrescentando farinha conforme a necessidade, amasse até obter uma massa elástica. Divida a massa em duas bolas.

Estenda a metade da massa na superfície até ficar bem fina (mais ou menos 3 milímetros), mas não tão fina a ponto de rasgar. Faça círculos de aproximadamente 5 centímetros de diâmetro. Se não tiver um cortador de biscoito, você também poderá cortá-los em quadrados.

Para rechear os bolinhos, coloque de duas a três colheres de chá da mistura de batatas sobre cada círculo e aperte com as costas de uma colher, até que ele cubra a maior parte da massa de farinha, deixando uma borda limpa. Dobre o círculo ao meio e pressione as bordas para fechar. Repita o processo com a segunda metade da massa.

Depois, mergulhe os bolinhos em uma panela de água fervente com sal. No início, eles irão afundar; mas depois de uns cinco minutos, eles virão à tona. Quando a maioria, ou todos os bolinhos, vierem para a superfície da água, significa que estão prontos. Escorra-os e passe-os na água quente da torneira.

Arrume os bolinhos em um prato com o torresmo e toda a gordura que soltou. Dá para quatro pessoas. Sirva com uma concha de creme de leite por cima.

Eu demoro muito tempo para fazer estes *varenyky*, mas, afinal, eu não sou Ira. Seus dedos ágeis recheiam e dobram a massa em um ritmo alucinante. Oksana traduz rapidamente, mas enquanto Ira faz a demonstração, ela e eu começamos a ultrapassar as palavras e Ira acaba respondendo às minhas perguntas, diretamente, sem a ajuda de Oksana. Naturalmente, não trocamos palavras reais, mas com um simples gesto, uma mímica de como apertar ou apontar o dedo e sobrancelhas questionadoras, ela é capaz de entender o que estou querendo saber, e faz com a cabeça que sim, ou que não. Não sou cozinheira como Ira, mas sou cozinheira mesmo assim. É como acontece com os açougueiros que conheci; embora eu não possa entender as palavras que ela está dizendo, compartilhamos a mesma língua. Por volta das 22 horas, estamos todos sentados à mesa de jantar, comendo bolinhos de massa de batatas com toresmo e creme de leite azedo. Estão divinos.

Quando subo para o quarto, eu me preparo para dormir. A caneta e o caderno estão na mesinha e, embora as minhas pálpebras estejam fechando, eu reservo um momento para escrever uma carta de "boa-noite" para o Eric.

Após a sauna, eu percebo uma brotoeja que se alastra pelo meu braço e ombro, uma espécie de treliça de linhas vermelhas, como se o meu sangue tivesse fervido até a superfície. Oksana diz que a sauna está "expulsando as toxinas", mas isso não pode ser bom, certo? Talvez as toxinas não devam ser expulsas. Bem, se eu morrer enquanto estiver dormindo, acho que saberemos o motivo.

— Entrem, entrem! — insiste Misha ao subirmos os degraus de concreto, sob a luz da manhã, de uma escadaria que exala um forte cheiro de maçã. Ele nos recebe com um beijinho no rosto e nos conduz escada acima. — Vocês vão tomar café agora?

— Ah, eu já... não, quer dizer, vou, por favor. Obrigada.

Ira já tinha me servido café da manhã, omelete com linguiças, mas não há como recusar a oferta de comida de um ucraniano.

Enquanto Misha se movimenta na sua pequena cozinha, nós vamos para outro aposento da casa, repleto de toda espécie de coisas, sendo a categoria mais proeminente a de animais taxidermizados e objetos de Yulia Tymoshenko. Há um gato selvagem empalhado espreitando, sobre uma prateleira alta, perto do teto. Preso em um estojo decorado há um cartaz de Tymoshenko, mostrando a primeira-ministra ucraniana, com sua habitual trança loura.

— Por que ela usa esse penteado, afinal?

— Ela não usava o cabelo sempre assim. É um estilo ucraniano tradicional, para comprovar a nacionalidade.

— E os mantos brancos, e os dois caras com espadas?

— É... para jovens, eu acho — responde Oksana dando de ombros, revirando os olhos. — Apenas política.

— Huum. — Acho que se eu fosse uma loira linda concorrendo ao cargo de primeira-ministra de um país do bloco Oriental, eu estaria derrotando a galera do Dungeons & Dragons também, mas isso é algo engraçado e assustador.

Há pássaros empalhados de todas as espécies, bem como roedores, cobras e um coelho, com uma foto de Yulia entre as patas.

O café da manhã é... minha nossa! Para começar, Misha nos serve seis panquecas de batata, com champignons preparados em casa, colhidos da sua fazenda. Nós tomamos uma xícara de *kefir,* uma bebida feita de leite fermentado, e ele insiste para que experimentemos uma "salada de fígado" — basicamente uma porção de fígado fatiado, arrumado em camadas com pimentão, cebolas, champignons e outras camadas não identificáveis; delicioso e, também, preparado em casa, mas como plutônio no estômago. Depois, ele termina com um bolo de maçã e chá. Será realmente esse o café da manhã diário dos ucranianos?

Quando acabamos, ele nos leva para a parte de baixo novamente, onde calçamos os sapatos, que deixamos na porta, e atravessamos a pequena estrada sulcada até a fábrica.

É uma construção soviética, que ele comprou para reformar. No momento, está degradada, com antigos defumadores enegrecidos e crostas de gelo nas paredes da câmara frigorífica. No entanto, Misha tem grandes planos; vai instalar um novo frigorífico e está comprando todos os tipos de equipamentos novos, como moedores, recheadores e serras de fita. Mas carne é somente uma parte do seu objetivo. Misha também planeja construir uma grande sauna pública e, acima dela, uma pista de descida de esqui. Ele acha que pode começar a lucrar com os turistas que visitam Sheshory, talvez construir um hotel. Oksana e eu acenamos com a cabeça, enquanto ele nos dá detalhes de onde ficará cada coisa, e como isso se tornará o maior complexo da cidade.

A primeira coisa que ouvimos ao entrarmos no pátio lamacento que há no centro da fábrica, é um coro rouco de uivos e latidos vindos de um canil, no canto.

— São meus cães de guarda. De caça, também. — Em um dos canis, há um são-bernardo, no outro, um pastor-alemão e dois saltitantes e barulhentos fox terriers. Ele faz festa em cada um deles, mas não me estimula a fazer o mesmo.

— São treinados para não aceitar estranhos. Comigo, eles são uns anjos.

Em outro grande cercado, há uma caótica mistura de lama e raízes, e dois porcos selvagens que bufam na cerca quando nos aproximamos, cutucando com os focinhos a corrente do cadeado.

— Encontrei-os aqui nas montanhas, ainda bebês — diz Misha, colocando a mão na cerca, para eles esfregarem o focinho. — A mãe estava morta.

Um dos empregados de Misha cuidadosamente se aproxima do cercado para despejar um grande balde com pedaços de carne, maçãs e legumes picados na gamela. Eles atacam de forma voraz — a refeição, não o empregado.

Em outro cercado, construído acima do chão, como uma gaiola de coelho, estão duas raposas.

— Estas, eu também resgatei quando eram bebês. Antigamente, ficavam dentro de casa, mas cagam tudo.

O cheiro do cercado é repulsivo.

— Tentei soltá-las, mas elas voltam. Então agora elas moram aqui.

As raposas arremessam-se em círculos infinitos e frenéticos em volta da jaula, com os olhos arregalados e as cabeças jogadas para a frente e para trás, tentando ver tudo ao mesmo tempo. Com certeza, enlouqueceram. Tenho pena delas.

No final da visita, que provavelmente levou quase uma hora, voltamos à sua casa, dessa vez para experimentar o seu "pão de carne" — bolo de carne denso, que beira a categoria do patê — e beber um pouco de conhaque. (Oksana toma apenas um golinho, por educação. Misha e eu tomamos vários copos.) Ele procura sua coleção de fotos que retratam férias passadas em lagos e uma história completa dos cães que ele criou, durante vários anos. Depois, ele nos leva de volta à cidade.

— Ah, no caminho, tenho algo para mostrar. Vocês vão adorar!

Portanto, no caminho de volta, paramos em um complexo de prédios que lembra uma antiga feira. Na guarita, ele abre a janela do carro e fala com um homem, que destranca um portão, permitindo nossa entrada em um largo pátio com cabines em volta de todo o perímetro. Todas estão vazias no momento;

não há ninguém por ali, mas há uma jaula, mais ou menos do tamanho de um reboque de cavalo, no centro do gramado, encoberta por capim seco. Ao chegarmos mais perto, vemos dois enormes ursos marrons. Eles também se movimentam e farejam o ar, com seus focinhos pretos brilhantes. Os animais têm bolas imundas de pelo penduradas no corpo. Seus olhos são tristes, e loucos, também.

— Estes foram resgatados quando eram bebês. A mãe tinha sido morta — diz Misha com uma expressão triste, que acredito que seja verdadeira, embora haja um brilho de fascínio também, quando ele olha o urso louco se movendo e murmura para ele.

Estou começando a entender esse procedimento de resgatar órfão. Mas sinto pena de Misha. Sei o que significa compensar com bondade — é como se não houvesse uma opção melhor. Você tem de salvar o que ficou abandonado, tem de cuidar deles. Mesmo que isso os deixe completamente loucos. Eu também já senti o impulso irracional que leva pessoas a entrar em jaulas de gorila, ou a se aproximar de grandes animais, em remotos prados do Alaska, para consolar e ajudar essas criaturas, que podem — e muitas vezes irão — atacar e trucidar essas mesmas pessoas. Queria acariciar a pele do urso e tentar descobrir um modo de agradá-lo. A satisfação de cortar uma carcaça de porco não é tão diferente, realmente — é um modo de enfrentar seus crimes, uma tentativa de consertar as coisas. E com o benefício extra de ter algumas belas e suculentas costeletas de porco para justificar seu trabalho, quando termina.

Chega de mamíferos melancólicos por hoje. Voltamos a Vitaly. Misha entra conosco e fica surpreso ao ver Ira, uma amiga de infância. Ficamos todos na cozinha, tomando chá, e eu fecho a mente, em uma fuga digestiva, enquanto Misha e Ira conversam. Após algum tempo, Oksana e eu vamos ao correio e compramos algumas lembrancinhas. Eu compro alguns ovos de madeira, pintados no estilo *pysanka*; os ovos verdadeiros são mais caros e, o que é mais importante, inevitavelmente quebrariam em algum ponto entre Kolimya, Kiev, Tanzânia, Sapporo e Estados Unidos. Compro também uma blusa simples, preta, de camponesa, com um bordado dourado e prateado, que eu vou guardar ou dar à minha mãe. Depois, vamos à procura de... *sala.*

Quando Eric visitou a Ucrânia, mais ou menos um ano depois da faculdade, voltou entusiasmado com *sala,* que é um tipo de toucinho salgado, temperado, para ser comido com pão.

— Você encontra isso em todo lugar — dizia ele. — É uma espécie de comida nacional ucraniana!

Desde que cheguei aqui, sempre que consigo ir a um cibercafé, recebo vários e-mails dele perguntando se já experimentei a iguaria.

O problema é: não encontro *sala,* de maneira alguma. Bem que eu tenho tentado, juro. Já procurei em balcões de delicatéssen, em cardápios de restaurante. Perguntei a Oksana e ela me assegurou que uma hora vamos acabar achando, em algum lugar em Kolimya. Mas por enquanto, nada. Fazemos uma tentativa em conjunto hoje, a última na Ucrânia ocidental. Visitamos armazéns e mercados e um açougue meio escondido, apenas uma loja com portas duplas abertas para a rua, com homens e mulheres de aventais, atrás de uma série de mesas de madeira, cheias de carne. Um cachorro amarelo anda pelo local, praticamente sem ser repreendido, debaixo das mesas, comendo qualquer coisa que caia no chão. Oksana explica a uma das mulheres o que estamos procurando.

— *Sala?* — repete a mulher, um tanto confusa. Ela corta uma fatia de um pedaço branco de barriga de porco, com sua enorme faca. Não parece salgado, mas enfio a fatia na boca, mesmo assim.

Descobri que *sala* não é somente uma iguaria ucraniana temperada. É também gordura de porco.

— Acho que agora as pessoas não gostam de servir essas coisas, uma comida de camponês, rudimentar — explica Oksana, enquanto estalo os lábios e a língua.

Não consegui, amor. Tentei. Mas não há sala em lugar algum. Acho que o país mudou desde a época em que você esteve aqui. Sinto que o desapontei. Mas se isso o faz sentir-se melhor, sua esposa ingeriu gordura de porco crua, na frente de uma açougueira ucraniana incrédula. É isso.
Estou no trem de volta a Kiev. Depois, Tanzânia. Saudades.

Passo um dia com Oksana em Kiev, basicamente fazendo compras. Os ucranianos adoram fazer compras, e há muito o que se comprar. As roupas são modernas, mas na maioria das vezes não tão benfeitas — um vestido bonitinho que eu comprei soltou dois botões antes de eu estreá-lo — e não tão baratas, como era de se esperar. Porém, com a insistência de Oksana, acabo fazendo uma aquisição com a qual estou completamente satisfeita: uma saia plissada preta, de veludo cotelê de listras finas, bem mais curta do que qualquer saia que eu usei na última década ou mais; um estilo "estudante sexy". Quando eu a experimentei, as minhas pernas ficaram parecendo bem mais longas, e não acho que seja somente o espelho da loja. Naquela noite, eu a coloco na mala, enquanto fico imaginando saltos atrevidos, meias na altura do joelho e rabos de cavalo.

No dia seguinte, encontro-me em um avião que vai de Kiev para Dubai. Estamos sobrevoando o golfo Pérsico e está completamente escuro, exceto pelo brilho turvo de uma lua estreita nas ondas e uma cintilação esverdeada ocasional de luz, um farol. Duas pilhas de papéis estão no meu colo.

* * *

Bem, a Ucrânia é fascinante, conforme você disse. Entretanto, tive uma visão diferente da sua quando esteve aqui. Eu adoraria voltar aqui com você, um dia, para você conhecer Ira, Katerina, Myroslav e Misha e, principalmente, Oksana. E você deveria ver a saia que comprei por 20 dólares!

Na carta que escrevi para Eric, não menciono a vaga sensação de ansiedade que se apossou de mim desde que entrei no avião. Não é só nervosismo por estar visitando a África pela primeira vez, e completamente sozinha, e não é só o meu medo de avião. É outro tipo de medo que não consigo decifrar totalmente. Não quero perturbar o Eric com essas coisas. Não tenho essa preocupação com D., já que escrever uma carta para ele é como escrever uma oração e depois queimá-la.

Quando o avião subiu, eu agarrei os braços da poltrona e rezei. Eu, rezando — que hipocrisia! Queria saber por que eu tenho muito mais medo de avião agora do que antigamente. Na noite passada, antes de deixar Kiev, sonhei que Eric e eu estávamos em um avião que estava caindo. No momento em que ele estava prestes a se espatifar em um pântano, o tempo parou, e ouvimos uma voz onisciente, projetada do futuro, dizendo que tínhamos precisamente 19 minutos para resolver todos os nossos assuntos. Por um momento apavorante, eu estava sozinha no banheiro do avião, nua e tremendo, discando o seu número no meu telefone, porém apavorada demais para apertar o botão e efetuar a ligação. Mas você veio, de qualquer maneira. O banheiro sumiu, eu estava vestida novamente, e estávamos na margem de um córrego. Ambos tirávamos os sapatos e enfiávamos os pés na areia.

O sonho parecia real, tanto pelo terror do acidente quanto pela presença eventual do D., emaranhada com a realidade.

Não era uma presença que se assemelhava ao D., mas o próprio D.; uma visita. Cada nuance vocal e o brilho dos olhos, a sua postura e sorriso sarcástico e os sinais na sua pele. Acordei sentindo uma enorme felicidade, que desapareceu rapidamente, dando lugar à incômoda volta da tristeza, e com uma recordação que eu já tinha esquecido. Penso nisso novamente agora, com a testa apoiada na janela do avião, olhando a escuridão. Aconteceu perto do fim do relacionamento, depois de uma briga que tivéramos, por algo que não lembro bem agora; algum ultimato zangado ou exigência minha, sem dúvida. Fui embora, após algumas trocas de acusações, e algumas horas depois recebi um torpedo. Ele escreveu: *Te amo e não sei o que fazer a respeito disso.* Aquelas palavras foram muito importantes para mim, na época. Encontrei nelas a confiança de que precisava e uma trilha de migalhas de pão, para alguma certeza futura.

Mas será que alguém sabe o que fazer? Eric? Oksana ou Gwen? Durante tantos anos, pensei que fosse muito simples. Eu vivia em um livro tridimensional, um calendário do advento, um lugar com portas, prazer e objetividade. Agora, parece que eu vivo em outro mundo totalmente insondável e estranho. Pensei que explorá-lo ajudaria, mas, por enquanto, longe de casa, ainda não sei o que fazer a respeito disso.

Sobrevoando o golfo Pérsico, o reflexo da lua na água é a única coisa para se ver, exceto pela luz de um barco ocasional, De repente, bum! A luz dos prédios diferentes e compostos e parques temáticos estranhos; do nada. E cheguei. Na península Arábica, cara.

Aposto minhas esperanças na África.

Na Tanzânia

São 17h30 e estou descansando em uma pequena barraca que foi providenciada para mim, junto à parede de barro rachado de uma das casas do *boma* da tia de Kesuma. Duas meninas de uns 10 anos, graciosas, pequenas e magrinhas, com mantos vermelho e roxo e com o pescoço e braços pesadamente enfeitados por joias de contas brancas, me observam pelo canto da parede. As duas mantêm as mãos próximas ao rosto, cobrindo os dentes brilhantes e as risadinhas a cada vez que eu levanto os olhos das minhas cartas para sorrir-lhes. De vez em quando elas acenam, e, quando eu retribuo o cumprimento, elas ficam surpresas, como se estivessem treinando um cachorro a fazer um truque difícil.

Foi um dia longo e maravilhoso, e está longe de acabar. Deixamos a casa de Kesuma, em Arusha, Tanzânia, às 8 horas

— eu, Kesuma, Leyan, Elly e Obed. Kesuma é um homem bonito, baixinho, com um sorriso sutil, que usa o seu traje massai: manto vermelho, calçado feito de pneu de motocicleta, um conjunto branco de colares, braceletes e tornozeleiras, uma faca grande em uma bainha de couro vermelha em volta da cintura e o "bastão de mando" na mão — esteja na cidade com a sua scooter, arrebanhando cabras em uma das aldeias da sua família ou discursando diante de centenas de pessoas, em Berkeley, sobre a sua organização sem fins lucrativos, Kitumusote. A missão da Kitumusote é desenvolver programas educativos e ambientais para os massais, um povo extremamente voltado a um estilo de vida tradicional do pastoreio de gado, que é cada vez mais difícil de manter, na África de hoje. Para angariar fundos, Kesuma organiza "safáris culturais" como este. É um termo pouco apropriado, já que sugere que eu esteja saindo em um Land Rover, com um chapéu e uma garrafa térmica cheia de gim-tônica, esperando assistir a alguma versão humana da Batalha de Kruger. Mas, na realidade, o que estamos fazendo é algo muito mais tranquilo e pessoal: visitando a família de Kesuma. Quando chegamos à aldeia, as mulheres estavam reunidas sob a única sombra grande de árvore, onde se encontram para ter aulas de suaíli e matemática básica. Mas elas não estavam estudando naquele momento; estavam cantando. A tia de Kesuma, uma mulher bonita, mais velha, me estimulou a participar da dança, com um gesto e um sorriso gentil, que ela manteve mesmo quando ficou claro que eu era uma péssima dançarina desengonçada.

Agora, depois do meu descanso da tarde, parece que atingimos o ponto de pergunta e resposta.

— O seu casamento foi arranjado ou seu marido escolheu você?

— Huum. Eu o escolhi.

Parece um modo estranho de descrever isso, o conceito de "escolha", de alguma forma um tanto incorreto, ao mesmo tempo trivial e expressivo demais em termos de vontade, mas perto o bastante, suponho.

Kesuma traduz, e as mulheres dão risadinhas escandalizadas e assumem expressões apavoradas, sussurrando entre elas. E elas não sabem nem da metade.

— Você tem filhos?
— Ainda não.

Elas reagem com um gesto de cabeça compreensivo, de certa forma chocadas, expressando o drama por eu não ter filhos.

— A essência das nossas vidas é o nosso rebanho, nossa família, nossos filhos. Qual é a essência da sua vida?

Caramba! O que é que eu posso responder? Meu marido? Meu amante? Sexo? Dinheiro? Meu cachorro? Caramba, realmente não posso explicar que é exatamente por isso que estou aqui com elas, nesta aldeia remota em uma árida encosta tanzaniana. Basicamente, *eu estava esperando que vocês me respondessem.*

— Qual é a sua função em casa?

— Bem, teoricamente, marido e mulher dividem as tarefas, como limpar e cozinhar. Mas, na verdade, eu normalmente faço a maior parte. — Quando não estou fugindo para algum país estrangeiro sozinha, por vários meses, naturalmente.

As mulheres dão risadinhas novamente diante dessa revelação, mas logo ficam sérias. Uma das mulheres mais velhas, que parece cansada, menos animada e feliz do que a tia de Kesuma, começa a falar e as outras concordam com um gesto de cabeça, enquanto Kesuma traduz:

— Você tem muita liberdade.

É uma afirmação alarmante. Eu estava pensando no quanto invejo essas mulheres; a sua beleza, seu canto e os pés descalços no chão vermelho e seco, suas vidas romanticamente simples. Como fui estúpida.

— Temos que fazer todo o trabalho. Os homens apenas saem com o gado. E se não fizermos tudo direito, nossos maridos, às vezes, nos espancam.

De repente, me ocorre que tenho muito pouca noção da idade dessas mulheres. Algumas parecem crianças, uns 16 anos; outras parecem idosas. Mas a maioria está no meio, entre esses extremos. A tia de Kesuma deve ter entre 40 e 70 anos. Pergunto a Kesuma.

— Não sei. Nem ela sabe direito.

— Ela não sabe?

— Nós, os massais, geralmente não temos registros de nascimento. Foi um problema para mim, na primeira vez que tentei viajar para os Estados Unidos! — diz ele rindo, jogando a cabeça para trás e o ombro para a frente, um gesto que já reconheci como característico dele.

— Eu disse à mulher na embaixada que tinha 27 anos, mas não sei ao certo. Você acha que eu pareço ter 27 anos?

— Mais ou menos.

Para falar a verdade, Kesuma poderia ter entre 21 e 35 anos, com sua aparente juventude, moderada por uma seriedade, sem falar da sua lista de impressionantes realizações. Nascido em uma remota aldeia na fronteira entre o Quênia e a Tanzânia, ele estudou, aprendeu e se tornou fluente em inglês e em suaíli e economizou para graduar-se, fazer cursos em produção de filmes, noções de informática e sobre os efeitos da globalização. Fundou uma organização internacional sem fins lucrativos, foi aos Estados Unidos para arrecadar fundos e dar palestras e fez amigos em todo o mundo, que ficam felizes em hospedá-lo em suas casas mesmo se não forem avisados com alguma antecedência.

— Não temos aniversários como vocês. Eu tenho a mesma idade que todo o mundo no meu grupo de guerreiros. Nós somos... Eu sei a palavra... não é *cortados*, é... *circuncidados*! Todos ao mesmo tempo, e então nos tornamos guerreiros. E seremos guerreiros até que o rei massai decida que é hora de sermos idosos. Então, poderei beber cerveja! — diz ele rindo, novamente.

As mulheres estão todas sorrindo antecipadamente. Elas dão risadinhas quando ele traduz, estão admiradas por eu estar confusa diante de um princípio tão básico da vida, como a marcação do tempo e da idade. Uma das mulheres mais jovens pergunta:

— Vocês não têm grupos de idade? Guerreiros, idosos?

— Não, não do mesmo modo. Temos algo que chamamos "gerações", mas isso é mais, não sei... geral. É todo mundo, homem ou mulher, nascido dentro de certo período, aproximadamente trinta anos, mais ou menos.

Kesuma traduz e as mulheres ponderam a minha resposta. Outra mulher pergunta:

— Mas se vocês não têm grupos de idade, como sabem como mostrar e receber o respeito apropriado?

— Huum... respeito? Não sei. Acho, talvez, que respeito não signifique tanto para nós. Ou não é igual. Eu respeito uma pessoa pelo que ela realizou ou quem ela é como pessoa, não por sua idade.

As mulheres parecem horrorizadas.

— Mas respeito... respeito é o que nos faz pessoas; é o que mantém a família. Respeito é a coisa mais importante do mundo!

— Para mim, respeito é importante, mas eu prefiro, bem... amor, eu acho.

Durante alguns minutos, tentamos transpor o imenso abismo que há entre nós; elas são educadas demais para confessar que me acham uma selvagem perigosamente audaciosa e eu, educada demais para dizer que elas estão aprisionadas em um sistema de patriarcado ignorante. Então, eu tenho uma espécie de revelação — mais um instinto do que uma explicação racional.

— Você diz que o respeito mantém as pessoas unidas. Eu diria que é o amor. Não sei bem como explicar isso, mas, quando eu amo alguém, amo *de verdade*... não... — sem conseguir achar o termo, eu me viro para Kesuma. — Quer dizer, não no sentido sexual, como uma atração ou algo assim. — Ele traduz e as mulheres dão risadinhas. — Mas quando eu realmente amo alguém é *porque* eu respeito aquela pessoa. Ou, o respeito é consequência do meu amor. Acho que, talvez, os dois sejam a mesma coisa.

Não sei se isso faz algum sentido. Mas parece satisfazer as mulheres, porque todas concordam sorridentes.

Depois da nossa conversa, resolvo dar um passeio em volta do *boma* e tento encontrar um lugar tranquilo para fazer xixi. Kesuma me explicou que cada *boma* — um grupo de várias cabanas de barro cobertas de palha, com um curral para gado e outro para cabras, tudo cercado por uma mistura de galhos espinhosos — representa um grupo familiar: um idoso, suas esposas e filhos solteiros, e as esposas de seus filhos. A aldeia é composta por muitos *bomas,* que são bem distantes uns dos outros. Quando estou andando em volta do *boma* no qual passarei a noite, percebo que há mais alguns dentro do campo de visão, mas são poucos. Então, na realidade, a "aldeia" avança, ou seja, não há um centro propriamente dito; é um vasto grupo disperso de casas, por toda a encosta da montanha. Parece um modo estranho de se viver, ao mesmo tempo solitário e cercado de sogras.

Também se mostra um lugar bem complicado de se fazer xixi. Eu me acostumo com a ideia de ter algumas cabritinhas desinteressadas testemunharem minha higiene pessoal, mas eu não gostaria de ser observada por ninguém nos *bomas* ou por uma das crianças que ficam perambulando, enquanto estou arriando as calças, expondo o que, aos olhos de um massai, deve parecer uma bunda horrivelmente grande e branca. As árvores e os arbustos que salpicam a paisagem são traiçoeiramente espinhosos e muito escassos, portanto dá um trabalho danado encontrar um lugar apropriado; até que, finalmente, consigo.

Quando estou voltando para o *boma*, dou de cara repentinamente com um pequeno grupo de crianças, acenando e rindo, porém sem intenção de trocar uma palavra. Elas nem me chamam de *mzungu* — termo suaíli que significa "gringa" — como as crianças em Arusha fazem quando ando pela rua, porque elas não falam suaíli. Entretanto, essas crianças — três meninas entre 9 e 12 anos, eu diria, e dois meninos pequenos — são bem espertas. Enquanto uma menina admira de perto o colar e os brincos que a tia de Kesuma e as outras mulheres me deram quando cheguei, as outras vasculham meus bolsos atrás da minha câmera e celular. O ringtone da Amy Winehouse no meu telefone — "You Know That I'm No Good" — causa muitas risadas dentuças e passos espontâneos de dança; e a câmera, naturalmente, passa de mão em mão. Todo mundo, no grupo que não para de crescer, tem de tirar uma foto e todos os outros se juntam para ver o resultado, que acaba em elogio ou gozação.

De repente, a tia de Kesuma se aproxima com passos largos, segura meu braço de forma enérgica e espanta as crianças furiosamente; em especial, um garoto muito pequeno, vestido com um casaco que vai até os tornozelos, que foge gemendo, em direção a outro *boma*, um pouco distante. Ela me puxa para dentro das paredes do *boma*, na barraca que Obed e Leyan ergueram para mim. (Kesuma recomenda, de modo inflexível, que eu permaneça na barraca, e nem pense em encarar uma noite em uma das cabanas: "É muito, muito escuro e enevoado. No início, é difícil para um *mzungu* se acostumar", o que me deixa medrosa e hesitante, mas concordo imediatamente.)

— *Lala, lala...* — insiste a tia de Kesuma, fazendo um gesto universal: palmas juntas sob o rosto inclinado. Ela quer que eu me deite um pouco. A tarde ficou quente e, ou devo estar parecendo um pouco enfraquecida, ou os massais simplesmente presumem que todas as pessoas brancas sejam flores delicadas. Eu aceito a sugestão com um sorriso e me arrasto para a minha barraca. Chuto longe os sapatos, deito, mas tenho de rolar para pegar o celular no bolso. Dou uma olhada na tela, como sempre faço e me assusto ao ver que tenho quatro barras de serviço. O que é mais surpreendente é que posso entrar on-line. Em poucos minutos, consegui acessar o Facebook, onde não resisto em atualizar meu status para "Chegando até você AO VIVO de uma excêntrica aldeia massai." Também não consigo resistir em dar uma espiada na página de D., onde posso ver a única foto que existe dele no ciberespaço, sem proteção de senha. (Acredite, eu já vasculhei no Google o suficiente para ter certeza disso.) Nesta foto, ele está sorrindo, de um modo bem típico dele, e usando uma camisa Ben Sherman que eu lhe dei. Só de olhar isso me sinto um pouco aborrecida comigo mesma. Pego o telefone, desligo e enfio o aparelho na mochila. Como de costume, apanho a pedra discoidal, aquela que o Eric mandou fazer para mim. Ela é pesada e escura, com as laterais côncavas e bem lisas, como a parte interna de um bilboquê. Não sei ao certo por que eu a trouxe comigo nesta viagem, arriscando perdê-la, mas gosto de segurá-la, passar os dedos em volta da sua circunferência ou encostar a minha testa, rapidamente, na pedra fria. Abaixo da pedra, há dois maços de páginas: as minhas duas cartas, a essa altura, épicas, que eu pego, mas acabo não escrevendo absolutamente nada. Fico apenas olhando para as laterais trêmulas, manchadas pelo sol da minha barraca.

Pela janela protegida por uma rede, dá para ver a luz dourada nas colinas. Volta e meia duas meninas se aproximam do zíper aberto da minha barraca, sorrindo e pegando a câmera para ver as fotos, depois fogem, por timidez ou, mais provavelmente, por medo de serem repreendidas pela intimidante tia de Kesuma.

De repente, como se eu não estivesse suficientemente consciente da bizarrice da situação, há uma ruidosa explosão de sons de ovelhas; as cabras adultas estão voltando do seu dia de pasto, e, conforme as mães entram no cercado, elas chamam os filhotes, que foram deixados para trás, perto da aldeia. Uma chamada pesarosa, quase desesperada e a resposta correspondente, que não termina até que cada par mãe-e-filho esteja junto. É um som estranhamente consolador, o pânico estridente que vai se assentando, aos poucos, em protetora tranquilidade. O som que manda todo mundo voltar para casa.

Nessa noite, um pouco depois do por do sol, meu jantar é costelas de cabra e batatas, que Obed e Elly prepararam para mim, pouco antes de abafarem o fogo. Eu pensava que uma aldeia africana fosse iluminada por tochas, fogueiras ou lamparinas, mas não há nada. Quando a escuridão se estabelece, toma conta de tudo. A única luz artificial em evidência no *boma*, ou em qualquer lugar do lado de fora, é a minha lanterna e uma luz vermelha, intermitente e distante, acima de um fio de alta tensão em outra ladeira, que, de acordo com Kesuma, fica do outro lado da fronteira, no Quênia. Com a ajuda da lanterna, observo os homens me mostrarem suas danças. Obed e Elly, as únicas pessoas aqui, além de mim, que usam trajes ocidentais, também observam, enquanto Kesuma se junta ao grupo. Uma das canções e danças é como uma competição; a letra da música fala sobre guerreiros experientes que podem pular em árvores para escapar de um leão, e isso é o que eles fazem, um após o outro, acompanhando a música. Pulam no ar, puxando os joelhos com firmeza, tentando adquirir mais altura do que o competidor anterior. Os anciãos participam, bem como os guerreiros e os meninos. (Eu me sinto estranha usando esses termos: *guerreiro* e *ancião*, mas esses são os termos que eles usam, então suponho que devo fazer o mesmo.) O clima fica cada vez mais animado, quase fora de controle; sinais universais da agressividade da testosterona. Elly, um belo jovem que deve ter, no máximo, 19 anos, balança a cabeça, rindo, e se inclina para sussurrar no meu ouvido:

— Esses massais são *loucos*.

Finalmente, dou boa-noite a todos e volto para a minha barraca. Provavelmente ficarei acordada, porque não é tarde e nem estou tão cansada. Só que, de repente, senti vontade de ficar sozinha. Portanto, me deito, olhando para cima, para a escuridão quase total na ondulação turva do náilon. As mulheres começaram a cantar, separadamente — posso ouvir que elas estão um pouco mais longe, possivelmente perto da árvore da escola. Suas vozes se sobrepõem às dos homens, talvez competindo com eles, ou somente completando-os. É muito bonito e impetuosamente alegre, embora evoque lembranças nostálgicas. A cantiga continua por horas a fio, noite adentro. Lembro do meu telefone, guardado, seu silêncio quase uma parte da música. Deitada na barraca, sem sono, prestando atenção, sinto talvez a maior paz que já senti em muitos anos, em toda a minha vida.

Diferente do que acontece comigo e o Eric, que temos quase o mesmo gosto em termos de música, muitas vezes acordamos com a mesma canção na cabeça e até reconhecemos imediatamente o que o outro está pensando a partir de uma melodia cantarolada, ou de umas palavras casuais retiradas da letra de uma música, D. e eu não costumávamos cantar. Ele teria gostado de fazer isso, mas eu ficava envergonhada diante da voz dele, que era segura e de tom perfeito. Além disso, não havia uma música que nós dois conhecêssemos a letra. Lembro-me de uma canção triste, que ele cantou para mim uma vez, em um estacionamento na Flórida. Tive que procurar a letra, depois. Era uma música do Beck Hansen. Continuo sem saber a letra, embora a melodia não saia da minha cabeça e se misture com qualquer outra música. Sei que tem algo a ver com um *convite estranho...*

Estou pensando em sair para ir ao banheiro, o que eu preciso fazer urgentemente. Mas, por cima dos sons das cantigas, ouço um uivo estranho, bem perto, como uma mulher chamando. Tenho quase certeza absoluta de que é uma hiena de verdade.

Acho melhor deixar para amanhã.

Elly trabalhava como guia, levando turistas ao Kilimanjaro. Descubro isso no dia seguinte, quando ele nos leva ao nosso próximo destino — outra aldeia, outro *boma,* do pai de Kesuma. Elly mantém a conversa animada durante a longa viagem, fornecendo instruções e demonstrando outros interesses também. Ele chama a atenção para pontos interessantes, ao longo do caminho: baobás; antílopes pequeninos, com menos de 30 centímetros de altura, chamados *dik-diks,* além de pássaros. Há uns pássaros muito comuns aqui, os estorninhos, com as penas brilhantes, azul safira, e o peito de um laranja também brilhante. Um antílope aparentemente suicida atravessa a estrada correndo bem na frente do nosso carro, escapando, por milímetros, de ser atropelado por um ônibus que vinha no sentido contrário. Ficamos ponderando o que poderia ter deixado o animal tão espantado, e fico na expectativa de ver uma leoa ou um guepardo correndo atrás dele. Ou, talvez, isso seja apenas o que os antílopes fazem para se divertir.

Chegamos ao *boma,* em um caminho traiçoeiro que, praticamente, de caminho não tem nada, no topo de uma colina. Eu tinha achado a aldeia de ontem muito bonita, mas essa é maravilhosa. Uma longa vista acima de um vale que dá para outra cadeia de montanhas, do outro lado da fronteira, no Quênia. Uma das montanhas é um vulcão, fumegando lentamente. A luz é rosa e dourada, o sol está quase se pondo e somos recebidos por meninos que acenam para nós, e pelo balido de cabritos chamando suas mães para mamar.

Um ato às vezes violento, esse dos filhotes se ajoelhando e batendo a cabeça no ventre da mãe. Deve ser dolorido, tanto que uma das mães decide dar um basta e tenta fugir do seu filhote faminto Kesuma solicita a minha ajuda, pedindo que eu a segure pelos chifres, enquanto o filhote se ajoelha para mamar.

Estou bebendo um chá que a esposa de Kesuma fez para mim, da casca de uma árvore das redondezas. A bebida é clara e turva, mas tem gosto de chocolate e canela. De repente, um bode, que se comporta como um cachorro desobediente, se aproxima e tenta beber da minha xícara. Depois, o animal tenta entrar nas casas e é constantemente afugentado. Há também um cachorro de verdade, uma coisinha muito amistosa, que Kesuma diz ser seu. Em geral, os massais não parecem gostar muito de cães. Kesuma e eu somos as únicas pessoas a fazer festa aos bichos, e todo mundo olha para a gente como se fôssemos meio malucos.

Kesuma usa seu traje tradicional e sandálias massai feitas de pneu onde quer que vá, mas também possui diploma em Cinema além de um ativo interesse sobre os direitos da mulher. Ele visitou São Francisco, Nova York e a Europa, mas parece igualmente confortável entre as cabras e os *bomas* da aldeia do seu pai, agachado, com uma xícara do chá que sua jovem esposa lhe traz, antes de voltar às próprias tarefas com outras mulheres. E cria cachorro como animal de estimação, um hábito que ele diz ter adquirido quando visitou amigos nos Estados Unidos. A vida deve ser estranha, maravilhosa, nobre e traiçoeira para Kesuma. Mas suponho que é assim para todos nós, se nos permitirmos prestar atenção.

É hora das vacas voltarem para casa. O gado dos massais não é nada parecido com o tão corriqueiro *Hereford*, da minha terra. Estes são animais magníficos; enormes bestas vermelhas, pretas e cinzentas com chifres alongados, pele brilhante e papada grande. Demonstram dignidade; até certa elegância. Sobem o morro calmamente, com muito pouco mugido, além do som ocasional de um sino.

Nessa noite, depois do jantar (uma espécie de espaguete e almôndegas que Obed fez apressadamente) e do pôr do sol, reunimo-nos em volta de uma fogueira. Faz frio e venta muito nesta encosta da montanha. Kesuma me diz que seu pai, agora que é um ancião e não mais um guerreiro, aprecia uma cerveja de vez em quando. Então, dou a ele duas cervejas que comprei no sopé da montanha. Todos os outros estão tomando Coca-Cola. Todos se sentam e alguns homens contam histórias, que Kesuma traduz para mim, narrativas longas e cheias de rodeio. Não consigo acompanhá-las muito bem. Falam de demônios e feitiços, esposas que tentam salvar os filhos de pais que querem matá-los — o trivial mítico padrão. Acho que essa é uma preocupação geral. Então eles pedem que eu conte uma história dos Estados Unidos, o que me deixa desconcertada, naturalmente, mas então eu venho com a solução perfeita:

— Em cada geração nasce um caçador, uma garota com a força e habilidade de combater os demônios...

Eu conto a história da Buffy: os vampiros, a luta, a mágoa e os desejos que se tornam distorcidos. E fico satisfeita, ou melhor, surpresa, de perceber que, enquanto falo e Kesuma traduz, mulheres, homens, meninos e meninas inclinam-se para a frente, prestando atenção. Seus rostos se iluminam. Eles suspiram, riem e reagem balançando a cabeça. Além de ter muitos rodeios antes do final, como a deles, minha história deve ser confusa — a trama de *Buffy*, como já mencionei, é muito complicada de se resumir — mas fica evidente que a narrativa faz sentido para eles. E eu termino como os massais terminaram seus contos, com uma "moral da história".

— Cuidado com o que você deseja. Todos temos que viver no mundo que criamos para nós mesmos.

Não durmo bem naquela noite, não por não estar cansada o suficiente, ou por estar deprimida, preocupada ou atormentada — por incrível que pareça, isso não tem acontecido. Eu até passo algum tempo pensando em trazer o Eric aqui, mas é um pensamento agradável. E estou feliz pelo fato de nem cogitar a ideia de mostrar esse lugar a D.; ele não ficaria nem um pouco interessado. A razão da minha insônia é que o vento forte não para de agitar a minha pequena barraca. O barulho do náilon batendo é incessante, parece vela de barco em uma tempestade. Tenho medo de que o meu abrigo voe. Essa situação se prolonga por várias horas, até que, finalmente, Elly e Obed surgem para conferir o estado da minha barraca. Vejo suas lanternas se aproximando, e eles gritando para que eu não saia, porque as bordas da barraca se soltaram. Eles conseguem arrumar tudo, e me asseguram que não serei jogada na encosta da montanha. Finalmente, ao amanhecer, o vento diminui e eu consigo dormir por uma ou duas horas.

Kesuma me cumprimenta na porta da minha barraca quando estou saindo, aos tropeções.

— Temos um grande dia pela frente. Obed preparou o seu café da manhã.

Depois de comer um bolo pré-embalado, pão com pasta de amendoim, suco de abacaxi e uma fatia de manga, Kesuma me leva ao cercado de gado, para que eu possa assistir a um homem sangrando uma vaca.

Essa é a razão pela qual eu vim à Tanzânia, em primeiro lugar.

— Quero ir a uma aldeia massai e beber sangue de vaca! — foi o que eu disse a Eric quando tentava explicar-lhe por que eu precisava ficar longe dele mais uma vez, e tão imediatamente. Não tinha nada a ver com a minha infelicidade ou a carência dele; eu buscava experiência, exotismo. Apenas um toque de algo completamente diferente, só isso. Ele não se convenceu, mas foi uma declaração impactante.

É importante dizer que, como uma experiência para a qual se viaja tão longe, a prática do sangramento não deixa nada a desejar. Entramos no cercado, onde os animais se amontoaram em um canto do cercado para manter uma distância de nós. Os homens discutem a escolha do animal; eles querem um macho (por alguma razão eles sempre sangram machos) jovem e saudável o bastante para resistir ao procedimento e se restabelecer rapidamente. Quando chegam a uma conclusão, dois dos homens amarram uma corda em volta do pescoço de uma criatura vermelha, de tamanho médio e arrastam-na para a frente. Eles mantêm a sua cabeça firme, e alguém engancha um braço por cima do seu pescoço, em volta dos seus chifres, em uma espécie de gravata, puxando bem a corda para que a veia jugular se avolume. Outros guerreiros inclinam-se sobre o animal, para impedi-lo de se mover. Kesuma segura um arco de aproximadamente 60 centímetros e uma vara bruta como flecha, amarrada à madeira do arco por um barbante. Ele se abaixa para adquirir um bom ângulo e, quando está bem perto, dispara na veia saltada, furando-a. O animal se retorce um pouco, naturalmente — o sangue flui do seu pescoço —, mas parece resignado, como a gente se sentiria diante de uma ida ao dentista. O sangue é recolhido em uma cabaça alta, que comporta, eu diria, um litro ou mais de líquido. Os homens enchem a vasilha completamente, enquanto Kesuma se abaixa, pega uma massa de lama e esterco do chão e a coloca sobre a ferida do animal. Eles liberam o boi e ele trota de volta ao rebanho, um pouco irritadiço talvez, mas, ao que parece, não muito ferido.

Um dos homens apanha uma vara bastante longa, que tinha sido enfiada na cerca espinhosa do cercado para proteção, e a usa para mexer, energicamente, o sangue na cabaça, durante vários minutos. Quando ele retira a vara, ela está coberta por uma substância pegajosa vermelha e fibrosa, como um algodão doce feito de carne, que eu suponho que sejam corpos sólidos existentes no sangue. Ele entrega a vara a um menino, que come o material com gosto.

— Às vezes as crianças não gostam do sangue, então nós lhes damos isso, para que elas se acostumem. É mais parecido com carne.

— Ah, sim.

Bem, chega de igualdades universais e de *Buffy*. Acho que isso aqui é o que se chamaria de um choque cultural intransponível, porque é irreparavelmente asqueroso.

A esposa de Kesuma pega algumas xícaras de estanho para os adultos e enche cada uma até a metade. Bebemos. Tudo bem; é sangue. Salgado e espantosamente familiar, como quando se morde a parte interna da bochecha ou se extrai um dente.

Depois, ela nos traz mais um pouco do chá com gosto de canela. Eu observo um menino, de uns 4 ou 5 anos, pegar uma das xícaras que usamos para beber o sangue e cuidadosamente limpá-la, agachando-se no meio do curral, pegando um pouco de terra e esterco e jogando dentro da xícara, antes de esvaziá-la e pegar um pouco de chá. Bem, acho que esse é o tipo de coisa com a qual você tem que se acostumar. Bebo o meu chá.

Mais tarde, arrumamos nossas coisas e começamos a descer a montanha: eu, Kesuma, Elly, Obed, Leyan e mais alguns jovens do *boma*. Estamos nos encaminhando para o que Kesuma chama de *orpul*, mas não sei muito bem o que é. Só sei que eles vão matar um bode quando chegarmos lá. O dia já está quente e a descida é bastante íngreme. Por várias vezes eu escorrego e quase caio, enquanto Kesuma e os outros massais descem a encosta da montanha, à minha frente, como um bando de cabras montanhesas cobertas por mantos. Eu me agarro nas árvores espinhosas, tento evitar tomar fôlego muito rápido, e consigo, aos trancos e barrancos, prosseguir. A descida leva aproximadamente meia hora, e termina em um desfiladeiro sombreado — na realidade, um canal, embora haja apenas uma pequena corrente de água agora, no fim da estação seca. Outro jovem da aldeia chegou um pouco antes de nós, e, com ele, o bode que comeremos no jantar. É um bode branco, tranquilo, aparentemente nem um pouco incomodado de estar aqui nesse lugar rochoso e estreito, rodeado de homens com facões presos às cinturas.

Durante algum tempo, o bode apenas mastiga, satisfeito, sob uma árvore atrofiada em meio a uma fenda na rocha, enquanto alguns jovens preparam uma fogueira e Obed e Elly desempacotam as provisões que carregaram na descida da montanha, para deixar a mulher *mzungu* razoavelmente confortável — comida ocidental em potes Tupperware, um saco de dormir, utensílios de cozinha, além de várias garrafas de água, uma das quais Obed me faz beber. Ainda não vi um africano beber qualquer outra coisa além de refrigerante ou cerveja. O sol está forte, embora tenha sua intensidade diminuída pelas árvores altas e delgadas e amenizado pela brisa que sopra pelo desfiladeiro; foi uma longa caminhada, e eu bebo a água com sofreguidão.

Até que a fogueira fique pronta, em uma pequena base, próxima ao estreito leito do rio em frente ao local plano cercado de ramos espinhosos, que é a área onde vamos dormir, um dos rapazes traz galhos cheios de folhas que ele apanhou rio abaixo. Eles colocam os galhos perto do bode, que imediatamente se vira para mastigar algumas das folhas, mais frescas. Portanto, ele não está considerando a morte, pelo menos não pareceria assim a olhos humanos, quando dois dos massais o agarram, um segurando as pernas dianteiras e o outro, as traseiras, e o jogam no chão. Imediatamente o animal começa a gritar, naturalmente, sendo jogado daquele jeito, mas os homens o mantêm firme e seguram-no sem muito esforço, com seus mantos escarlates e purpúreos arremessados por cima dos ombros, revelando músculos magricelos. Kesuma se abaixa e prende a cabeça do bode, mantendo a boca do animal fechada e as narinas tampadas.

Por vários minutos, o bode não para de se debater, nem de protestar, tentando gritar e gemer apesar da mão de Kesuma, que abafa sua boca. Os três massais conversam, rindo, enquanto o animal luta para se livrar deles.

As cabras aqui parecem felizes, gordas e de pelo brilhante, correndo nos campos e sem medo dos seus proprietários humanos. Mas isso não significa que a morte não seja dolorosa e terrível. A criatura quer viver, desesperadamente, e não irá desistir disso, durante um longo tempo. Queria saber por que os homens riem. Acho que é porque, não importa o quanto você execute o ritual, o quanto você se acostume em matar animais com as próprias mãos, se você for um ser humano decente, ainda conserva o leve desconforto, aquele sentimento de vergonha por causar tal sofrimento. Eu não imaginei que isso fosse me afetar tanto.

— Porque vocês não... sei lá, dão um golpe na cabeça dele com uma pedra ou algo assim? Ou cortam a garganta?

— O coração deve parar de bater antes de abrirmos o animal, para coletarmos o sangue. O sangue é a parte mais importante.

Aos poucos, o animal para de gemer e de sacudir a cabeça; nessas circunstâncias, as risadinhas cessam e os homens ficam mais atentos e concentrados. Eles se agacham sobre o bode e tocam sua pele, de vez em quando, cuidadosamente, até com certo afeto, sacudindo o ombro do animal, suavemente, como se tentassem acordá-lo. Estão tentando sentir algo no modo como a pele se move sob suas mãos, eu acho, alguma indicação de total liberação. Finalmente, após algumas considerações, e mais um momento de silêncio, Kesuma solta a cabeça do bode. Seu corpo jaz totalmente sem energia; seu pescoço parece desprovido de ossos. Eles o colocam de costas, com a cabeça dobrada, sobre o ataúde de ramos verdes, como um cisne enfiando a cabeça na asa, e retiram seus facões das cinturas.

Um dos jovens soca o bode morto no estômago, várias vezes, terminando cada soco com uma espécie de breve massagem com os nós dos dedos. Kesuma levanta os olhos para explicar, possivelmente percebendo que, aos meus olhos, os golpes parecem um pouco violentos.

— Fazemos isso para que todo o sangue fique no estômago.

Socar um bode morto para fazer todo o seu sangue entrar no estômago não me parece um processo cientificamente lógico, mas, cacete, esses caras mataram muito mais cabras do que eu. Então os três homens se alternam para esfolar o animal.

Nunca esfolei um mamífero inteiro. Mas já desossei patos e perus, o que não deixa de ser um pouco parecido. Kesuma faz um corte do ponto logo acima do esterno até a parte genital — do rapaz, já que era macho — que ele retira. Usando os facões e as mãos, em cada lado do corte, os homens começam a afastar a pele da gordura e dos músculos. Há muito pouco sangue; algumas gotas de uma veia entalhada. Do pescoço ao rabo, retira-se a pele, em direção às pernas. Eles cortam uma linha na pele, na parte interna de cada perna, até os cascos, que também são retirados, como Josh faria com cascos de um porco.

Kesuma os entrega a um dos outros rapazes, que os leva até a fogueira para serem assados. Os outros homens continuam removendo a pele das quatro coxas, até que ela esteja presa ao corpo do animal, apenas ao longo da espinha dorsal e da nuca. Mas a cabeça da criatura continua presa e ainda parece muito com um bode — e também um pouco com uma ilustração de alguma versão germânica, particularmente pavorosa, da "Chapeuzinho Vermelho", com um corpo pequeno, mutilado, deitado sobre um manto macio e cor-de-rosa que era a sua pele.

Eles tiram as juntas da perna. Depois, um dos homens alcança a cavidade do corpo, apertando a ponta da faca no esterno e batendo no cabo da faca, com a palma da mão, até o osso quebrar. Então tiram os intestinos, pálidos e ainda contidos na bolsa azul transparente. Retiram o fígado e passam-no de mão em mão, para cada um tirar um pedaço. Kesuma corta uma parte para mim e eu experimento. O sabor é praticamente o que eu imaginava, ainda quente, com uma textura extremamente macia, como bolo de queijo sangrento. Há algo no sabor um pouco diferente do fígado que eu sempre comi, mas não consigo identificar. O que sobra do fígado, ele entrega ao rapaz que está perto da fogueira.

Ele me oferece uma parte do rim, que é... bom. Ligeiramente urinífero, mas bom; depois, me dá algo não identificado, meio cinza esverdeado e glandular; vou arriscar, pâncreas? Também cru. E borrachudo. Mas eu engulo todos os pedaços oferecidos, sem tecer nenhum comentário. Agora eles pegam uma xícara de estanho e a usam para retirar o sangue que se acumulou na cavidade do corpo, e nós bebemos o líquido para ajudar a digerir os pedaços de órgão que acabamos de comer. Então eu descubro o que eu tinha achado diferente no fígado: o sangue de cabra tem o gosto diferente do sangue de vaca, ou do meu. É um pouco... quer dizer, é...

— É doce!

Kesuma concorda, e quando eu devolvo a xícara, toma um gole e passa a vasilha adiante.

— É mesmo. Doce! Agora, mostre-me sua mão.

Os outros homens prosseguem cortando o bode, coxas e costelas para serem assadas ou guardadas para serem levadas para as suas famílias, no dia seguinte. Mas Kesuma descansa um pouco, para fazer algo para mim. Primeiro, ele corta uma tira de pele da borda da barriga aberta do bode, uns 15 centímetros de comprimento e 2 de largura, e a coloca sobre a minha mão, com o lado interior viscoso contra a minha pele e o pelo branco na parte de cima. Ele parece fazer uma medição com os dedos, antes de remover a tira, colocá-la sobre uma pedra achatada e fazer duas fendas verticais; uma, com menos de 2 centímetros de comprimento, e a outra, um pouco maior. Com um gesto, ele pede que eu mostre a mão esquerda, novamente. Ele pega minha mão e desliza por ela o buraco maior, põe a pele no meu pulso, e passa o meu dedo médio pela fenda pequena.

— Isso é uma tradição no *orpul*. Os guerreiros jovens vêm aqui quando são circuncidados, para aprender a usar ervas e cascas de árvores como remédio, e também aprendem a matar uma vaca. Os doentes vêm em outras ocasiões, quando precisam se restabelecer. E isso — diz ele acariciando minha mão, que agora tem uma faixa de pele de cabra em volta, em um Y de cabeça para baixo, em volta do meu dedo médio —, isso é... uma espécie de bracelete da sorte. Se você colocar um deles quando está no *orpul* e não o tirar até voltar, ou até que ele caia, você terá sorte.

Eu acaricio o pelo suave na faixa que vai do meu pulso ao dedo médio. No lado de dentro, a pele ainda está molhada.

Passamos a parte mais quente do dia sem fazer nada muito importante. Kesuma e os outros homens fazem braceletes de pele de cabra para eles mesmos, afiam as facas, indolentemente, nas pedras do rio, e observam a carne que estão preparando para o jantar dessa noite (me oferecem mais fígado, porém cozido, dessa vez). O que não irá ser cozido esta noite é embrulhado em folhas e colocado sobre mais folhas, dentro de uma caixa coberta de arbustos, no meio do nosso curral de dormir, ou com quer que seja chamado. Dentro da caixa, há várias partes redondas e gordurosas, do tamanho de bolas de golfe.

— Essa noite — explica Kesuma — ficaremos acordados tomando conta da carne, caso algum leão apareça.

Estou noventa por cento certa de que ele está brincando, ou pelo menos exagerando, mas acho que vou ao banheiro, antes de o sol se pôr.

À tarde, Kesuma, Leyan e eu vamos ao extremo do desfiladeiro à procura de raízes, folhas e casca de árvore que Kesuma quer me mostrar. Ele é um professor rígido; movimenta-se rapidamente e espera que eu acompanhe o seu ritmo e tome notas no caderno azul que ele me deu quando cheguei à Tanzânia. *Lokunonoi* é uma casca usada para tratar dor de estômago. As raízes da árvore *orukiloriti* são fervidas por guerreiros para fazer um chá que os deixa "sanguinários"; os seus ramos espinhosos são usados para construir cercados de gado e as cercas protetoras, em volta dos *bomas*. *Ogaki* é a "árvore do perdão"; você oferece um ramo dela a um vizinho, quando quer pedir perdão por uma ofensa. Pode-se mastigar um ramo da árvore *orkinyeye* para limpar os dentes; o sabor é refrescante, um pouco mentolado. Para mim, a maioria das plantas é muito parecida; quase todas são espinhosas.

Percorremos as rochas do desfiladeiro de cima para baixo. Eu tomo notas, sob as ordens de Kesuma, conforme ele me explica algumas coisas e Leyan recolhe várias raízes, cascas e galhos, quentes e ressecados. Quando voltamos ao *orpul*, Leyan está carregado de coisas, mas sou eu quem está pingando de suor.

O sol se põe rapidamente. Eu como umas costelas de cabra grelhadas e bebo o "chá que enlouquece", que, como eu não sou massai ou porque já sou louca, não parece surtir efeito algum. Alguns amigos de Kesuma recolhem mais alguns dos galhos verdes sobre os quais eles mataram a cabra — agora empacotados dentro de sua pequena cabana de carne, a pele, a carne cozida e a carne crua que ficara no calor, o dia todo, e a gordura, tudo embrulhado junto, o que parece não incomodar ninguém, exceto a mim — e fazem uma espécie de caramanchão para eu dormir. Ficamos na escuridão, eu no meu saco de dormir, todos os outros apenas deitados sobre o próprio dorso. Durante algum tempo, eles contam histórias e charadas, algumas das quais Kesuma traduz para mim:

Você está sozinho e mata uma cabra. Quem é o primeiro a provar a carne?

A sua faca.

Possivelmente, o tal "chá que enlouquece" realmente surtiu algum efeito, porque, no momento em que adormeço sobre as folhas não muito confortáveis, sou transportada a alguma cidade europeia que não conheço mas que me parece imediatamente familiar, onde Eric e eu andamos em uma rua arborizada, decidindo se iremos a uma exposição de arte ou direto almoçar — e logo acordo novamente, umas 3 ou 4 horas da manhã, e ouço os homens rindo e conversando. Fecho os olhos novamente e, dessa vez, estou em uma livraria, lendo a sinopse na contracapa de um livro que fala do amor entre mim e D. D. está lá também, e me pergunta como é possível que eu não saiba nada a respeito. São 5h30, está amanhecendo e eu resolvo me levantar, pronta para subir aquela maldita montanha e, se não morrer no caminho, poder voltar à casa de Kesuma e tomar um, mais do que necessário, banho.

A subida de volta, na montanha, é tão árdua como pensei que seria; em menos de cinco minutos, após começar a caminhada íngreme, estou sem fôlego e transpirando, e Kesuma tem de buscar uma vara para me servir como bengala e pedir a Elly que carregue a minha mochila, além da sua. Fico um pouco envergonhada, mas Elly é gentil o bastante para conversar e flertar comigo — definitivamente ele está flertando comigo — e manter a conversa quando estou sem fôlego para fazer a minha parte. Ele fala sobre seu trabalho como guia e motorista de safári. Dentro de alguns dias, vai levar Kesuma e eu a um safári noturno na Cratera de Ngorongoro. Ele também já trabalhou como mecânico.

Isso acaba sendo útil, porque, aproximadamente uma hora após o início da viagem, depois de passarmos por Monduli, ficamos sem gasolina.

O caminhão para chacoalhando, em uma estrada empoeirada, cercada de acácias. Ao norte, uma cadeia de montanhas ergue-se acima de nós. Parece não haver nada nos arredores que lembre civilização, embora, de vez em quando, passem alguns carros. Enquanto Kesuma tenta arranjar uma carona até o posto de gasolina mais próximo, Elly tenta fazer o carro pegar novamente, o que implica, antes de tudo, tirar um litro de gasolina do tanque, com a *boca*. (O tanque de combustível não está vazio, mas a mangueira que vai até o motor é conectada um pouco acima do fundo.) Ele põe essa gasolina em uma almotolia que ele prende no capô do carro, conectando uma mangueira dela diretamente ao motor. Se a intenção dele era me impressionar com a sua bravura, ele conseguiu. Se a intenção dele era me deixar apavorada com os riscos de se dirigir na África, ele também conseguiu. Dou-lhe a minha última garrafa de água e prometo comprar uma cerveja para ele, assim que chegarmos a Arusha.

— É o mínimo que eu posso fazer — me desculpo, enquanto ele enche a boca de água e cospe no chão.

— Está ótimo — diz ele, e me lança um sorriso e uma piscadela.

Nessa noite, tomamos aquela cerveja. Kesuma insiste em vir conosco ao salão de sinuca, na estrada principal entre a sua casa e o centro de Arusha, provavelmente para me proteger de possíveis investidas inapropriadas. Ele está usando uma roupa ocidental, a única vez durante a viagem inteira — uma camisa branca e jeans preto, que combinados com as joias de contas brancas e a pele escura deixam-no com um ar supermoderno. Nós desfrutamos de uma noite perfeitamente inocente, embora eu perceba que Elly me observa. Mas isso não me incomoda, nem um pouco.

Sou a mulher branca mais moderna na área da Cratera Ngorongoro esta noite. Eu seria mais moderna ainda se não fosse tão deliciosamente consciente do meu modernismo, mas isso a gente deixa de lado.

O sol está quase se pondo, quando chegamos ao acampamento onde Kesuma, Elly, Leyan e eu armaremos nossas barracas, e o lugar está bastante cheio, com turistas vindos do ocidente, seus cozinheiros tanzanianos e guias, além de algumas zebras. Tivemos um dia cheio, saindo da casa de Kesuma, em Arusha, pouco depois das 8 horas, indo primeiro ao Lago Manyara, um pequeno parque em um extenso vale, típico dessa região, a uma hora da cidade. Era o meu primeiro safári, e, embora eu não tenha testemunhado nenhum cenário de matança, no estilo da Batalha de Kruger — o que foi melhor, já que eu provavelmente teria tido um ataque, como uma garotinha —, foi emocionante ver elefantes derrubando árvores, famílias de javalis africanos, hipopótamos chafurdando e girafas brigando. Este último espetáculo é uma visão que, para citar outro personagem da *Buffy*, "não amedronta ninguém". Elly dirigia o Land Rover que tinha alugado para a viagem, enquanto Leyan, Kesuma e eu ficávamos de pé nos bancos de trás para olhar por fora do teto solar.

Eu esperava o tipo de safári que se imagina quando se lê revistas de viagem e se assiste ao Discovery Channel, conduzido por um guia africano usando um capacete e falando no microfone, em um carro cheio de turistas: "Aquele é o elefante da floresta africana. As presas são mais longas do que na espécie 'loxodonta africana', e apontam para baixo..." Mas este foi totalmente diferente. Parecia uma visita ao jardim zoológico mais impressionante do mundo, na companhia de amigos. Nós apontamos e sussurramos entusiasmados ao vermos elefantes andando desajeitados pela floresta, observamos assombrados a enorme cobra — 2,5 metros, no mínimo — que vimos perto das mesas de piquenique onde paramos para o almoço, rimos e ficamos encantados com os babuínos bebês, bem pequenos, nos braços de suas mães. Depois, fomos para Ngorongoro. No caminho, paramos para comprar cervejas para mim e para Elly, Coca-Cola para Kesuma e Leyan, em um bar ao ar livre, ao lado de um pequeno açougue, também ao ar livre, onde havia carcaças de cabra divididas ao meio e esfoladas, penduradas na parede, como casacos em ganchos. Embora Kesuma, como guia, não pudesse beber, eu tirei uma foto dele segurando a minha garrafa de cerveja, o que ficou engraçado. Conversamos, eu lembro, sobre baleias azuis.

— Você conseguiu tirar fotos boas dos elefantes? — pergunta Kesuma abrindo a garrafa de Coca-Cola com os dentes. Eu grito indignada.

— Ah, meu *Deus*, preferia que você não fizesse isto. Me dá nervoso.

Eu pego a minha câmera digital barata, busco algumas fotos, e entrego a máquina para Kesuma.

— Eles são lindos, não são?

— São mesmo.

— São os maiores animais do mundo, certo? — pergunta Elly tomando um gole da sua segunda cerveja, antes de participar da conversa.

— Não. São as baleias. Baleias azuis — confirmo, fazendo que sim com a cabeça.
— Baleias?
— Sim. No oceano. São como peixes gigantescos, mas elas não são peixes, são mamíferos.
— Maiores que *elefantes*? Não! — espanta-se Kesuma com uma expressão exagerada. Ele é tão eloquente, inteligente e instruído que é estranho quando, como de vez em quando acontece, descubro uma pequena falha no seu conhecimento. Chego a pensar que ele está de gozação.
— Quando você for a Nova York, eu o levarei ao Museu de História Natural. Lá existe um modelo de tamanho natural. É *enorme*. Mais ou menos 30 metros.
— Não! É sério?

Nós subimos no caminhão, depois que Elly e eu terminamos de beber as nossas cervejas, e eu tiro um cochilo durante os quarenta e poucos minutos finais da viagem até o acampamento, na área da cratera. Finalmente, chegamos. Elly e Leyan armam a minha barraca, que é simples mas enorme para uma mulher sozinha. A deles, para três homens, é metade do tamanho. Eu peço para trocar, mas Kesuma não dá ouvidos. Então, Elly se afasta para preparar o jantar: peixe para mim e para ele, frango com arroz, para Leyan e Kesuma (eles explicam que os massais não comem peixe). Enquanto esperamos o jantar, nos sentamos nas imensas mesas de concreto, na área de alimentação, uma espécie de abrigo coberto, mas sem paredes. Há provavelmente seis ou oito grupos aqui no acampamento conosco. Kesuma e Leyan são os únicos massais. As outras mesas estão postas com porcelana e toalhas de mesa. Eu não ficaria surpresa de ver algumas velas na decoração. Os outros turistas são atendidos por equipes de cozinheiros que colocam os pratos, e logo desaparecem na cozinha ao lado. Massa, bife, peito de frango frito.

Elly, Leyan, Kesuma e eu nos reunimos em volta de um prato de plástico e algumas embalagens de Tupperware. Comemos com as mãos, puxando os pedaços da carne da espinha do peixe, retirando ossos pequenos dos dentes e limpando as mãos gordurosas nas calças. Elly e eu bebemos as duas cervejas que havíamos comprado no bar. Depois, levamos os nossos pratos para a cozinha, que Elly lava enquanto todos os outros começam a se dirigir para suas barracas e camas, e Kesuma, Leyan e eu nos reunimos na nossa mesa de concreto para jogarmos cartas, com o baralho "I ♥ NY" que eu trouxe de casa.

Primeiro, Kesuma e Leyan me ensinam — bem, tentam me ensinar — um jogo chamado "*lasty card*". (Por alguma razão as pessoas aqui têm a tendência de acrescentar um *y* no final de todas as palavras em inglês: "*lasty*" para último, "*chesty*" para peito, "*lefty*" para sobra. Eu acho isso estranho e um pouco irritante.) Eu realmente não consigo aprender o tal do *lasty card*, mas deixo-os impressionados com a minha habilidade de embaralhar as cartas. Isso é algo que Eric me disse que aconteceria. Ao que parece, ninguém mais no mundo sabe fazer, ao embaralhar, o estilo de arco que os americanos fazem. Não sou boa nisso, embora eu tenha aprendido ainda criança, no colo da minha avó. (Não importava a artrite nas mãos, vovó sempre conseguia embaralhar cartas, e era, pelo menos aos meus olhos de criança de dez anos, uma trapaceira, quando o assunto era jogar paciência.) Mas embora eu não seja boa, todo mundo se espanta quando eu faço.

Então tento lhes ensinar pôquer, mas como instrutora sou uma ótima "embaralhadora"; Elly, que se juntou a nós, é o único que realmente sabe jogar.

Somos os últimos na área de alimentação. Jogamos umas três ou quatro partidas, antes de Kesuma e Leyan decidirem ir para as suas barracas.

— Quer jogar um pouco mais? — pergunta Elly. Eu sei o que se passa na cabeça dele, mas dou uma de "joão sem braço".

— Claro. Você acha que consegue arranjar outra cerveja? Só uma, para dividir, talvez. E um cigarro? — pergunto, equilibrando impulso com prudência. Uma cerveja. Um cigarro. Algumas partidas amistosas de pôquer fechado. Talvez eu me arrisque no reino do pôquer aberto, se estiver me sentindo audaciosa.

Elly consegue uma cerveja. Um coroa grandalhão, com um olhar ligeiramente atravessado, que me deixaria desconfortável se eu lhe prestasse muita atenção, se aproxima. Ele me faz as perguntas habituais: meu nome, de onde eu sou, minha idade. Ele conversa com Elly em suaíli, antes de nos entregar a garrafa de cerveja, um cigarro do seu maço amassado e um isqueiro emprestado. Depois se afasta, talvez para dormir. A luz das lanternas ilumina só uma ou duas barracas, agora; a única luz elétrica acesa é aqui na área de alimentação, com exceção de algumas lâmpadas, acima das portas dos banheiros, alguns passos adiante. Tomamos a cerveja, passando-a de um para o outro, junto com o cigarro, continuamos jogando pôquer, sem apostar, a maior parte do tempo em silêncio, exceto quando eu explico, no final de cada partida, quem foi o ganhador. É possível que os nossos joelhos se toquem, de vez em quando. Jogamos até às 23 horas, quando o gerador apaga, nos deixando, inesperadamente, na escuridão. Eu noto que o luar é intenso e as estrelas, incríveis.

— Bem, acho que isso é a nossa senha — digo, enquanto começo a guardar as cartas na embalagem plástica. Mas Elly permanece sentado, de pernas abertas, os cotovelos sobre os joelhos e as mãos entrelaçadas, me observando com um olhar perturbador que eu tento, por um momento e sem êxito, ignorar. Talvez, no fundo, eu não queira ignorar.

— O que foi?

Elly sorri e balança a cabeça.

— Estou pensando em perguntar se eu posso beijá-la.

Por um momento, eu fico tentando lembrar se alguém, alguma vez, pediu para me beijar. Parece algo que só acontece nos filmes. Na vida real, o beijo sempre aconteceu, após eu dizer algo como: "Então, é isso, tenho que ir para casa agora", ou "Tenho hora marcada no dentista amanhã", ou "Acho que estou bêbada". Um ar piegas da inevitabilidade está sempre presente, hipnótico, mas incontrolável. Acho que eu gosto desse jeito, para variar um pouco.

— Nunca beijei uma *mzungu*. — Ele retribui meu sorriso malicioso e pergunta: — Posso?

Faço uma pausa, fingindo considerar, embora naturalmente eu já tenha decidido.

— Claro.

Ele me beija. E os seus lábios são suaves e têm um sabor delicioso. Como ambos bebemos a mesma cerveja e fumamos o mesmo cigarro, não detecto nenhum desses sabores, apenas uma suavidade pura e possivelmente a leve doçura da menta. Faz tanto tempo que não beijo ninguém — nem transo, de fato, que isso é quase o que está acontecendo: os meus joelhos entre os dele, as minhas mãos acariciando suas coxas, nossas línguas entrelaçadas, seus dedos no meu cabelo sujo e empoeirado. Eu tinha esquecido o quanto é bom.

Após alguns minutos, nós paramos. Não sei bem ao certo, quem para primeiro; eu estava exatamente pensando em fazer uma pausa, mas parece que Elly toma essa iniciativa antes de mim.

— Ufa! — exclamo, um pouco surpresa.

— Foi legal. Obrigado.

— Não, eu que agradeço!

— Preciso terminar de preparar as coisas para o almoço de amanhã. Vou com você até a sua barraca.

— Tudo bem — respondo, enquanto nos levantamos, e começamos a caminhar sob o luar.

Elly fala bem baixinho:

— Você não vai contar nada para Kesuma, certo? Ele não gostaria nem um pouco.

— Eu estava pensando exatamente a mesma coisa.

— Ótimo.

Chegamos à minha barraca. Eu abro o zíper e Elly me dá um tchau e se afasta.

— Boa noite. Vejo você amanhã de manhã.

— Tudo bem. Boa noite.

Enquanto me preparo para dormir, trocando minha roupa cáqui, sutiã, e camiseta encardida, por um pijama de algodão e outra camisa limpa, reconheço que estou me sentindo bastante orgulhosa de mim mesma. Estou orgulhosa por ter sido beijada, e por um homem muito bonito e que deve ser uns dez anos mais jovem do que eu. Estou orgulhosa por ter sido corajosa o bastante para dizer sim, e depois forte o bastante para conseguir parar, ou pelo menos contribuir para que isso acontecesse. Estou orgulhosa por estar sozinha em uma barraca na cratera de Ngorongoro, distante de tudo que conheço, e estou gostando disso. Até poderia assobiar uma melodia animada.

Acabei de tirar as lentes de contato e passar uma escova nos dentes, e estou programando o alarme no meu telefone — não tem sinal aqui, mas eu o uso como relógio — quando ouço um sussurro, na porta da minha barraca:

— Sou eu.

É Elly, de volta para dar outro boa-noite ou me dizer algo sobre amanhã ou, mais provavelmente, pedir outro beijo ou algo mais. Fico nervosa, satisfeita e irritada, em igual proporção, quando corro para abrir o zíper.

Mas não é Elly. Assim que eu abaixo o zíper da barraca, um cara grandão força a entrada, bloqueando a saída. A escuridão é praticamente total dentro da barraca, mas descubro imediatamente, e com um violento nó no estômago, quem está ali. Não tenho lanterna. Tento achar meu telefone, enquanto o homem que nos vendeu a cerveja e o cigarro me agarra pelos braços, acariciando-os de forma rude, em um gesto infantil e absurdo de paixão. Ele fica falando, suplicando:

— Você é tão linda. Tenho um pau grandão só para você, tenho o que você precisa, eu vou ser bonzinho, sim, deixa fazer sexo com você...

Eu pressiono um botão no celular para iluminar a tela e olhar bem na cara dele. Ele está me puxando, enquanto sua língua busca a minha boca e ele larga o meu braço para agarrar meu peito. Eu cruzo os braços contra o peito, ainda tentando iluminar em volta com a luz do telefone e empurrá-lo com delicadeza — *por que delicadeza?*

— Para quê você ligou isso? Apague a luz. Está tudo bem. Relaxe.

Eu vou para o canto da barraca, mas ele passa a mão onde consegue.

— Ouça. Preste atenção. Desculpe se eu — *espere um pouco; se eu o quê?* — passei uma impressão errada. — *Sendo uma mulher branca, ficando até tarde comendo e jogando cartas com um homem negro.* — Desculpe se você pensou — *que eu sou uma piranha porque você me viu beijando Elly.* — Ouça. Obrigada. — *Como assim, Obrigada??!!* — Eu gostaria... huuum... bem. É melhor você ir embora.

— Não. Vou ficar. Vamos transar. Vai ser bom, prometo. Sou homem bom, pau grande.

— Pare.

Ainda me protegendo das suas mãos, mantendo o braço na frente do peito, com a outra mão empurro o seu braço. Meu telefone, ainda aceso, ilumina a manga da sua camisa. É vermelha.

— Vá embora. Por favor.
— Mas...
— Não. Por favor, vá embora.
— Está bem — diz ele, me soltando e andando de costas em direção à entrada da barraca.

Eu jogo a luz do celular bem na cara dele como se o estivesse interrogando.

— Está tudo bem. Calma.
— Eu estou calma. Pode acreditar. É que... obrigada, mas agora vá, por favor. É sério. — E ele obedece.

Assim que ele sai, eu fecho a barraca, e todas as janelas, que eu tinha aberto para deixar entrar um pouco de ar. Entro no saco de dormir e fecho o zíper também, embora não esteja frio. Todos os ruídos do lado de fora parecem ampliados. A certa altura, eu ouço algo — uma das zebras, imagino — rasgando lâminas de grama com os dentes, aparentemente bem do outro lado da parede trêmula da barraca, perto do meu rosto. Aperto o celular na mão, como se ele fosse uma arma.

Em nenhum momento me passou pela cabeça que eu poderia gritar.

De alguma forma, finalmente, adormeço. Quando acordo, ainda está escuro como breu, sem os sons do amanhecer. Mas não é isso o que eu consigo captar. Tudo o que eu percebo, imediatamente, desesperada, é o cheiro e o corpo quente pressionando as minhas costas.

Por um longo tempo — segundos e mais segundos — eu finjo que estou dormindo, enroscada como um gambá, com a respiração deliberadamente lenta, profunda e regular, tentando não esboçar reação diante do homem que se arrastou de volta à minha barraca enquanto eu dormia, e está, agora, em cima de mim, como um amante. Ajo como se eu pudesse fazê-lo ir embora, apenas fingindo que não me dei conta de que ele está ali. Penso repentinamente naquelas noites horríveis, as piores noites, quando a raiva de Eric se colocava, silenciosamente, entre nós, e eu fechava bem os olhos; penso nos sonhos, nos quais eu não conseguia gritar.

Mas ele está tentando abrir o saco de dormir, suspirando alto no meu ouvido, murmurando, e... ai meu Deus, ele está em cima de mim, retirando o saco de dormir. Dá para sentir o pau duro sob a camada de poliéster, lã e brim. Até que, finalmente, eu reajo.

No início, são somente alguns empurrões, típicos de uma mulher, contra os seus ombros, alguns protestos choramingados e a tentativa de me esquivar do seu ataque, que, sem dúvida, acabam provocando o efeito oposto ao desejado. Mas, aos poucos, vou ficando mais violenta e, finalmente, agressiva. Dou uns socos na cabeça careca dele, enquanto repito, entre os dentes:

— O que é que você está fazendo?! *Vá embora!*

Ele se surpreende diante dos meus golpes e se encolhe, protegendo o rosto com as mãos. Na escuridão, eu tento achar o telefone no chão e paro de golpeá-lo por alguns instantes.

— O que você está fazendo? O que está procurando?

— Estou procurando o meu maldito telefone para olhar bem na sua cara, quando mandar você *sair da minha barraca.*

— Pare de procurar. Vai achá-lo de manhã.

Não consigo encontrá-lo. Vasculho o saco de dormir, embaixo dele, nos cantos da barraca, onde a minha roupa, mochila e sapatos estão amontoados.

— Eu vou ficar.

— Ah, mas não vai mesmo. De jeito nenhum. — Desisti de procurar o telefone e começo a fazer pressão resistente contra o braço do homem, empurrando-o em direção à abertura da barraca.

— Eu não vou fazer nada. Vamos apenas ficar deitados.

— Porra nenhuma! *Vá embora!*

Ele torna-se truculento, o que parece um sinal perigoso, mas estou aborrecida demais agora para me preocupar com isso.

— Você não quer que eu fique? — pergunta ele.

Sem acreditar no que acabo de ouvir, olho bem na cara dele, quase rindo, e pergunto:

— Você está de sacanagem com a minha cara? Não sei como eu posso ser mais clara.

— Mas eu vou...

— Preste atenção. Você quer que eu chame o meu guia? Ele está na barraca ao lado. Ele não vai ser bonzinho com você.

— Sinto-me como se fosse contar à professora que ele me empurrou no pátio da escola.

Finalmente, consigo convencê-lo. Ele se afasta, de frente para mim e fazendo bico, como se tivesse sido ofendido.

— Tudo bem. Se é o que você quer, vou embora.

— Graças a Deus! — sussurro aliviada, fechando o zíper da barraca, com raiva, e volto a procurar o telefone. Não está aqui. Sei que o homem o levou. Quero fazer xixi, mas estou com medo de me aventurar na escuridão.

Apesar de tudo, consigo dormir, embora um sono irregular, até o amanhecer, após achar a minha pedra e apertá-la junto ao peito. Eu acredito que, se ele voltar, esta é a minha melhor opção como arma. Mas ele não volta, e logo começo a ouvir o reconfortante barulho das pessoas; não o barulho assustador, que poderia ser de zebras comendo grama ou de passos mal-intencionados. Ouço também o ranger de portas de caminhão, abrindo e fechando, o zíper das barracas, conversas em tom baixo, enquanto os cozinheiros dos diversos grupos de guia começam a abrir as embalagens de provisões para o café da manhã. Entretanto, estou com medo de sair da barraca — ou talvez *medo* não seja a palavra correta agora. Eu me visto, e me aproximo da janela, que fica em frente à área da cozinha, sabendo que Elly passará por ali. Quero contar a ele, primeiro. Não quero ter que contar a Kesuma.

Parece uma eternidade — especialmente porque minha bexiga, a essa altura, está prestes a *estourar* — mas provavelmente passo menos de dez minutos na janela, antes de vê-lo sair da barraca e se dirigir para o nosso caminhão.

— Elly. Elly!

Chamo com um grito rouco. Ele olha em volta e me vê. Com uma careta constrangida, faço um sinal para que ele se aproxime.

— Estou com um probleminha.

Primeiro, eu conto a versão resumida:

— Aquele cara que nos vendeu cerveja, na noite passada entrou na minha barraca. Ele... — hesito, diante da dificuldade para achar o termo. Os olhos de Elly estão arregalados, e não é minha intenção fazer disso uma tragédia. — Ele... bem, acho que ele queria dormir comigo.

— Ele entrou *na sua barraca?* Você está bem?

— Sim, está tudo bem. Mas acontece que ele levou meu telefone. Não quero causar nenhum alarde, só que...

— Espere aqui.

Em poucos minutos, Kesuma, Leyan e Elly estão reunidos comigo, do lado de fora da minha barraca, preocupados, à medida que eu lhes conto a história, novamente. Kesuma começa a roer a unha, como sempre faz diante de algum problema ou quando está preocupado.

— Você comprou cerveja com ele.

— É, quer dizer, na realidade, o Elly comprou.

— E depois ele entrou na sua barraca?

— Exatamente. Duas vezes.

— Você disse algo que pudesse despertar a ideia que...

— Eu praticamente não disse nada.

— É verdade, ele ficou lá só alguns minutos — confirma Elly, com a cabeça baixa para ouvir o que estou dizendo, mas também, eu percebo, porque está envergonhado e se sente responsável pelo ocorrido.

— Elly, você sabe onde achar esse homem?

— Claro, ele trabalha com um dos outros grupos de viagem. Ele é cozinheiro. Eu vou achá-lo — disse com firmeza, indo em direção à área de cozinha.

Kesuma cruza os braços, olha para um lado e para o outro, observando a largura da área de acampamento. O dia já clareou totalmente, e há um movimento constante de turistas da área de alimentação ao banheiro e em direção aos caminhões. As pessoas começam a desarmar as barracas. Todo mundo quer estar na entrada do parque na hora de abertura dos portões. De alguma forma, esse atraso me faz sentir culpada, como se eu estivesse criando uma tempestade em copo d'água, fazendo um drama.

— Olhe, ele não me machucou, não é nada de mais, eu apenas... Eu gostaria de recuperar o meu telefone.

Elly rapidamente encontra o homem; um cara grandão que parece envergonhado e surpreso, ao mesmo tempo. Enquanto andam na nossa direção, Elly está falando de forma enérgica, e o homem balançando a cabeça, em uma demonstração de inocência exagerada. A minha raiva volta só de olhar para ele. Kesuma se apruma quando os dois se aproximam.

— Julie nos contou que você entrou na barraca dela, duas vezes, na noite passada e que tentou se aproveitar dela.

— Não, não, eu juro... — insiste ele nervoso, sacudindo a cabeça sem saber se deve concordar ou negar. — Está bem, é verdade. Eu entrei na barraca. Eu queria ficar com ela, e ela é muito bonita — admite ele, sendo imediatamente interrompido por uma sucessão de perguntas, feitas por Kesuma, em suaíli. O homem responde, e embora naturalmente eu não entenda as palavras, fica claro que Kesuma o está repreendendo. As pessoas começam a prestar atenção. O homem olha para mim e fala em inglês.

— Por favor, desculpe. Eu agi de forma errada, indo à sua barraca. Mas eu fui embora quando você me pediu, não fui?

— Bem, sim, mas...

— Eu juro que não voltei. Talvez tenha sido outro homem, um homem cruel, não foi...

— Ouça. Eu não quero causar-lhe problemas. Só quero o meu telefone.

— Eu não... Não está comigo...

Estou agindo como uma megera. Estou arruinando a vida desse cara. Veja como ele está apavorado. Estou quase indo embora e deixando isso tudo para lá. Mas agora, Kesuma e Elly o cercaram e estão se alternando, falando em suaíli bem rápido, em uma espécie de técnica psicológica usada em interrogatório, com Elly claramente tentando persuadi-lo a ser razoável e Kesuma mal se controlando para não explodir. A certa altura, ele dá uma ordem a Leyan na língua *maa*, que lança um olhar ameaçador ao homem, antes de se dirigir para a cabana do guarda-florestal, na entrada do acampamento.

O homem dá alguns passos e senta, pesadamente, em uma caixa de suprimentos do acampamento a alguns metros de distância. Kesuma balança a cabeça, irritado.

— Ele insiste que não está com o seu telefone. Ele pensa que somos estúpidos porque somos massais. Ele é que é estúpido. Por que você não gritou? Nós teríamos agido na mesma hora.

— Eu sei. Desculpe. Achei que poderia dar conta sozinha.

— É para isso que estamos aqui, para garantir a sua segurança. Entendeu?

— Entendi.

Leyan volta com um homem usando um uniforme de guarda-florestal, extremamente alto, o rosto marcado por cicatrizes de rituais, maçãs proeminentes e olhos velados e impenetráveis. Um homem ameaçador, na melhor das hipóteses. A mesma conversa acontece mais uma vez, dessa vez pela maior parte em *maa*, com o guarda-florestal observando os dois atores principais desse absurdo enredo de novela, com uma raiva claramente crescente. Tanto o homem que entrou furtivamente na minha barraca duas vezes quanto eu mostramos sinais cada vez mais evidentes de estarmos arrasados. Quase todo mundo no acampamento já arrumou a mala e foi embora, e o sol vai ficando mais forte.

Um veículo da polícia chega ao local; após algumas palavras, o guarda coloca o homem no banco traseiro e vai embora. O guarda-florestal, Elly, Kesuma e eu entramos no nosso caminhão, enquanto Leyan permanece no acampamento, para arrumar tudo o que deixamos de arrumar, já que estávamos ocupados com toda essa inutilidade. Elly dirige e Kesuma conversa com o guarda-florestal, que, durante o caminho até a delegacia, vai ficando cada vez mais enraivecido. A voz dos dois está mais elevada. De vez em quando, Elly tenta interromper, e volta e meia o guarda gesticula furiosamente na minha direção. Eu ouço a palavra *mzungu* várias vezes, um termo que, até então, não me incomodava, mas que agora parece depravado. Espere aí — ele está furioso *comigo*? Sinto meu rosto queimar e meus olhos se enchem de lágrimas. O que eles estão falando a meu respeito? Que eu causei problema? Droga, eu tentei impedir tudo isso. Não fiz nada de errado! Ou se fiz, eles não sabem. A menos que Elly tenha contado. A única coisa que me impede de cair no choro agora é a minha raiva diante de toda essa injustiça. Fico olhando pela janela, até pararmos na frente de um prédio baixo, de concreto, com o telhado de estanho. No interior, uma pequena sala, há uns sete ou oito homens reunidos, além do agressor. Aqui, a movimentação é ainda maior. De vez em quando, um deles me faz uma pergunta em inglês.

— O que ele disse a você na segunda vez, quando você acordou e o encontrou dentro da barraca?

Tento, com todas as forças, ser o mais direta possível. *Não estamos em 1953, idiota. Do que é que você tem que se envergonhar?*

— Ele subiu em cima de mim. Disse que queria transar comigo.

Elly se enfurece.

— Ele tentou estuprá-la?

— Não quero usar esse termo.

Os homens continuam discutindo, ao redor. O interrogatório do homem torna-se mais intenso. É claramente um interrogatório cruzado. Ele está suando e inseguro e finalmente diz algo, uma espécie de protesto, e todo mundo na sala, de repente, reage de forma violenta, erguendo as mãos ou balançando a cabeça, resmungando. No início, fico apavorada — *o que será que ele falou de mim?* —, mas a reação de Elly é acompanhada por um riso disfarçado, na minha direção, e Kesuma se vira para mim.

— Vamos recuperar o seu telefone. Está com ele. Ele continua mentindo, mas sabemos que está com ele.

— Como? O que ele disse?

— Ele caiu em contradição. Não se preocupe. — Ele fala mais alguma coisa com o assustador guarda-florestal, que faz um gesto para que nós nos afastemos. — Iremos para o parque agora. Quando terminarmos de apreciar a vida selvagem, eles já terão recuperado o telefone.

E é exatamente o que fazemos. Voltamos ao acampamento, apanhamos Leyan e as nossas coisas, e descemos a estrada sinuosa, ao longo da parede íngreme da cratera. Acho que são umas 10h30, mas não tenho certeza, porque estou sem o telefone.

Agora, posso me concentrar em algo diferente, depois da manhã turbulenta, e Ngorongoro é algo de extraordinário em que se concentrar. Uma enorme cratera, um vulcão extinto, parecendo uma enorme cumbuca enfiada na terra, cercada de vegetação verde e amarelada, matizada pelas sombras das nuvens que pairam nas altas paredes do rochedo, em volta, e que enfeitam a paisagem. Metade da borda da cratera fica obscurecida, na sombra; no centro, um lago alcalino reluz um azul pálido. Do topo, é possível ver que o lugar é cheio de animais, na sua maioria búfalos-asiáticos, gnus e ungulados de todas as espécies, todos andando na mesma direção: o lago central, como se estivessem participando de uma produção musical da Disney. Avistamos famílias de javalis africanos, casais adultos com um ou dois filhotes a reboque, criaturas desengonçadas que, de alguma forma, se arranjam com graça e elegância, quando se ajoelham nas pernas dianteiras para fuçar na grama. Há rebanhos de zebras, gazelas, aves altas com magníficos e estranhos pompons alaranjados nas cabeças, avestruzes, hienas. Eu mergulho em uma espécie de êxtase de deslumbramento.

Mas acho que nem todo mundo se sente da mesma forma.

— Não consigo entender por que ele pensou que poderia entrar na barraca de uma mulher. Tem certeza de que você não disse algo? — pergunta Kesuma novamente.

Tento esconder a minha irritação e, por sorte, Elly, que eu estou começando a considerar meu advogado nesse assunto, intercede.

— Eles mal trocaram algumas palavras. Aquele cara é louco.

— Isso me deixa tão irritado. Ele pensa que, por sermos massais, somos ignorantes e idiotas. Por isso, resolve importunar você — diz ele, virando-se para trás para olhar nos meus olhos. — Os homens africanos não são como os americanos. Eles têm conceitos diferentes em relação às mulheres. Você tem de estar atenta para não induzi-los a ideias erradas.

Elly olha para mim pelo espelho retrovisor e dá um breve sorriso, metade alegre e metade apologético.

— É terrível que você tenha passado por isso. — Estamos nos aproximando de um lago compartilhado por um bando de flamingos e um pequeno grupo de hipopótamos chafurdando na água. Reduzimos a velocidade para observar mais de perto.

— Está tudo bem. Eu só quero desfrutar dessa vista dos animais, entendeu?

E o assunto é encerrado e nós prosseguimos o nosso caminho, em volta da cratera. O ponto alto do passeio acaba sendo um grupo de quatro leões machos jovens, magníficos e indolentes, andando com ar de valentões, na direção do nosso caminhão. Quando eu me levanto, com a cabeça e ombros fora do teto solar, uma dessas maravilhosas criaturas para, provavelmente a meio metro de distância da roda traseira do veículo, com aqueles olhos dourados — olhando para *mim*, é só o que eu consigo pensar — até eu desviar o olhar fixo, com medo que ele pudesse simplesmente decidir pular e arrancar meu braço, pelo insulto de encará-lo. Depois de passar algum tempo rodeando o nosso caminhão, descansando na sombra, lambendo as patas, que são como as de um gato, só que bem maiores, eles dão a volta e se afastam, lentamente. Não é de se admirar que isso seja chamado de orgulho de leões; "arrogância de leões" não tem o mesmo significado.

Antes do meio-dia, chegamos ao outro lado da cratera, onde há várias mesas de piquenique, um prédio com banheiros, ao longo da margem do outro imenso lago, outra família de hipopótamos chafurdando na água e elefantes andando na clareira, do outro lado. Elly começa a descarregar o almoço, enquanto eu vou ao banheiro.

Mas quando volto, esfregando as mãos molhadas na roupa suja por falta de toalhas de papel no banheiro, um grupo de homens está reunido em volta do nosso caminhão. Eu percebo que há outro caminhão, bem mais novo e brilhante. Há massais em trajes tradicionais e outros homens com uniformes de guarda-florestal. Eles me olham, quando eu passo a caminho de uma pedra achatada, perto da margem do lago, para a qual me dirijo em linha reta, em vez de tentar participar da conversa. Eu não quero saber, realmente. Mas ao passar e me sentar na pedra procurando descansar, não consigo deixar de ouvir as palavras *mzungu* e *BlackBerry* e, imagino, algo com conotação *sexual*. Isso ressoa nos meus ouvidos, enquanto permaneço olhando para a água.

Após alguns minutos, Elly se aproxima com o meu almoço empacotado. Ele está rindo de orelha a orelha.

— Acharam o seu telefone!

— Sério? — Eu resolvo então descobrir a história, a partir desse ponto.

— Como?

— Ele confessou. Tinha escondido no banheiro.

— O que o fez mudar de opinião e contar?

Elly ri.

— Não se brinca com massais, cara. Eles são loucos.

— Espere, você quer dizer...

— Sim. Bateram nele até ele mudar de ideia. Imediatamente, ele os levou até o esconderijo.

— Caramba — reajo contraindo o corpo. A pontada de culpa, eu estaria mentindo se omitisse, não domina inteiramente outra sensação mais acolhedora: a voz presunçosa que sussurra: *Bem feito!*

— Ei, ele mereceu. Tentamos ser gentis.

— Posso apostar que ele lamenta não ter devolvido mais cedo.

— A cabeça dele não estaria doendo tanto agora. E ele teria um emprego. Ele nunca mais vai trabalhar para ninguém por aqui.

Os outros homens vão embora e, depois de um almoço leve, nós também, continuando o nosso circuito na cratera. Vemos mais javalis africanos e um pequeno grupo de elefantes graciosos e escuros pastando entre uma plataforma de árvores bem espaçadas, encantadora e calma demais para ser chamada de "floresta". No caminho, voltamos ao posto policial para recuperar meu telefone, sem um arranhão e funcionando perfeitamente, que me é entregue com eloquentes e longos pedidos de desculpas.

Naquela noite, em Arusha, após um banho quente terrivelmente necessário, eu me deito e ouço o zumbido dos insetos, do lado de fora da minha janela, e Leyan e alguns outros guerreiros jovens que são pagos para tomar conta da porta dianteira de Kesuma, praticando luta livre, no chão vermelho sujo. Na cozinha, Suzie, uma estudante de 16 anos que mora ao lado e faz pequenas tarefas para Kesuma, está preparando *ugali* para o jantar. Na Tanzânia, esse prato à base de fubá e verduras está presente em todos os lugares, e é servido em todos os restaurantes. Suzie tem o largo sorriso de uma criança, mas a confiança assertiva de uma mulher com o dobro da sua idade (bem mais do que algumas que eu conheço). Nessa noite, depois do jantar, vou ensinar um pouco de inglês para ela.

Amanhã estarei indo para o Japão, para relaxar alguns dias em um hotel com excelente serviço de quarto, banheiros tecnologicamente avançados, chinelos exuberantes e lençóis de seiscentos fios, antes de voltar para Nova York. Peguei os dois molhos de papéis que eu venho reunindo para Eric e D., meus diários desta viagem, e estou folheando-os, antes de enviá-los, também amanhã. A caligrafia amarga é errática, alongada e espremida, às vezes ilegível, devido ao cansaço ou emoção. Por alguma razão, a escrita diminuiu um pouco, enquanto estive na Tanzânia. Não sei bem o porquê, mas parece um bom sinal. Há algo de especial neste país tão longínquo; sinto-me como um balão de carro alegórico, no Dia de Ação de Graças, neste lugar seco e remoto, balançando, procurando me libertar das amarras. Entretanto, depois do — como você o chamaria? — "incidente" da noite passada, eu me vejo querendo conversar, entender o que realmente aconteceu, e para isso, vou me valer dessas cartas abandonadas.

Quando comecei a escrever estas duas cartas, elas tinham tons completamente diferentes: um solícito e tagarela, o outro ardente e exagerado. Eu escrevi duas narrativas completamente diferentes da mesma experiência ou lugar, versões designadas a satisfazer a duas sensibilidades, e destaquei o que cada história em particular tinha a ver com o que eu queria ou não queria delas. Mas, agora, as duas versões parecem mais semelhantes. Ler as duas, uma ao lado da outra, é como focar, de modo trêmulo, um par de binóculos. No fim, eu descrevo, em cada uma, o que me aconteceu em Ngorongoro com praticamente as mesmas palavras.

Então, eu acordei algumas horas depois e encontrei o cara basicamente em cima de mim. E durante um bom tempo, eu não fiz nada, não movi um músculo. E você sabe por quê? Acho que pensei que tive o que merecia. Por tudo que fiz ou senti nos últimos anos. No meu semiadormecido cérebro animal, eu merecia aquilo. Mesmo quando finalmente tomei a iniciativa de bater nele, mantive a voz em um sussurro. Mesmo quando o forcei a ir embora, mesmo quando contei a minha história, mesmo quando estava no posto policial e o cara estava sendo interrogado, uma parte da garotinha que habita em mim considerava isso tudo como sendo minha culpa.

Mas agora não penso mais assim. Não tenho orgulho de dizer que o fato de saber que o homem foi espancado pelo que tinha feito ajudou. Era como se outra pessoa pudesse ver que era ele quem merecia ser punido. Não eu, pelo menos desta vez.

Os guerreiros massais são bons amigos para se ter por perto.

Ao acabar de escrever a carta para Eric, eu a dobro em três. Com dificuldade, eu a coloco no envelope aéreo que comprei em uma loja na cidade. Escrevo o nosso endereço na parte da frente e selo a carta para ser enviada amanhã. Faço o mesmo com a carta que escrevi para D.

— Julie? — Suzie aparece na entrada do meu quarto, gesticulando para que eu a acompanhe. — O *ugali* está pronto.

— Ótimo. Já estou indo.

Selo a carta a ser enviada. É hora de ir para casa.

Ugali tanzaniano da Suzie

    1 pequeno ramo de *michicha* (na realidade, não faço a menor do que seja *michicha*; pode-se substituir por acelga)
    1 pequeno ramo de *saro* (como acima; pode-se substituir por rúcula, ou uma verdura amarga)
    1 cebola vermelha pequena
    2 tomates romanos
    Aproximadamente ¼ de xícara de óleo vegetal
    Sal a gosto
    6 xícaras de água
    3 xícaras de farinha de milho *ugali* (ou farinha de milho branca)

Corte as verduras em fatias finas, depois lave bem os ramos e passe-os em uma peneira. Retire o excesso de água e reserve.

Corte a cebola em anéis finos. Corte os tomates.

Leve uma panela bem larga ao fogão de querosene de bico único, ou como alternativa, ao seu fogão comum, em fogo alto. Coloque as cebolas e um fio do óleo vegetal. A lista de ingredientes pede 1/4 de xícara, mas essa quantidade fica a critério de cada um. Frite as cebolas em fogo alto, mexendo com frequência, até dourar, quase queimar.

Acrescente os tomates e continue cozinhando em fogo alto, até a mistura se tornar um molho. Adicione sal a gosto.

Acrescente as verduras e cozinhe, mexendo, até elas amolecerem, provavelmente dez minutos. Vire a mistura em um prato e reserve. Passe uma água na panela. Acrescente seis xícaras de água e leve-a de volta ao fogo.

Quando a água atingir o ponto de fervura, adicione lentamente uma xícara e meia da farinha de milho. Deixe ferver, mexendo sempre para não encaroçar, até engrossar, aproximadamente sete minutos. Acrescente a farinha restante e cozinhe mais sete minutos. A essa altura, o *ugali* é praticamente uma massa, mais sólida do que líquida. À medida que você mistura, a massa começará a se soltar dos lados da panela e formar uma bola. Vire a mistura em um prato. Sacuda o prato ligeiramente algumas vezes, formando um bolo.

Essa receita serve quatro pessoas. Corte fatias grossas de *ugali* e arrume-as nos pratos, acompanhadas das verduras. Você e os seus convidados podem comer com as mãos, pegando um pedaço do *ugali*, fazendo uma bolinha, e apertando em um lado. Coloque um pouco da verdura na depressão da massa e coma. É assim que se degusta esse prato: aos pedaços.

PARTE III

Profissional?

*Já experimentei toda sorte de equipamento,
já experimentei caminhos secundários para não ser confrontado.
E se você me der maconha, cocaína e vinho,
e me mostrar um sinal, estarei disposto a ir adiante.*
— Little Feat, "Willin"

As mudanças têm a mania de aparecerem de repente e socarem minha cara.
— Veronica Mars

O retorno da açougueira

O PRIMEIRO DIA COMPLETO desde que cheguei a Nova York é um dia fresco de novembro. Durante a viagem o céu encontrava-se nublado, e estava chuviscando quando encontrei Eric, com um longo abraço e um beijo rápido, em frente a um dos terminais do aeroporto JFK, enquanto os policiais de tráfego estupidamente gritavam para que nós pegássemos as malas e seguíssemos em frente. Mas à noite tudo mudou, e o sol na manhã seguinte faz o edifício Chrysler, do outro lado do rio, brilhar como ouro, quando estou levando Robert para passear, pela primeira vez depois de muito tempo.

— E aí, como foi? — pergunta Eric ao voltarmos. Ele está usando a desculpa da minha volta para se atrasar para o trabalho, passando um tempão com as palavras cruzadas e comendo ovos. Eu não tinha a menor ideia de como as coisas ficariam entre nós quando eu voltasse, e nem ele, como percebi logo que o vi. Mas o momento seguinte foi fácil, e voltamos à nossa vida com assombrosa, quase perturbadora, rapidez. Há algo diferente acontecendo abaixo da superfície, móveis trocados de lugar, ambiente arejado, talvez. Mas ainda combinamos como partes de um quebra-cabeça, sem dificuldade.

— Maravilhoso.

— Maravilhoso, hein?

— É. Acho que é uma espécie de *revival* da cidade de Nova York.

— Vai ler muito Joseph Mitchell e andar de metrô o dia todo?

— É bem capaz.

Depois que Eric faz a barba, veste uma roupa e vai trabalhar, eu entro no chuveiro. Minha Nossa! A Tanzânia tirou as gordurinhas que eu ganhei na Ucrânia e mais algumas. Emagreci 5 quilos! Eu visto a saia que comprei na Ucrânia, um suéter preto, meias pretas e a minha bota preta de cano alto com o forro vermelho secreto. (Deve-se usar tudo preto em um *revival* de Nova York; é regra.) Enrolo um cachecol verde bonitinho em volta do pescoço (exceto cachecóis — cachecóis são exceção à regra do tudo preto; cachecóis e gorros). Passo batom, vermelho, um tom mais escuro do que o que eu uso normalmente. Enquanto passo o batom, no espelho do banheiro, percebo que o bracelete que Kesuma me deu — cujo pelo branco ainda brilha, mas começa a ficar gasto em alguns pontos — confere um toque misterioso e atrevido. Saio de casa, para pegar o trem da linha 7.

Não andei nem uma quadra quando ouço o primeiro elogio:

— Você é a mulher mais bonita que eu já vi.

Ele é um pouco mais velho do que eu, está bem-vestido, com um tweed no bom estilo Giles. Eu abro um largo sorriso: "Obrigada!", e sigo adiante.

Isso continua acontecendo, o dia todo. No metrô, nas livrarias, nos restaurantes, na rua. Recebo assobios, olhares e elogios extravagantes. De homens jovens e velhos, ricos e pobres, de todas as cores. *Cara, que gata... Você tem um rosto lindo...* Eu recebo uma cantada de alguns caras no bar do Republic, onde eu dou uma passada para dar um olá a Marcel, meu bartender favorito. O cara que arrecada dinheiro para moradores de rua, em um garrafão de água, em vez de se dirigir a mim com o pedido *Quem pode colaborar?*, simplesmente diz:

— Belas pernas!

Um cara gostoso, de cabelos escuros, que trabalha em uma das barracas da feira, me lança um sorriso cheio de más intenções, por trás das caixas de maçã. Nunca chamei tanta atenção na vida. Vou acabar me acostumando.

Mas a melhor parte, a parte que me faz perceber que algo estranho está acontecendo, é a forma como eu reajo. Não fico ruborizada, suando e virando para o lado, nem fico ansiosa, querendo mais. Para cada elogio recebido, eu aceno com a cabeça, com um sorriso, enquanto passo direto, como se recebesse, com charme, o que me é devido. *Sou bonita, eu sei, é verdade, obrigada pela gentileza.* Parece um bocado estranho, mas sai da forma mais natural possível.

Nessa noite, em casa, depois que o encanto se desfaz, ainda estou meio embasbacada com os efeitos posteriores, um pouco tonta, como não fiquei, quando tudo aconteceu.

— Juro por Deus, havia algo de outro mundo acontecendo.

— Ah, que é isso. Você está linda.

— Não, estou falando sério. Foi esquisito. Queria saber o que foi aquilo.

— Será que é porque você está linda? — Eric está fazendo um ensopado, olhando para a panela, onde pedaços da carne que eu comprei na feira, esta tarde, chiam na gordura de bacon.

É uma refeição apropriada para uma noite de novembro, uma refeição caseira, e eu estou morrendo de fome.

— Não, não é isso. Perdi alguns quilinhos, que pode ajudar, mas não seria a causa de tudo isso. Seria o batom? Não...

— Você não está me escutando... Aaaai! — grita ele, sacudindo a mão quando a gordura espirra nele. — Você acha que já estão bem dourados?

— Acho que sim. — Estou sentada em um banco na cozinha, incapaz de esquecer os eventos daquele dia. — Ah, claro! É a saia, naturalmente.

Eric dá de ombros. Ele está tirando os pedaços de carne depois de tostá-los em todos os lados.

— É uma saia bonita.

— É uma saia mágica. Minha Saia Mística Mágica ucraniana, que dá o poder de apelo sexual irresistível e imediato.

Agora que a carne está pronta, Eric está raspando um montinho de verduras e ervas picadas de uma tábua para dentro da panela. A mistura produz um chiado, quando ele começa a mexer.

— Perfeito.

— Acho que sim. Está com um cheiro delicioso.

— Talvez a gente vá comer um pouquinho mais tarde.

— Para mim está ótimo — concordo com o estômago roncando.

Assim que o Eric arruma o ensopado e o leva ao forno, nós vamos para a sala, com a garrafa de vinho (bem, a segunda, se você contar o que sobrou da garrafa que ele abriu para acrescentar ao ensopado, e que nós bebemos) para esperar que fique pronto.

Eu pensei que depois de um mês de relativa abstinência, e depois de voltar para casa para encontrar esta nova sensação de conforto, esta ausência de medo, eu não beberia tanto, e nos limitamos, afinal, a uma garrafa e meia, esta noite, metade da nossa quantidade habitual. Mas eu não estava contando com a minha tolerância reduzida e com o fato de que eu não havia ingerido nada, além dos dois copos de vinho e dos bolinhos de legumes que Marcel me serviu enquanto eu causava furor no bar. Na manhã seguinte, não recordo da maior parte dos DVDs a que assistimos. Se eu bem me lembro, começamos com um episódio do sci-fi western de Joss Whedon, mas agora *O terceiro homem* está no aparelho — e mal me lembro do ensopado, embora saiba que conseguimos, pelo menos, tirá-lo do forno, antes que ele queimasse. Ele acaba servindo para um grotesco, porém delicioso, café da manhã. Esta é a receita do Eric:

Ensopado do Eric

- 1 ½ kg de carne para ensopado, em pedaços de 5 centímetros
- ½ xícara de farinha de trigo, em uma vasilha rasa ou fôrma
- 3 colheres de sopa de azeite extravirgem, e um pouco mais
- 1 cebola, cortada em meias-luas finas
- 5 dentes de alho picado
- 3 cenouras descascadas e cortadas em rodelas de 1 cm
- 3 talos de aipo finamente cortados
- 1 ½ colher de sopa de tomilho fresco
- 2 xícaras de vinho tinto
- 1 ¼ xícaras de caldo de carne
- 1 colher de sopa de massa de tomate
- Sal e pimenta a gosto

Preaqueça o forno a 150° C. Seque os pedaços de carne com toalhas de papel e passe-os ligeiramente na farinha, até cobri-los totalmente. Em uma panela grande, doure a carne no azeite, em fogo alto.

Quando a carne estiver dourada, retire do fogo, coloque-a em um prato e reserve. Reduza a temperatura a fogo médio, acrescente outro fio de azeite, as verduras e o tomilho e cozinhe, mexendo sempre, até ficar macio, aproximadamente dez minutos.

Coloque a carne de volta na panela, acrescente o vinho, o caldo de carne, e massa de tomate. Adicione sal e pimenta. Não use pouca quantidade, especialmente de pimenta, que precisa ser, necessariamente, moída na hora.

Tampe a panela e leve-a ao forno. Deixe assar até a carne ficar bem macia, aproximadamente três horas, ou até acordar no sofá, com a esposa que você ainda ama como a sua própria carne, roncando ao seu lado, com os pés no seu colo e um copo de vinho que ameaça cair da mão dela. Esfregue os pés dela e pegue o copo, antes de despertá-la o suficiente para sair de debaixo dela e verificar o ensopado. Essa receita dá para duas pessoas comerem três refeições cada uma. Coma um pouco imediatamente, semiadormecido, depois deixe esfriar completamente sobre o fogão; a noite inteira é o ideal. O sabor fica ainda mais apurado no dia seguinte, de manhã.

O Dia de Ação de Graças é bem cedo este ano, três dias depois da minha volta para casa, e, portanto, decidimos comemorar com um dia tranquilo, sem a família, só nós dois e Gwen, no nosso apartamento (o namorado dela está viajando), preparar simplesmente um peru e alguns legumes. Finalmente, nós todos já assistimos a *Buffy* mais do que é possível aguentar. É hora de mudar, portanto nosso programa de televisão pós-refeição se compõe de quatro ou cinco episódios da nossa mais nova obsessão: *Veronica Mars*. Continuamos bebendo, beliscando o jantar, e acabamos adormecendo no sofá. É agradável, fácil, e só um pouquinho chato.

A maneira como passamos o Dia de Ação de Graças é como Eric e eu parecemos estar encarando todos os aspectos da nossa vida comum. Não brigamos mais no meio da noite, não acordo de manhã atingida pela onda propagadora da raiva de Eric. E nem tenho a sensação paralisante, claustrofóbica que me sufocava à noite. Entretanto, isso não significa que tudo esteja às mil maravilhas. Está mais para uma situação tranquila, do tipo "esperar para ver no que é que dá".

— Talvez a gente devesse fazer terapia, Julie. Poderíamos começar depois das férias.

Já falamos sobre isso antes, naturalmente, e pela primeira vez a sugestão não me deixa aterrorizada. Mas ainda não estou segura.

— Tudo bem. Não sei se isso pode resolver alguma coisa.

— Você está querendo dizer que não pretende resolver nada.

— Não! Eu te amo e quero... Eu só não sei se quero ficar...

— Casada.

Estremeço, apertando os lábios, e não respondo.

Como não vimos a família no Dia de Ação de Graças, arranjamos uma viagem de Natal com meus pais, como no ano passado, só que dessa vez resolvemos nos reunir em Santa Fé. Como de costume, há muita comida e jogos de quebra-cabeça. Meu presente para o Eric é algo cuidadosamente não romântico, um *dock station* Bose para o seu iPod.

Ele me dá uma faca.

Na verdade, é um colar; um delicado pingente de prata em uma corrente, um pingente de faca. O cabo é cravejado de pequenos diamantes e a ponta, afiada o suficiente para ferir, apenas um pouquinho, quando pressiona a pele, logo abaixo do meu seio.

— Ah, meu Deus.
— Sei que não é a faca certa. Eu queria um cutelo ou...
— É lindo. — Estou chorando, e meus pais e meu irmão acham que estou agindo como uma boba sentimentaloide por causa de um presente carinhoso. Mas Eric e eu sabemos que é algo mais. Leio baixinho o cartãozinho que está dentro da caixa:

Para a minha esposa açougueira, para usar como lhe aprouver.

Acordo cedo na véspera de ano-novo, despertada por um sonho: estou em um canto escuro de uma biblioteca ou livraria, e um homem, alguém sem rosto e extremamente forte, está me atacando, me segurando, me acariciando de forma bruta. Tento gritar, já que há pessoas por perto que poderiam ajudar, mas a minha voz não sai. É uma sensação de total impotência, embora familiar, e, de alguma forma, minha culpa. Mas mesmo assim, eu tento gritar, tento muito, desesperadamente, até que....

— Vá embora!!

Eric pula na cama, apavorado.

— O que foi? O que aconteceu? Você está bem?

Consciente do fim do pesadelo, eu me pego sorrindo.

— Estou, juro. Desculpe.
— Foi um pesadelo?
— Foi. Mas já está tudo bem. Agora eu consigo gritar.
— Não me diga, é mesmo?

Sinto como se tivesse acordado de um sonho de vinho gostoso e noites quentes de verão.

Eric joga a cabeça no travesseiro. Está quase amanhecendo. A luz, do lado de fora, começa a aumentar. Nós vamos fazer um jantar para oito pessoas que vêm para a nossa tradicional comemoração Cajun de ano-novo. Há muito a se fazer, como limpeza, compras e comida, e, devido ao Natal e à viagem, eu ainda não tive tempo para organizar muita coisa.

Antes de sair da cama, eu tiro o telefone da tomada e confiro os e-mails, como de costume, reclinada nas costas nuas de Eric. Há mais ou menos um mês, desde que voltei da minha viagem, eu me acostumei ao toque da pele de Eric novamente, sem medo dele ou das suas expectativas. Ajuda muito o fato de ele não cobrar mais nada. Talvez por perceber que, lentamente, estou voltando para ele, ou me afastando, ou qualquer coisa que esteja acontecendo comigo. Talvez eu dê a impressão de estar fazendo as duas coisas ao mesmo tempo. Mas estamos, pela primeira vez em muito tempo, relativamente satisfeitos.

A minha caixa de entrada contém uma mensagem do iTunes. A princípio, eu penso que se trata apenas de um recibo de uma das nossas últimas compras, um programa de televisão ou um álbum, mas não é isso. É algo bem diferente.

"Você recebeu um presente iTunes."

Clico para abrir. E tenho que controlar minha reação, ao ler o conteúdo.

Julie,
Eu não deveria estar mandando esta mensagem, mas ouvi esta música umas 250 vezes na semana passada e, por alguma razão, ela me faz lembrar você.
Feliz ano-novo.
Damian

É isso aí. Este programa foi trazido até você pela letra D., mas naturalmente ele tem um nome. É um nome que muitas vezes me atingiu como um relâmpago. Mas durante o último ano e um pouco mais, no meu telefone, nos meus e-mails distraídos, nos meus diários e cartas, no meu coração, ele foi reduzido a D. Uma redução que, de modo perverso, pareceu tornar o seu poder sobre mim mais completo, simbólico e abstrato; até divino, por sua ausência excessiva, e pelo fato de que nos últimos meses eu comecei, finalmente, a acrescentar o meu ex-amante à lista das coisas nas quais não acredito.

Portanto, ver seu nome lá, completo, no final de um e-mail é um pouco chocante e me faz lembrar: é apenas um homem, não uma espécie de força sinistra, irresistível e fatal. Uma vez procurei o significado do seu nome. É de origem grega, e significa "domar". Eu levei isso a sério. Mas trata-se apenas de um cara. Um cara que também se sente vulnerável, frágil, às vezes; um cara que acabou de confessar que não deveria estar fazendo algo mas que foi adiante e o fez mesmo assim.

É uma situação confusa. Não sei dizer se estou emocionada, assustada ou inebriada.

Aliás, sei sim. Estou tudo isso, ao mesmo tempo. A canção é "Willin", da banda Little Feat.

Em primeiro lugar: Que porra é essa?! Em segundo lugar: Que. *Porra*. É. Essa? *"Willin"*? Eu conheço a música. É sobre caminhoneiros drogados. O que significa isso tudo, afinal?

E além do mais: *Que porra é essa?!!!*

Eu me levanto e, enquanto o Eric continua na cama, faço o download da música e escuto-a várias vezes no fone de ouvido, às vezes rindo, revirando os olhos, derramando uma lágrima de vez em quando, deixando meu coração lentamente recuar da sua batida histérica.

É uma música maravilhosa, que eu conheço bem. Mas é sobre um caminhoneiro. Um caminhoneiro que vê a sua Alice em cada farol. Um caminhoneiro que foi de Tucson a Tucumcari e que está disposto. Disposto a seguir adiante. O que ele *quis dizer* com isso?

Durante algum tempo fico tentando analisar o sentido da música. O mais estranho é que, quando Eric acorda e começamos a discutir os nossos planos do dia — eu fico encarregada das compras; ele, de uma parte do trabalho, e depois vai dar uma corrida —, estou, na realidade, bem calma. Espero várias horas para responder a esta estranha mensagem. (Por si só, um feito sem precedente.) Pouco antes de sair, eu mando um e-mail rápido:

Damian,
    Suponho que a música que você me enviou foi somente um momento de fragilidade/babaquice relacionada ao ano-novo. Entretanto, se não for nada disso, e se quiser conversar, estarei na Union Square, na feira, às 13 horas.
    Julie

Não espero que ele apareça. Não me atrevo a esperar por isso, nem sei se quero isso. Lembro-me bem de como fiquei ao vê-lo da última vez. Além do mais, eu tenho muita coisa para fazer hoje para me dar ao luxo de um melodrama.

No verão, a feira é uma explosão de cores, sons e pessoas, um local de gourmets que surgem como pestes sobre pilhas brilhantes de favas, caixas de cereais e deliciosos tomates dos mais diversos tipos. Porém, no inverno, é um lugar pequeno, tranquilo e sombrio. Não tenho de esperar na fila da padaria para comprar baguetes, nem na barraca, onde uma coreana com a qual me dou bem vende *kimchee,* um dos pratos mais tradicionais da culinária do seu país, e brotinhos orgânicos caseiros.

Eu o avisto no momento em que estou pegando uma salada. Tentei não ficar procurando, mas quando lanço os olhos em volta, rapidamente por trás da caixa térmica, cheia de salada *mesclun,* eu o vejo, a uns 5 metros de distância, parado na esquina da 17th com a Union Square West. O mesmo casaco, o mesmo gorro, fone no ouvido, a cabeça baixa, como é seu costume. Eu sei que ele quer ser visto antes de me ver, quer que seja eu a me aproximar.

Meu coração disparou, e eu sei que estou ruborizando, mas termino de pagar pela minha compra e ajo lentamente. Respiro com tranquilidade, confiro o troco e desejo à mulher atrás do balcão um feliz ano-novo. Faço um esforço para andar com firmeza, embora esteja tentada a correr na direção dele ou correr na direção oposta. Posso sentir o sorriso afetado no meu rosto, o sorriso que ambos sempre usávamos. Paro na frente dele, a uns 30 centímetros. Ele olha para mim, ainda de cabeça baixa, com aqueles olhos.

Muita coisa pode ser dita sobre o que aconteceu entre mim e Damian, mas o olhar que trocamos agora é pleno de história, ambivalência, compreensão, arrependimento, até, eu diria, humor, além de — seria possível? — uma espécie silenciosa de felicidade. Essa troca, seja lá qual for seu significado, e significa coisas demais para mim para entender imediatamente, não é para ser fingida ou disfarçada. Por que seria?

Ele retira o fone do ouvido, tira o iPhone do bolso do casaco (claro que ele tem um iPhone: se há uma coisa na qual eu apostaria a minha vida com confiança, seria que Damian compraria um iPhone *imediatamente*), passa o fio branco, metodicamente, em volta do aparelho e o coloca de volta no bolso. Ainda com a cabeça baixa, ele olha para mim novamente, com aquele olhar misterioso, de alguma forma despido, interrogador, cínico e cauteloso, tudo ao mesmo tempo, e eu sei que ajo do mesmo jeito.

— Já almoçou?
— Não.
— Ótimo. Vamos.

Chego em casa por volta das 16h30, apressada, atrasada para começar os preparativos do jantar, atarefada e corada. Cumprimento Eric, que está na escrivaninha debruçado sobre o laptop, com um beijo na testa, antes de começar a descarregar as sacolas de compra.

— Se eu quiser ter este gumbo pronto antes do Paul e da Amanda chegarem, vou ter que começar logo.

— Vou ajudá-la.

Eu pego o aipo, o pimentão, a cebola, minha faca de desossar (eu a uso para tudo. Provavelmente não deveria, mas ela se ajusta tão bem na minha mão, que acaba sendo prática), e uma tábua de corte, atrás da pia. Começo a cantar baixinho:

Já experimentei toda sorte de equipamento, já experimentei caminhos secundários para não ser confrontado.

— Gostaria que você não fizesse isso.

— O quê?

Eric se aproximou da pia, para pegar outra tábua e uma faca. Quando passo a cebola para ele, eu ergo os olhos e, imediatamente, percebo que ele sabe — ou pensa que sabe — o que aconteceu.

Muito bem.

— Essa música. Sei que ele enviou para você. Eu nem precisei bisbilhotar. Estava bem aí, no nosso arquivo iTunes.

Eu solto a faca e pouso a mão na pia, olhando bem nos olhos dele. Ele faz o mesmo. Pela segunda vez no mesmo dia, eu vivencio uma daquelas trocas belas e complexas.

— Está certo.

Fico surpresa ao notar que não choro, nem me retraio, embora haja raiva e dor no olhar do meu marido. Tudo que eu faço é respirar profundamente e bufar, com os lábios franzidos.

— Almocei com ele hoje. Eu precisava fazer isso.

De repente, me ocorreu que estou feliz. Parece horrível, mas estou, em relação a muitas coisas. Estou feliz pela inesperada cortesia e tranquilidade do almoço hoje, no mesmo restaurante indiano onde Damian me seduziu, há muito tempo. Não foi uma conversa fácil. Ele enumerou uma verdadeira lista a respeito do meu comportamento insensível e inaceitável, no último ano; todos os modos como eu me enfureci, supliquei, regateei e, francamente, menti, todos aqueles modos que se usa para falar a um Deus, que você realmente não acredita que poderá ouvi-la, mas espera que a surpreenda. O que eu não tinha percebido, porque não acreditava que ele tivesse fraqueza, compaixão ou sensibilidade para sentir-se magoado, foi o que essas exigências constantes cobravam dele, ou a forma desesperada como ele lutou para se livrar dessa minha carência, o quanto ele estava inseguro, o quanto ficava aborrecido por eu continuar tentando persegui-lo. Mas, mesmo quando eu me retraía, à medida que ele destacava cada torpedo tirânico e manipulador, bem como e-mails e telefonemas noturnos, também sentia um estranho equilíbrio de volta. Eu tinha negligenciado um poder que eu nem sabia que possuía.

E, a partir dessa descoberta, percebo que também estou feliz, tanto a respeito da atração física que ainda existe como da minha notável capacidade de resistir a isso; a respeito do abraço e beijinho no rosto que ele me deu quando nos despedimos e da inacreditável constatação de que eu não desmoronei quando ele se foi.

Estou feliz porque vou falar com honestidade a meu marido, de quem eu muitas vezes tentei me esconder.

Mas talvez a minha maior felicidade seja por ter acabado de perceber isso. Agora, eu sou capaz de *enxergar* esses homens, esses homens queridos, imperfeitos, meus parceiros, amantes e amigos. E eles podem me enxergar como eu sou. E ninguém vai morrer por causa disso.

Eu me preparo para uma terrível reação de Eric cheia de raiva, culpa ou lágrimas. Mas ele me surpreende. Faz um gesto com a cabeça e diz:

— Tudo bem.

Ele não desvia o olhar, nem faz perguntas. Mesmo assim, estou decidida a dar detalhes, mas nada de confissão dolorosa de culpa, que, aliás, não sinto nenhuma. Realmente. O que eu sinto é algo como se eu tivesse recebido uma massagem terapêutica pela primeira vez e, no final, ao levantar, percebo que passei a vida inteira com um problema na coluna ou com o pescoço duro. E agora, o simples fato de ser humana, simplesmente estar na terra, é totalmente diferente. Exceto que a analogia não está correta. Deixe-me ser clara aqui. Damian não é a pessoa que me fez plena e saudável, caindo de Júpiter e entrando na minha vida novamente como um glorioso massagista extraterrestre. Não. Tudo o que o seu retorno fez foi me fazer perceber que estou conseguindo, de alguma forma, me curar. Portanto, nada de culpa. Só o que ele, Eric, meu marido, merece ouvir.

— Foi bom vê-lo. Conversamos bastante. Ele está triste pela forma que as coisas terminaram, e obviamente eu também.

— Na verdade, não estou interessado.

— Tudo bem. — Eu não disse que seria fácil. — Não posso simplesmente cortá-lo da minha vida. Nem pretendo. Não estou querendo dizer que ele... ou que eu... Só tenho que aceitar as coisas. Ele está lá. Oculto. Faz parte da minha... minha experiência. Como uma tatuagem. Uma cicatriz.

Eric acena com a cabeça novamente.

— Eu sei.

— E você sabe que você também. Oculto, quero dizer.

— Eu sei. — O seu lábio inferior tremula, como sempre acontece, durante os 16 anos que eu o conheço, quando ele está prestes a chorar. Os seus olhos adquirem um tom azul brilhante quando ele chora. Uma coisa dolorosa de se ver, algo que eu sempre evitei, mas não desvio o olhar agora.

— Amo você, Julie. Tanto, tanto.

Eu tenho lágrimas nos olhos também.

— Eu sei.

E estou feliz. Na verdade, radiante, plena de amor — não o amor como uma droga, uma doença, uma terrível coisa escondida ou terrivelmente distante. Amor como ar. Como um sonho de areia entre os dedos do pé.

— Provavelmente eu o verei de novo. Sei que vou. Temos muito o que conversar. Mas não vou dormir com ele.

— Você não precisa prometer...

— Não é por você. Não vou dormir com ele porque nem sei se ele quer isso, ou se eu quero, e porque seria estranho e...

O abraço no qual Eric me envolve, a seguir, é completo e profundo e, ao mesmo tempo, familiar e estranho. Eu apoio a cabeça no seu ombro. Posso sentir suas lágrimas caindo no meu rosto, mas ele não está soluçando angustiado; não está me puxando contra ele, a ponto de tentar me infiltrar na sua pele.

— Sabe de uma coisa? Estou tão cansado de ter medo — diz ele.

— Não quero causar medo, eu só preciso...

— Não é isso o que eu estou querendo dizer — ele segura meus ombros e dá um passo atrás, para conseguir olhar para mim. Nossos rostos estão cheios de lágrimas, mas não tentamos secá-las. — A vida é confusa e eu estou cansado de ter medo disso. Vamos lidar com esse fato. As coisas irão acontecer, ou não, e a vida irá se modificar, de um jeito ou de outro, e eu estou cansado de ficar apavorado, com raiva de não poder manter tudo do mesmo jeito, do jeito que era. Sabe do que mais? *Não quero* que tudo seja do jeito que era. Portanto, isso é o que iremos fazer. Vamos apenas *acompanhar*. É incerto, e provavelmente irá doer, mas nós não sabemos, e tem mais uma coisa. Estou bem assim. Eu te amo.

— Te amo também.

— E o resto? Vai ficar tudo bem. Vai ser maravilhoso. Vamos apenas deixar as coisas fluírem.

— Tudo bem.

E nos beijamos, pela primeira vez após vários meses. Depois, preparamos o gumbo. Eric corta, eu limpo o camarão, ele dá uma olhada sobre o meu ombro com alegria, como sempre faz, enquanto faço o espessante para molhos Paul Prudhomme, com extrema vivacidade, facilidade e sutileza. Quando estamos juntos na cozinha, nos deslocamos com tranquilidade. Afinal, é isso o que temos feito a nossa vida inteira.

Epílogo

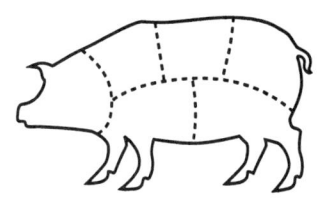

13 de fevereiro de 2008

Então. Minha teoria a respeito de Jack o Estripador. O que eu acho é que, quando esse doente infeliz olhava a destruição que tinha causado, quando via o que tinha feito àquelas mulheres, a quem ele provavelmente odiava ou simplesmente temia porque elas possuíam um útero, talvez a pequena centelha de humanidade que restava nele o consumisse. Talvez ele as abrisse, retirasse suas vísceras, executasse sua delicada exploração não como uma extensão da sua selvageria, mas como uma espécie de limpeza ritual contra esse ato. Talvez tentasse aplacar o horror que tinha de si mesmo, trazendo ordem ao caos que havia criado — catalogando as partes, estudando o modo como os pedaços se juntavam. Sua intenção era converter a evidência dilacerada e sangrenta da sua doença e inutilidade e transformar a vítima, transformar *aquilo*, em algo reconhecível e completo. Pedaços arrumados de carne prontos para a vitrine do açougue. Não importa quem tenha sido esse assassino, açougueiro de profissão ou não, ele era doente demais para se curar. Mas o uso que fazia da sua faca com aqueles corpos era, de alguma forma, a sua tentativa para conseguir essa transformação. Os crimes foram a sua última proposta de salvação. É a forma como entendo isso.

Porém, talvez eu esteja totalmente enganada. Talvez ele não fosse açougueiro, e, se fosse, as mulheres talvez tivessem permanecido inteiras, ele tivesse ficado no seu açougue, satisfeito, contribuindo com a alimentação das pessoas, produzindo, e a sua salvação viria de si mesmo.

Quando acabo de tomar meu café, coloco a xícara na pia e lavo as mãos — minuciosamente, sob as unhas e sob o couro do meu bracelete Massai. Depois, pego um saco a vácuo, transparente, de uma pilha em uma prateleira na parede e volto para a mesa.

O fígado é diferente de qualquer outro órgão — não é musculoso e óbvio como um coração, com os indícios dos seus ventrículos e aorta de acordo com suas funções; nem como órgãos digestivos, com aqueles sistemas e cavidades de uma passagem, encarregada da natureza prática da nutrição e excreção. O fígado é um mistério. É um filtro. Registra experiências, a indulgência e decisões erradas; ele contém, no seu interior, um "discurso anual constantemente atualizado". Mas guarda o que sabe ser um segredo. Codificado. Ele se purifica, também, limpando arquivos, prescindindo da informação desnecessária, o que foi relegado ao passado, conservando o que é necessário. Há até algumas almas esperançosas, possivelmente iludidas que acreditam que um fígado com cirrose pode se curar, com o tempo, e de forma suave.

Com a mão direita, eu sacudo a embalagem para abri-la e, com a esquerda, guardo o fígado no seu interior, suportando todo o peso da carne com o meu antebraço. Como a carne gruda na lateral do saco, eu o suspendo, com ambas as mãos, sacolejando para que vá para o fundo, bem longe da abertura. Depois, eu o levo para a máquina Cryovac na parede, coloco a embalagem, alinho a abertura do saco contra a borda de metal, e fecho a tampa. Pelo visor, no topo da máquina, é possível ver o saco inflar lentamente, e encolher-se rapidamente, bem fechado, em volta do órgão, com um barulho igual ao de madeiras de um barco durante uma forte tempestade. A porta da máquina se abre, com a lentidão de um filme de terror, eu retiro o fígado ensacado, efetuo a pesagem, bato a etiqueta que desliza na parte inferior da balança, contendo o peso e a data de hoje — "5,080kg, 13/02/08" — na superfície gelada do saco, escrevo com a caneta indelével que eu pego no meu bolso de trás, do lado direito — "Fígado de boi" —, e levo para a câmara frigorífica. Puxando o trinco e abrindo a porta com o ombro, eu me inclino, apenas o suficiente na escuridão gelada, para colocar o pacote em uma caixa no chão metálico, sobre uma pilha de sacos vermelhos como este, mas congelados como rocha e cobertos de gelo.

Acabara de limpar a mesa com um pano encharcado em uma solução de água sanitária, quando Josh chega e joga uma carcaça de porco sobre ela.

— E aí, a tatuagem já cicatrizou?

— Ah, já. Dá uma olhada. — Eu levanto o cabelo da nuca, enquanto Josh se abaixa para ver a pequena palavra tatuada em letras pretas: *Loufoque*.

— Legal! — elogia, batendo na perna do porco, quando solto o cabelo.

— Então, gênio, esqueceu tudo o que sabia sobre carne?

— Ah, não sei.

— Prove.

Fico olhando a carcaça por um momento, tentando decidir por onde começar. Hoje é o meu segundo dia no Fleisher, depois de uma longa ausência. É uma manhã de quarta-feira, e o alvoroço de meio de semana, no preparo para abrir a loja, se torna imediatamente familiar quando entro pela porta. Aaron está cuidando de uma panela de sopa no fogão. Jessica e Hailey estão conferindo recibos, perto do balcão de queijo. Recentemente, Jessica descobriu que está grávida — o que levou todos a fazerem alusões, bem divertidas, sobre uma criança correndo pelo açougue, com um cutelo na mão — e está preparando a Hailey para cuidar das coisas, enquanto ela estiver ausente. Jesse está suprindo a vitrine.

Meu primeiro dia depois que voltei foi um sábado, e foi um tanto confuso. Geralmente, nos fins de semana, o açougue é invadido pelos Guerreiros de Fim de Semana, velhos amigos ou colegas de Josh e Jessica, todos da cidade, e que querem praticar corte de carne porque acham que é coisa de homem. Nesses dias, a onda de testosterona inunda o local de tal forma que ameaça fazer a mesa flutuar. A conversa, que em uma quarta-feira normal vai e vem, flui em uma torrente incessante, nesses sábados. O assunto não gira em torno de política ou de filmes. Nada dos habituais comentários autoconscientes sobre tendências homossexuais e competição masculina. Agora, levar as coisas no peito e na raça se torna algo praticamente literal. O assunto gira em torno de armas e caça, enquanto histórias de ciclismo são relegadas a segundo plano, a menos que incluam vísceras.

Aaron tem uma história assim. Ele a descreve usando o corpo inteiro, faz posição de ciclista com guidões imaginários, os olhos bem abertos ou bem fechados, queixo recuado, enquanto encena o momento de paragem para ver cervos bonitinhos atravessarem a estrada. Um segundo depois ele testemunha a morte brutal dos animais pelo choque de um veículo em alta velocidade, e o terrível impacto atingindo-o da cabeça aos pés.

(Tudo bem, eu ri.)

Nesses dias, a minha feminilidade torna-se um problema, como não costuma acontecer nos outros dias da semana. Não é como se eles estivessem flertando comigo, exatamente. É como se a mera presença de estrogênio no local os deixasse agitados. Esses homens não têm o menor interesse em mim sexualmente, mas o lado animal toma conta, eu acho, e, embora eu aja de forma tranquila e discreta, acabo me tornando o eixo de um estranho ritual masculino, algo como carneiros batendo chifres, macacos batendo no peito com as suas enormes mãos brutas. De repente, começo a ser chamada de "querida" — uma intimidade pouco comum para um açougueiro amador. Alguém joga gelo nas minhas costas. Ainda bem que não sou nenhuma garotinha de rabo de cavalo. Só Colin fica fora de toda essa brincadeira. Ele me faz lembrar o Robert em uma corrida de cachorros, com um bando de cachorrinhos barulhentos — Colin é uma pessoa de uma magnitude totalmente diferente, sempre indiferente ou entretido. Ele e eu trocamos olhares entediados.

É uma sensação esquisita. Naturalmente já testemunhei esse comportamento antes, como qualquer mulher aos 13 anos, no pátio da escola, durante o recreio. E qualquer mulher pode confirmar que é algo estimulante. Há alguns anos, eu costumava adorar ser o centro dessa colmeia, admitindo ser apenas um canal pelo qual os machos, os homens enfaticamente heterossexuais, podem incitar-se uns aos outros, sendo essa sua única intenção. De alguma forma, isso me fazia sentir importante.

Mas não aqui. Há muito tempo, o Fleisher se tornou um refúgio distante da minha feminilidade, ou, pelo menos, da minha necessidade frustrada de me sentir feminina, sedutora — e usada. Usada por homens — por qualquer homem — para fornecer qualquer coisa de que ele precise. Não quero mais isso. Aqui, no açougue, quero ser valorizada porque sei como manusear uma faca e entender uma piada pesada. O valor pelo que realmente sou. Por isso, eu gosto das quartas-feiras.

Dou uma olhada no relógio, antes de começar.

— Sua mão está doendo?

— Ah, só um *pouquinho*. Estou voltando à rotina, sabe como é.

— Mocinha, agora você é uma açougueira. Essa dor vai te acompanhar pelo resto da sua vida. A propósito, que porra é essa na sua mão?

— Isso? Ah. É um bracelete massai. Eu comi o bode do qual veio esta pele. Olhe, ainda dá para ver alguns pelos. Tenho que usá-lo até ele cair, para ter sorte.

Josh faz um gesto positivo com a cabeça.

— Que coisa *nojenta*!

Eu corto o rim e sua gordura, depois começo a separar o lombo, sempre de olho no relógio. Não estou pronta, nem de longe, principalmente depois do longo intervalo, para desafiar o Grande Recorde de Corte de Carcaça, atualmente mantido por Aaron, de 44 segundos. (Uma lata de cerveja Colt 45 com um cronômetro digital, em uma prateleira alta, marca o grande evento. Aaron gravou um "4", por cima do "5". Agora está escrito: "Colt 44", e uma etiqueta, feita à mão, logo abaixo, onde se lê: "A virtude refrescante do leitão trazida até você por Aaron.") Apesar de tudo, eu mantenho algumas aspirações. Rapidamente, retiro o filé e o lanço sobre a mesa. Conto cinco costelas a partir do ombro, posiciono a ponta da faca entre as vértebras côncavas, depois, quando acabo, pouso a faca na mesa, e, suavemente, retiro o ombro.

— Ah, você ainda sabe como fazer — diz Josh me observando. Eu dou de ombros.

— E como anda o seu marido?

— Você está tentando tirar a minha atenção? — Depois de raspar a faca nas costelas, eu a guardo na bainha, em volta da cintura, e pego a serra para abrir as costelas e separar a barriga do quadril.

— Simplesmente não consigo imaginar o doce Eric fazendo algo assim.

Depois de ocultar todo esse drama por tanto tempo, há um mês, mais ou menos, eu contei a Josh um pouco do que estava acontecendo. No entanto, não lancei mão daquela comoção desesperada, de autocomiseração, que eu fazia tão bem, mas, em vez disso, conversei normalmente, como se faz com um amigo. As coisas são diferentes agora. Posso mencionar qualquer nome dos envolvidos nesse enredo, sem sofrimento algum.

— Fazendo o quê, saindo com a garota? Ah, ela é uma pessoa bacana. Além disso, está apaixonada. Tenho de respeitar isso. Acho que as coisas ficaram meio esquisitas quando eles tentaram resolver a situação.

— Meu Deus! Você tem que esconder o "brinquedinho" do Eric até ele sair dessa situação difícil.

— Ha ha. — Vou cortar as costelas, e, para isso, pego a faca novamente e termino o corte, curvando-me sobre a caixa torácica, e só depois de tirar a barriga, que jogo sobre a mesa.

— Mas se ele está transando...

— Não sei se ele está transando.

— Bem, da mesma forma você tem o direito de sair com alguém. Fique conosco alguns dias. Vou apresentá-la a uns amigos. E podemos ver alguns imóveis, também.

— Eu agradeço, mas por enquanto estou bem assim. Vou precisar da sua ajuda é para olhar os imóveis. — Desde o mês passado, mais ou menos, eu tenho dado uma olhada por aqui. A ideia de ter um apartamento nessas montanhas sinuosas, um lugar só meu, faz qualquer perspectiva do meu futuro, com alguém ou sozinha, parecer menos assustadora. Arranco o lado restante em volta, e a perna fica pendurada na borda da mesa.

— E o outro babaca?

Faço um gesto com a cabeça.

— Foi embora de novo.

Depois de aproximadamente um mês de conversas, conversas que pareciam comedidas, adultas e destinadas a se chegar a uma solução, D. — quer dizer, Damian — sumiu, sem explicação.

— É o que ele faz. Uma hora está aqui, e na outra ele se vai, não pode fazer mais nada. Eu finalmente aprendi isso e superei. — Eu me inclino sobre a mesa com o cotovelo e agarro o pé do animal, pronta para quebrar a junta.

— Bobagem.

Dou um grunhido ao empurrar a perna. A junta meneia e faz barulho, mas não quebra.

— Bem, não estou dizendo que o esqueci. Estou dizendo que superei esse comportamento *dele*. Ele é quem ele é...

— Um babaca.

Dou de ombros novamente e, mais uma vez, empurro a perna, sem êxito.

— Ele é somente o homem que ele é, capaz somente do que é capaz. E irá fazer o que irá fazer. Como eu, como o Eric. E vamos ver no que vai dar.

— Porra. Você parece um mestre Zen.

Na terceira tentativa, consigo quebrar. Com um único corte profundo, que chega à madeira da mesa, a perna sai do lombo, sob o controle da minha mão firme. O fluido sinovial goteja no chão.

— Que nada — digo com um sorriso. E jogo a perna sobre a mesa.

Aaron chama da cozinha.

— Quanto tempo levou nisso, Jules?
Josh revira os olhos.
— Ah, aproximadamente um minuto e meio... Aliás, não, um minuto e 25 segundos. Exatamente.
— Quase lá. Você está conseguindo, Jules.
Respiro profundamente e sinto os aromas da carne ao passar os dedos em volta daquela junta branca, em forma de concha e incrivelmente lisa; meu antigo e secreto prazer.
— É. Talvez.

Agradecimentos

Há TANTAS PESSOAS que ensinaram, apoiaram, ajudaram, e simplesmente me toleraram durante a concepção deste livro que, inevitavelmente, vou acabar deixando de citar alguns nomes, portanto peço desculpas de antemão.

Gostaria de agradecer ao pessoal do Fleisher — Josh e Jessica Applestone, Aaron Lenz, Jesse, Colin, Hailey, Juan e a todos —, que me deixou circular pelo açougue, durante seis meses, atrapalhando, e que me deu muita carne, mesmo sem eu merecer. Obrigada aos meus guias e companheiros nas minhas viagens — Santiago, Armando, Diego, Oksana, Kesuma, Leyan, Elly, e aos guardas-florestais do parque de Ngorongoro, na Tanzânia, que conseguiram manter viva e, pela maior parte do tempo, bem, uma viajante sem noção. Sou grata à minha família — Kay, John e Jordan Foster, Mary Jo e Jo Ann Powell, Carol Sander, Ethan e Elizabeth Powell — que na maioria se recusou a ler este livro, mas do modo mais alegre e carinhoso possível. Obrigada a Emily Alexander-Wilmeth, Emily Farris, Eric Steel e Amy Robinson, que cuidaram dos esboços, deram importantes ideias, e, na maior parte do tempo, não me odiaram. Obrigada, também aos meus *bleaders*", ao Robert, que é simplesmente o melhor cachorro do mundo, e a Maxine, Lumi, e Cooper, que são os melhores gatos, sem ordem de preferência. Obrigada a minha editora, Judy Clain e seu assistente, Nathan Rostron, que trabalham com habilidade e me lembram, de vez em quando, que existe uma coisa chamada excesso de informação. Obrigada a Michelle Aielli, minha "agente de relações públicas" na Little, Brown; o uso das aspas aqui, não tem a intenção de denegrir sua surpreendente capacidade como RP, mas para indicar o meu desconforto ao correlacionar uma palavra tão ridicularizada a uma amiga que faz o notável trabalho de me manter mentalmente sã. Obrigada à terapeuta Anna e ao bartender Marcel, que também realizam jornadas duplas na manutenção da dita sanidade mental.

Acima de tudo, agradeço ao Eric e ao D. Escrever a sua própria história é fácil; ter a sua história escrita por outra pessoa é difícil. Sou imensamente agradecida a vocês dois, por sua generosidade e delicadeza no trato de uma situação difícil e independente da sua escolha.

Índice das receitas

Fígado do Dia dos Namorados para dois	14
Costeletas de porco do Fleisher feitas pelo Eric	56
Salada de fraldinha superfácil da Jessica	74
Chouriço da mãe do Juan	91
Rosbife do Aaron	102
Bochecha de porco refogada	136
Salsichão de fígado do Josh	165
Um modo simples de fazer costelas do dianteiro	215
Bife perfeito do Josh	229
Frango "Finalmente em Casa"	245
Matambre à la pizza	267
Banosh ucraniano	295
Varenyky de batatas	303
Ugali tanzaniano da Suzie	360
Ensopado do Eric	369

Este livro foi composto na tipologia Minion Pro,
em corpo 11/14,5, e impresso em papel off-white 80g/m²
no Sistema Cameron da Divisão Gráfica
da Distribuidora Record.